Rainer Klee

MIT DEM WOHNMOBIL NACH ÖSTERREICH

Teil 2: Der Westen

Oberösterreich, Salzburg, Steiermark,
Kärnten, Tirol und Vorarlberg

Die Anleitung für einen Erlebnisurlaub

DER WOHNMOBIL-VERLAG
D-98634 Mittelsdorf/Rhön

Die Deutsche Bibliothek – CIP-Einheitsaufnahme

Bibliografische Information der Deutschen Bibliothek

Die Deutsche Bibliothek verzeichnet diese Publikation in der Deutschen Nationalbibliografie.
Detaillierte bibliografische Daten sind im Internet über <http://dnb.ddb.de> abrufbar.

Titelbild:
Plansee bei Reutte in den Ammergauer Alpen

Völlig überarbeitete und erweiterte 2. Auflage 2013

Druck:
www.schreckhase.de

Vertrieb:
GeoCenter, 70565 Stuttgart

Herausgeber:
WOMO-Verlag, 98634 Mittelsdorf/Rhön
GPS: N 50° 36' 38.2" E 10° 07' 55.6"

Fon: 0049 (0) 36946-20691
Fax: 0049 (0) 36946-20692
eMail: verlag@womo.de
Internet: www.womo.de

Autoren-eMail: klee@womo.de

Alle Rechte vorbehalten.
Alle Angaben ohne Gewähr.

ISBN 978-3-86903-602-1

EINLADUNG

Liebe WOMO-Freunde, wir sagen Grüß Gott und heißen Sie willkommen in Österreich. Klein ist sie zwar die Alpenrepublik, dafür offenbaren sich Landschaften voller Schönheit und Highlights für Kunst- und Kulturinteressierte. Ein vielfältiges Angebot für sportlich ambitionierte Urlauber steht zur Verfügung und ein Paradies für Gourmets ist Österreich sowieso.

Die Landschaften scheinen einem alpinen Bilderbuch entsprungen: grüne Hügel des Voralpenlandes, liebliche Täler, wildromantische Schluchten, schneebedeckte Bergriesen hinter tiefblauen Gebirgsseen, quirlige Gebirgsflüsse, über denen mächtige Burgen aufragen, prachtvoll gestaltete Kirchen und Klöster sowie malerische Dörfer mit blumengeschmückten Holzhäusern.

Österreichs Westen ist ein Konzentrat des Landes und wir zeigen Ihnen auf 13 Touren die schönsten Plätze in einem Land voller spannungsreicher Kontraste und großer Vielfalt.
Ihre Reise beginnen Sie am Bodensee, und dann windet sich in Vorarlberg Ihr Wohnmobil durch anmutiges Bergland hinein in hochalpine Zonen.
In Tirol locken schneeglänzende Gipfel, schroffe Felsen, klare Gebirgsseen und sattgrüne Almen.
Im Salzburger Land erleben Sie Natur und Kultur auf hohem Niveau: Weiß funkelnde Gipfel leuchten in den Hohen Tauern, Salz – das „weiße" Gold – brachte der Mozartstadt Salzburg einst Reichtum und Wohlstand und ermöglichte barocke Pracht. Charmant nostalgisch ist das Flair in den Sommerfrischen Salzkammergut und Ausseerland.
Die Nähe zum Süden und zu Italien spürt man in Kärnten und Osttirol: mildes Klima, saubere, warme Seen und charmante Urlaubsorte.

Ich wünsche Ihnen viel Spaß beim Lesen dieses Reiseführers und vor allem eine unvergessliche Urlaubszeit im Land der Berge und Seen

Ihr

Sehr geehrte Leserinnen und Leser, liebe WOMO-Freunde!

Reiseführer sind für einen gelungenen Urlaub unverzichtbar – das beweisen Sie mit dem Kauf dieses Buches. Aber aktuelle Informationen altern schnell, und ein veralteter Reiseführer macht wenig Freude.

Sie können helfen, Aktualität und Qualität dieses Buches zu verbessern, indem Sie uns nach Ihrer Reise mitteilen, welchen unserer Empfehlungen Sie gefolgt sind (freie Stellplätze, Campingplätze, Wanderungen, Gaststätten usw.) und uns darüber berichten (auch wenn sich gegenüber unseren Beschreibungen nichts geändert hat).

Bitte füllen Sie schon <u>während Ihrer Reise</u> das Info-Blatt am Buchende komplett aus und senden Sie es uns <u>sofort nach Ihrer Heimkehr</u> zu (per Brief, Fax oder formlos als eMail).

Dafür gewähren wir Ihnen auch bei späteren Buchbestellungen direkt beim Verlag ein Info-Honorar von 10%.

Aktuelle Korrekturen finden Sie unter: forum.womoverlag.de

Um die freien Übernachtungs- und Campingplätze auf einen Blick erfassen zu können, haben wir diese im Text in einem Kasten nochmals farbig hervorgehoben und, wie auf den Karten, fortlaufend durchnummeriert. Wir nennen dabei wichtige Ausstattungsmerkmale und geben Ihnen eine kurze Zufahrtsbeschreibung. »Max. WOMOs« soll dabei andeuten, wie viele WOMOs dieser Platz maximal verträgt und nicht, wie viele auf ihn passen würden (schließlich gibt es auch Einwohner und andere Urlauber)!

Übernachtungsplätze mit **B**ademöglichkeit sind mit hellblauer Farbe unterlegt. **W**anderparkplätze sind grün gekennzeichnet. **P**icknickplätze erkennen sie an der violetten Farbe. Auf Schlafplätzchen, denen die gerade genannten Merkmale fehlen – also auf einfache **S**tellplätze – weist die Farbe Gelb hin.

Empfehlenswerte **C**ampingplätze haben olivgrüne Kästchen. Wanderungen, die wir Ihnen besonders ans Herz legen möchten, haben wir ebenfalls grün unterlegt.

Und hier kommt das Kleingedruckte:

Jede Tour und jeder Stellplatz sind von uns meist mehrfach überprüft worden, wir können jedoch inhaltliche Fehler nie ganz ausschließen. Bitte achten Sie selbst auf Hochwasser, Brandgefahr, Steinschlag und Erdrutsch!

Verlag und Autoren übernehmen keine Verantwortung für die Legalität der veröffentlichten Stellplätze und aller anderen Angaben. Unsere Haftung ist, soweit ein Schaden nicht an Leben, Körper oder Gesundheit eingetreten ist, ausgeschlossen, es sei denn, unsere Verantwortung beruht auf Vorsatz oder grober Fahrlässigkeit.

INHALTSVERZEICHNIS

Gebrauchsanleitung

für einen Erlebnisurlaub 6

13 Touren durch Österreichs Westen

Tour 1: Bodensee, Bregenzerwald, Lechtal, Tannheimer Tal .. 8
Tour 2: Werdenfelser Land, Isarwinkel, Achensee, Inntal .. 26
Tour 3: Chiemgau und Saalachtal 50
Tour 4: Pongau, Tennengau u. Berchtesgadener Land 62
Tour 5: Von Salzburg gen Norden ins Seen- u. Hügelland .. 84
Tour 6: Salzkammergut – Seen-Sucht und Berge 106
Tour 7: Am Hallstätter See und im Ausseerland 136
Tour 8: Durchs Ennstal und Obere Murtal 158
Tour 9: Durch Kärntens historisches Herz 170
Tour 10: Kärntens sonniger Süden 190
Tour 11: Mölltal, Osttirol u. Großglockner Hochalpenstraße . 228
Tour 12: Pinzgau, Zillertal und Innsbrucker Land 242
Tour 13: Vom Inntal auf der Silvrettastraße ins Rheindelta ... 260

Tipps und Infos 274

Stichwortverzeichnis 278

Tourenübersicht .... hintere Umschlaginnenseite

---

Zeichenerklärungen für die Tourenkarten

Touren / abseits der Touren

- ══════ Autobahn
- ══════ 4-spurige Straße
- ══════ Hauptstraße
- ══════ Nebenstraße
- ══════ Schotterstraße
- ············· Wanderweg
- (S) WOMO-Stellplatz, Wander-, Picknick-,
- (W)(P)(B) Badeplatz (nicht für freie Übernachtungen)
- 11 WOMO-Stellplatz, Wander-, Picknick-,
- (12)(13)(14) Badeplatz (geeignet für freie Übernachtungen)

- ♦ ♱ Kirche, Kloster
- ♜ ♖ Burg/Schloss, Ruine
- ▲ ♘ Berggipfel, Höhle
- ⌂ Badesee/Erlebnisbad
- ♜ ✹ Turm, Leuchtturm
- ✳✴✸ Sehenswürdigkeit
- → ✳ Aussicht, Rundsicht
- ⚑ Trinkwasser, Dusche
- ⬠ ⊙ Ver-/Entsorgung, Strom
- ⬠ empf. Campingplatz

Alle übernachtungsgeeigneten Plätze sind im Text und auf den Tourenkarten fortlaufend durchnummeriert. **GPS:** N 48° 57' 1" E 9° 27' 10"

Wir starten Richtung Österreich!

Natürlich wissen Sie, wo Österreich liegt.

Folglich müssen wir nur noch erklären, wo Sie mit Ihrer Reise durch Österreichs Westen beginnen sollen, um sich von uns so bequem wie möglich durch das Land der Berge und Seen führen zu lassen.

Die meistbefahrene Strecke von Deutschland nach Österreich ist die Autobahn A 8 von München über Salzburg und dann weiter auf der A 10 nach Villach am Wörthersee. Allerdings ist diese Route manchmal auch verstopft, meist in den Ferienzeiten. Bei Rosenheim zweigt südwärts die Inntal-Autobahn ab, die über Kufstein nach Innsbruck verläuft. Von Ulm führt die A 7 südwärts nach Kempten mit Verbindung zum österreichischen Bodenseegebiet und nach Vorarlberg. Von der Schweiz aus fährt man über Feldkirch nach Innsbruck.

Wir mussten uns entscheiden, wohin wir unseren Startpunkt legen sollten. Die Wahl fiel auf Bregenz am Bodensee, weil es den westlichsten Beginn unseres Urlaubslandes bedient. Von dort können wir uns bequem durch Vorarlberg, Tirol und das Salzburger Land nach Osten vorarbeiten und über Kärnten wieder gen Westen an den Bodensee zurückkehren.

Österreich hat zweimal Saison, einmal von Frühjahr bis Herbst und ein zweites Mal im Winter. Empfehlenswert ist die Zeit von April bis Juni oder im September, da gibt es für Wohnmobilurlauber freie Übernachtungsplätze in Hülle und Fülle.

Bevor Sie unseren Touren, die durch unsere persönlichen Vorlieben und Wahrnehmungen geprägt sind, folgen, möchten wir Ihnen in dieser Gebrauchsanleitung und in den Tipps am Ende des Buches einige Empfehlungen mit auf den Weg geben.

Ein Schwerpunkt dieses Buches liegt bei der Beschreibung von Stellplätzen. Dabei haben wir uns gemäß dem Credo des WOMO-Verlags bemüht, freie Stell- und Übernachtungsplätze zu finden. Es gibt unzählige schöne Routen und nennenswerte Sehenswürdigkeiten, großartige Natur und fantastische Bergwelten in dieser beliebten Urlaubsregion. Aber: Es werden leider nur wenige Stellplätze angeboten. Denn Lokalpolitiker und Touristikmanager sind der Hotellobby und den Campingplatzbetreibern verpflichtet und verhindern bislang, dass ein gut ausgebautes Netz von offiziellen Stellplätzen entstehen kann. Glücklicherweise gibt es zahllose hervorragende Campingplätze, auf denen Wohnmobilisten willkommen sind.

Damit Sie Ihre Ziele leicht finden, sind diese übersichtlich in 13 Touren gegliedert, die als Rundreise durch den Westen Österreichs führen. Je nachdem wieviel Zeit sie zur Verfügung haben, können Sie die komplette Route oder aber einzelne Touren nachfahren. Wir selbst sind alle Touren gefahren, allerdings ist die Gesamtstrecke eine fiktive, die aus vielen einzelnen Etappen und Erlebnissen resultiert. Für Ihre persönliche Reiseroute soll dieser Führer lediglich ein Gerüst sein, denn wir können nicht erwarten, dass Sie dieselben Interessen hegen wie wir. Nehmen Sie vor allem reichlich Zeit mit und stellen Sie sich Ihre eigene Route zusammen. Kürzen Sie ab oder bleiben Sie mehrere Tage dort, wo es Ihnen gefällt.

Mittlerweile haben Navigationsgeräte Einzug in die meisten Wohnmobile gehalten und so müssen wir nicht mehr erklären, wie Sie unsere Stellplätze finden. Vertrauen Sie jedoch nicht blind Ihrem elektronischen Pfadfinder, er kann Sie auch einmal fehl leiten.

Haben wir einen Platz als ruhig und idyllisch klassifiziert, dann ist das unserer Meinung nach ein besonders empfehlenswerter Stellplatz; bei einer Einstufung als kleiner Platz ist er für überlange WOMOs nicht geeignet.

Camping- und Stellplatzgebühren, Eintrittsgelder und Öffnungszeiten unterliegen einem ständigen Wandel. Trotzdem wollten wir auf solche Zahlen nicht verzichten. Haben Sie bitte Verständnis, wenn sich diese praktische Angaben inzwischen geändert haben sollten.

Sie wissen, dass weder der Verlag noch ich als Autor dafür einstehen können, dass das Übernachten auf den von uns vorgeschlagenen Plätzen behördlich erlaubt ist.

Für dieses Buch haben wir im Jahr 2012 ausführlich und gründlich recherchiert. Leider ändern sich die Bedingungen, manchmal schon zwischen unseren Recherchen und nach dem Druck dieses Buches.

Sollten Sie Erfahrungen machen, die sich nicht mit unseren decken, teilen Sie uns das ruhig mit: was sich verändert hat und welche Ziele Ihnen nicht gefallen haben. Vielleicht kennen Sie noch weitere, viel schönere Plätze, die wir noch nicht entdeckt haben. Für Ihre Kritik haben wir ein offenes Ohr. Die Antwortkarten schicken Sie an den Verlag oder schreiben Sie uns eine E-Mail:

klee@womo.de

Entdecken Sie mit uns „felix Austria", das glückliche Österreich. Folgen Sie uns über alle Berge. Der Weg ist das Ziel, und der Weg braucht gerade in den Alpen Zeit. Wer sich die nimmt, ist immer auf der Höhe. Dann werden auch Sie glücklich sein.

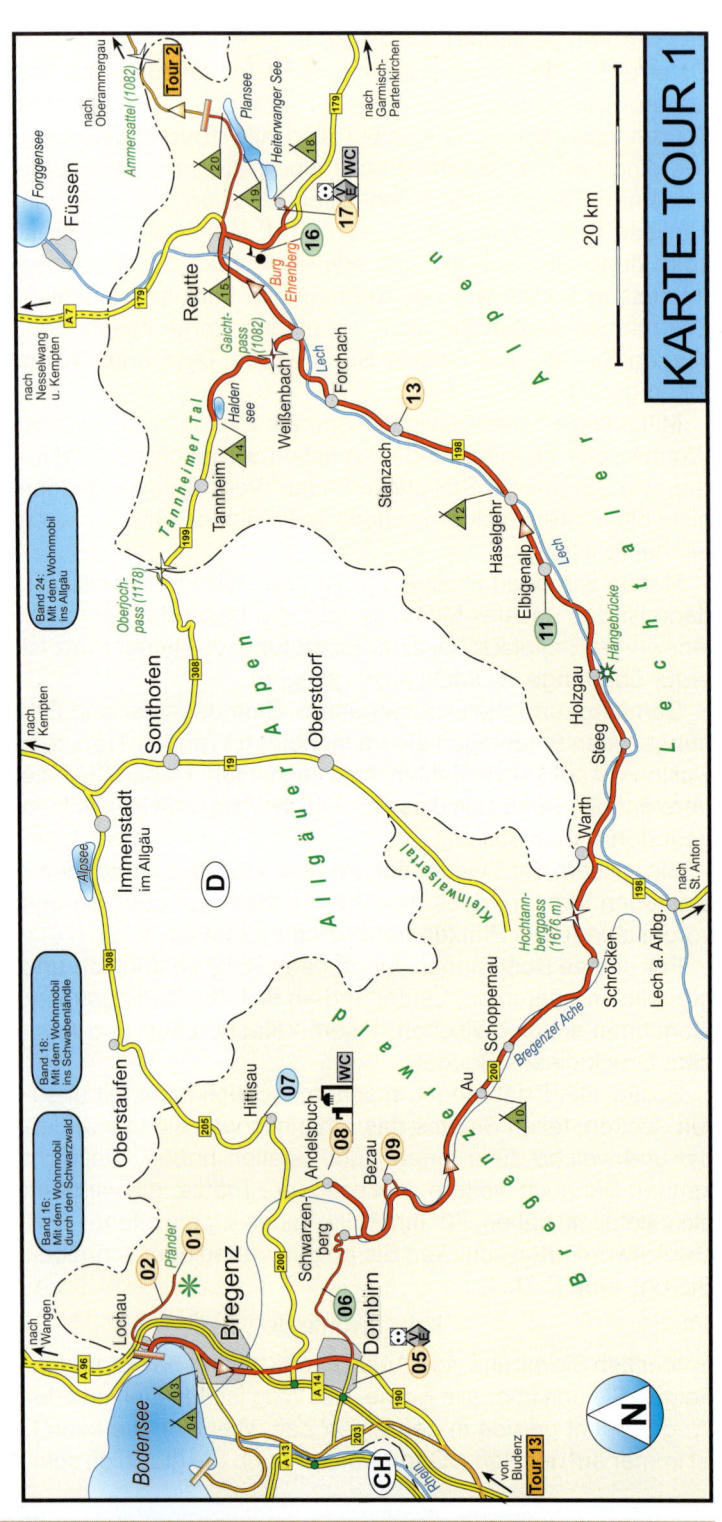

TOUR 1 (ca. 170 km / 2–3 Tage)

Bregenz – Dornbirn – Schwarzenberg – Andelsbuch – Bezau – Au – Schoppernau – Schröcken – Warth – Holzgau – Elbigenalp – Häselgehr – Stanzach – Forchach – Weißenbach am Lech – Tannheimer Tal – Reutte – Heiterwanger See – Plansee

Stellplätze:	Lochau, Dornbirn, Bödele, Hittisau, Andelsbuch, Elbigenalp, Stanzach, Reutte (Burg Ehrenberg), Heiterwang.
Campingplätze:	Bregenz, Au, Häselgehr, Reutte, Haldensee, Heiterwanger See, Plansee (2x).
Baden:	Heiterwanger See, Haldensee, Plansee.
Besichtigen:	Festspielstadt Bregenz, Dornbirn, Schwarzenberg, Käsehaus in Andelsbuch, Lüftlmalerei in Holzgau und Reutte, Burg Ehrenberg.
Wandern:	Alpenwildpark Pfänder, Wildflusslandschaft bei Forchach, Planseerunde.
Radfahren:	Radweg Bregenzerwald.

In BREGENZ beginnt unsere Rundfahrt durch Österreichs Westen. Die Festspielstadt besticht durch ihre wunderschöne Lage: zur einen Seite der **Bodensee**, zur anderen der Pfänder, mitten im Dreiländereck mit Österreich, Deutschland und der Schweiz.

Über Ulm und Memmingen düsen wir auf der A 7 und weiter auf der A 96 in Richtung Bregenz. In Österreich wird die Autobahn dann zur mautpflichtigen A 14. Vorher kaufen wir uns in der deutschen A 7-Autobahnraststätte Illertal-West erst einmal eine Vignette fürs WOMO (Autobahnen und Schnellstraßen sind in Österreich generell mautpflichtig. Die Maut wird in Form einer Klebevignette oder GO-Box entrichtet.)

Als Erstes steuern wir den Hausberg der Bregenzer an, den 1064 m hohen **Pfänder**: Noch vor Bregenz und dem Pfändertunnel nehmen wir nach Überqueren der Grenze zu Österreich die Autobahnausfahrt Hörbranz-Lochau und fahren nach Lochau hinein. Hier folgen wir der Beschilderung „Pfänder 7 km". Sie führt uns auf einer schmalen Straße über Haggen auf den Berg hinauf. Dort oben stellen wir gerne unser WOMO auf dem gebührenpflichtigen Parkplatz ab, denn ein ruhigeres Plätzchen – glauben Sie uns – werden Sie in Bregenz und Umgebung nicht finden.

Wer auf den Pfänder, den Bregenzer Hausberg, hinauffährt, hat eine grandiose Aussicht auf die Stadt und den Bodensee.

(001) WOMO-Wanderparkplatz: Lochau/Beim Pfänder

GPS: N 47° 30′ 43″ E 9° 47′ 2″. **max. WOMOs:** >5.
Ausstattung/Lage: automatische Schrankenanlage, gestaffelte Parkgebühren: 1–12 Stunden. 2 €–10 €, ab 12 Stunden wird's teurer: 15 €, Mülltrennung, ruhige und schöne Lage im Grünen, ideal für Stadtbesichtigung mit Pfänderbahn, Gasthäuser und Hütten laden zur Einkehr ein.
Zufahrt: Wie im Text beschrieben bzw. von der B 190 aus Richtung Bregenz 900 m nach dem Ortsende Lochau rechts Richtung Hörbranz und nach weiteren 900 m rechts Richtung Pfänder abbiegen, 7 km auf einem kurvenreichen Sträßchen mit vielen Ausweichstellen bis zum Parkplatz, Zufahrt für sehr große Wohnmobile nicht geeignet.
Sonstiges: Zahlreiche Wanderwege, zum Beispiel der Käsewanderweg entlang des Pfänderrückens. Drei Restaurants nahe der Bergstation.
Lesertipp: Etwa auf halber Höhe gibt es einen Parkplatz im Wohngebiet Haggen [**002:** N 47° 30′ 56″ E 9° 45′ 35″], Tagesgebühr 4 € (8–22 Uhr), nachts kostenlos, schöne Aussicht.

WOMO-Kurzwandertipp: Alpenwildpark und Adlerwarte Pfänder

Auf einem halbstündigen Rundgang durch den Wildpark beobachten wir alpenländische Wildtiere, darunter Hirsche, Alpensteinböcke und Mufflons. Zwischen Mitte März und Mitte Oktober kommen auch die Murmeltiere aus ihren Höhlen (ganzjährig tagsüber geöffnet, Eintritt frei, festes und geländetaugliches Schuhwerk verwenden, es handelt sich um Berggelände).

Auf dem Rundweg liegt die **Adlerwarte**. Falkner lassen die Greifvögel frei am Pfänderhang fliegen (Vorführzeiten: Mai–Okt. tgl. 11 u. 14.30 Uhr, 5 €).

Vom Parkplatz bis zur **Pfänderspitze** sind es zu Fuß ca. 15 Minuten. Von dort oben hat man den schönsten Blick auf Bregenz, den Bodensee und die Alpen. Bei klarem Wetter reicht die Aussicht von den Allgäuer- und Lechtaler Alpen im Osten über den Bregenzerwald, die steilen Gipfel des Arlberggebietes und der Silvretta, weiter über den Rätikon bis zu den Schweizer Bergen und den Ausläufern des Schwarzwaldes im Westen.

Unten liegt der Bodensee, eingerahmt vom Rheintal und den oberschwäbischen Hügeln.

Noch ein Stadtbummel in Bregenz gefällig? Wir lassen das WOMO auf dem Parkplatz stehen, denn dank der **Pfänderbahn**, einer Luftseilbahn, ist Bregenz vom Pfänder aus bequem zu erreichen. In den geräumigen Panoramagondeln schweben wir hinunter zur Stadt, um dort gemütlich zu bummeln.

Bregenz – die Festspielstadt am Bodensee

Von der Talstation der Pfänderbahn sind es nur wenige Meter zum Hafen und zur **Seepromenade**. Die heiter beschwingte Freizeitmeile der Stadt erlaubt überall freien Zugang zum Seeufer. Hier flanieren Spaziergänger, tummeln sich Jogger, Radfahrer, Inlineskater und Schaulustige. Der Bodensee lockt nicht nur am Ufer und beim Baden, sondern auch auf dem Wasser – genauer gesagt auf den großen Ausflugsdampfern, die die Häfen zwischen Bregenz und Konstanz anlaufen: ein Bodensee-Erlebnis, das einfach dazugehört (April–Mitte Okt.).

Weiter spazieren wir an der **Seebühne** vorbei. Hier lohnt sich das Hochsteigen ganz besonders. Zum Beispiel in die 44. Reihe der Festival-Arena, die einen weiten Blick über den Bodensee bietet und einen Eindruck der Revolutionsoper André Chénier, die diesen Sommer auf der Seebühne tobte. Gerade wird der Kopf des Marat demontiert. Im nächsten Jahr wird die Zauberflöte von Mozart inszeniert. Und wenn dann wieder an lauen Sommerabenden die Sonne im Bodensee versinkt, am fernen Ufer verschwommene Lichter blinken und in der stets gigantischen Kulisse die Scheinwerfer angehen, ist dieses Ambiente kaum zu überbieten.

An den Festspielen kommt in Bregenz kaum jemand vorbei, sie wurden über die letzten 66 Jahre zum Anziehungspunkt am See. Während der Festspielzeit im Juli und August brummt die Stadt, die Geschäfte und Restaurants sind übervoll und kennen keinen Ruhetag mehr. Jetzt im September lässt es sich wieder entspannt spazieren, und im winzigen Café Götze in der Kaiserstraße ist sogar der Fensterplatz frei.

Wir lenken unsere Schritte in die **Oberstadt**. Sie ist die eigentliche Altstadt von Bregenz. Nachdem wir die Geschäftigkeit der modernen Stadt

Bregenzer Festspiele 2012: die 60 Tonnen schwere Marat-Figur vor der Bodenseekulisse

hinter uns gelassen haben, treten wir nach einem steilen Anstieg über den Stadtsteig durch das Tor. Hier oben scheint die Zeit stehen geblieben zu sein. Bregenzer Bürger haben auf dem historischen Boden mit viel Liebe ihre alten Häuser erhalten und restauriert. Der Spaziergang durch die kopfsteingepflasterten Gassen eröffnet viele hübsche Blicke auf Fassaden und in Vorgärten. Noch bevor wir unsere Schritte in dieses malerische Wohnviertel lenken, biegen wir links ab, um sowohl den **Martinsturm** wie auch die dazugehörige Kapelle zu besichtigen. Um 1600 setzte ein Baumeister aus Italien dem stumpfen mittelalterlichen Wehrturm einen lichten Umgang und ein geschwungenes Zwiebeldach auf, das er fein mit Holzschindeln decken ließ. Fertig war das erste barocke Gebäude am Bodensee und gleichzeitig die größte Turmzwiebel Europas. Im obersten Stockwerk ist allein die Aussicht über die Stadt eine Attraktion. Vorne der See, vor den Fenstern die enge Oberstadt – und hinten rufen die Berge. In der Martinskapelle neben dem Turm können wir wiederum einen lächelnden Christophorus entdecken, den Schutzpatron der Reisenden, eine schwangere Madonna und vier Evangelisten aus dem 14. Jahrhundert: Die spätgotischen Fresken sind wunderbar erhalten.

Am **Kornmarkt** wird noch heute gehandelt, Freitag ist hier Markttag, und am breiten Straßenmarkt liegen prächtige Gebäude: das Kornmarkttheater und das Theatercafé und beliebte Restaurants. Voilá, und natürlich das KUB – das moderne Vorzeigeobjekt der Stadt. Das Kunsthaus Bregenz, erbaut vom Schweizer Stararchitekten Peter Zumthor, ist selbst ein Kunstwerk. Bei jedem Stockwerk, das wir hochsteigen, glauben wir, im obersten angekommen zu sein. Das Geheimnis liegt in Zumthors Lichträumen in den Zwischenstockwerken. Sie sammeln Tageslicht, das ohne jeden Schatten in die darunter liegenden Ausstellungsräume fällt. Ausblicke auf den See oder die Berge hat sich Zumthor gespart, denn sie würden ihm zu viel Aufmerksamkeit von den Kunstwerken wegnehmen.

Zum gleichmäßigen Grau des KUB hat sich der Himmel bezogen, Regen fällt auf die Stadt. Der kommt uns gerade recht, denn wir sind an diesem Tag lange genug unterwegs gewesen. Mit der Gondelbahn gleiten wir zurück zu unserem Übernachtungsplatz auf dem Pfänder.

Parken und Übernachten in Bregenz

Laut Verordnung der Stadt Bregenz gilt folgendes: „Parken mit dem Wohnmobil ist auf allen gekennzeichneten Parkplätzen laut Verkehrsverordnung möglich. Am Parkplatz Ost und Parkplatz West ist das Parken mit dem Wohnmobil nicht gestattet. Bei Nächtigungen ist ein Campingplatz aufzu-

Architekturmix am Marktplatz von Dornbirn

suchen." Wir haben jedoch ein explizites Verbotsschild am Parkplatz West [N 47 30' 13" E 9 44' 10"] nicht entdeckt. Samstags ab 12 Uhr, sonntags sowie werktags zwischen 12 und 13.30 Uhr sind die öffentlichen Parkplätze in der Innenstadt kostenlos.

Parkplatz Seestadt [N 47 30' 10" E 9 44' 31"; Seestraße]: gebührenpflichtig Mo–Fr 8–18 Uhr, Tagespauschale 6,40 €, Innenstadt, Nähe Bahnhof, kurzer Fußweg zur Seebühne und zum Hallenbad.

Parkplatz Segelboothafen [N 47 30' 22" E 9 43' 29"; Ecke Meinradstraße/Strandweg], kleiner Parkplatz neben dem Segelclub, direkt an der Seepromenade, für kleinere WOMOs geeignet, gebührenpflichtig von 1.5.–30.9. 6–23 Uhr, im nahe gelegenen Hafenmeistergebäude gibt es Porta-Potti-Entsorgung, WC, Duschen und Abfallbehälter, Fußweg zur Seebühne ca. 15 Min.

Camping Mexico [003: N 47 30' 16" E 9 42' 46"; Hechtweg 4]: kleines Wiesengelände mit hohen Laubbäumen, am Bodensee-Radweg, 1.5.-30.9., Richtpreis 27 €.

Seecamping [004: N 47 30' 19" E 9 42' 43"; Hechtweg]: liegt am Rande des Naturschutzgebietes (Mehrerauer Seeufer und Mündung der Bregenzerache) und ist nur durch einen Fuß- und Radweg vom Bodenseeufer getrennt, ebenes und großes Wiesengelände, ein Teil mit hohen Laubbäumen, der andere mit geringer Bepflanzung, durch die Größe des Campingplatzes ist keine Reservierung notwendig und auch nicht möglich, an Wochenenden sind viele junge Leute auf dem Platz, 15.5.–15.9., Richtpreis 31 €, www.seecamping.at.

Die Reise führt von Bregenz weiter nach Süden. Unser nächstes Ziel ist DORNBIRN, die größte Stadt des **Bundeslandes Vorarlberg**: Durch den Pfändertunnel fahren wir auf der A 14 in Richtung Innsbruck, verlassen nach 16 km die Autobahn an der Ausfahrt Dornbirn-Süd. Im Stadtzentrum ist rund um den **Marktplatz** (Markttage Mittwoch und Samstag) am Architektur-Mix die Stadtentwicklung abzulesen: Die klassizistische Kirche St. Martin mit ihrem säulengestützten Vorbau ist eine Nachbildung der Pariser Kirche Madeleine. Daneben ragt ein gotischer Kirchturm empor, rundum stehen Biedermeierhäuser und Jugendstilfassaden. Das barocke Rote Haus ist heute ein ausgezeichnetes Restaurant mit historischer Inneneinrichtung.

Wenn es Ihnen in Dornbirn gefällt, dann übernachten Sie doch auf dem kleinen Stellplatz der Familie Mathis: Er liegt ruhig und sicher in einem Wohngebiet nahe einem kleinen Park.

(005) WOMO-Stellplatz: Dornbirn/Fam. Mathis
GPS: N 47° 24′ 20″ E 9° 43′ 27″; Obere Härte 27.   **max. WOMOs:** 3.
Ausstattung/Lage: 15 € für WOMO + 2 Personen inkl. V+E u. Strom, Mülltrennung, Gästetaxe extra / parzellierte Plätze auf privatem Grundstück vor einem Biotop, mit Picknickplatz, ruhig, Grasgittersteine, Ortsrand.
Kontakt: Eugen und Annemarie Mathis, www.wohnmobilstellplatz-dornbirn.at, Telefon 0043/5572/31148.
Zufahrt: A 14 Bregenz–Bludenz, Ausfahrt 18 Dornbirn-Süd, B 204 Ri. Stadtzentrum, direkt hinter der Eisenbahnbrücke rechts abbiegen.
Sonstiges: kleines Wäldchen ca. 150 m.

Etwa 10 km östlich oberhalb von Dornbirn kommen wir zum Naherholungsgebiet **Bödele**, einem landschaftlich reizvollen Fleckchen Erde mit Wiesen, Moorsee und Fichtenwäldern. Dort liegt kurz hinter dem Losenpass (1139 m) direkt an der L 48 der **Parkplatz der Hochälpelifte [006:** N 47° 25′ 4″ E 9° 49′ 8″; Weißtanne, Schwarzenberg**]**. Im Winter ist es an Wochenenden oft sehr voll, da hier der Skisport nicht zu kurz kommt: Es gibt Pisten, Lifte sowie Langlaufloipen und Winterwanderwege. Von hier eröffnet sich der Blick auf die Wiesentäler und die schneebedeckten Berge des **Bregenzerwaldes**. Allerdings ist der Name irreführend, denn das Gebiet ist keineswegs der Stadtwald von Bregenz und allzu viele Bäume gibt es wegen der Rodung hier nicht mehr.

Unten im weiten Talkessel erspähen wir schon unser nächstes Etappenziel – das Wälderdorf SCHWARZENBERG. So prächtige holzgeschindelte Bauernhäuser wie hier gibt es sonst nirgends in der Region. In der barocken Pfarrkirche hat sich die **Malerin Angelika Kauffmann** im 18. Jh. verewigt: Als 16-Jährige malte sie die Apostelldarstellungen im Langhaus, als berühmte Künstlerin stiftete sie als Hinterlassenschaft noch ein Altarbild. Die Schwarzenberger haben Angelika Kauffmann ein Museum gewidmet, in dem Gemälde und Dokumentationen zu ihrem Leben gezeigt werden, dazu Trachten, religiöse Kleinkunst und Musikinstrumente.

> **WOMO-Radwandertipp: Radweg Bregenzerwald**
> **Fahrzeit:** 4 Std.   **Schwierigkeit:** leicht   **Höhenunterschied:** 386 m
> **Strecke:** Zwischen Egg, Andelsbuch, Bezau, Au und Schoppernau verläuft dieser 30 km lange Radweg ohne große Anstiege und auf der ehemaligen Trasse der Bregenzerwaldbahn.
> Start in Egg beim Schwimmbad. Parkplätze sind beim Bregenzerwald Tourismus vorhanden [N 47° 25′ 54″ E 9° 54′ 1″; Gerbe 1135, Egg].

Lesertipp: Auf dem Freibad-Parkplatz in Hittisau **[007: N 47 27' 49" E 9 57' 26"]** lässt es sich schön über Nacht stehen. Die malerische Landschaft lädt zum Wandern ein, z.B. auf dem Wasserwanderweg zur Engenlochschlucht.

Unsere Route folgt weitgehend der **Käsestraße Bregenzerwald**. Hier haben sich in allen 22 Dörfern rund 200 Bauern, Sennereien, Hotels, Gasthäuser und Jausestationen zusammengetan, um die Käsestraße zu vermarkten. Ein absolutes Muss ist das **Käsehaus in Andelsbuch** [N 47 24' 47" E 9 53' 42"]. Käsesorten aus dem ganzen Bregenzerwald werden hier an sieben Tagen der Woche zum Verkauf angeboten. Es gibt den traditionellen Bergkäse, es gibt auch Weichkäse, aber besonders delikat schmeckt der Bregenzwälder Hochalpkäse. Er kommt frisch von der Alpe, wo er drei Monate reifen durfte. Keine Frage, man kann es schmecken, dass die Kühe frische Kräuterwiesen abgegrast haben. Kostproben gibt es beim Schaukäsen (sonntags 16 Uhr). Im Käsehaus selbst ist ein Restaurant angeschlossen.

Das Wälderbähnle tuckert gemütlich durchs Land.

Auf dem Parkplatz der Bergbahn Andelsbuch sind WOMOs willkommen und gegen einen kleinen Obolus, der morgens von einem Mitarbeiter der Bergbahn kassiert wird, darf man hier übernachten. Der Vorteil ist, dass wir direkt an der Talstation der Sesselbahn stehen. Darüber hinaus ist der Platz auch ein Eldorado für Gleitschirmflieger.

(008) WOMO-Stellplatz: Andelsbuch/Bergbahn

GPS: N 47° 24' 47" E 9° 54' 31"; Moos 350. **max. WOMOs:** >5.

Ausstattung/Lage: 7 € für WOMO + 2 Personen inkl. Toiletten, Frischwasser, Außendusche, Mülltrennung, Wiese, Schotter, ruhig, außerorts.
Zufahrt: Von der Andelsbucher Ortsmitte die Straße zwischen Kirche und Käsehaus weiterfahren.
Sonstiges: Gasthof Mooserstüble.

Von Andelsbuch fahren wir auf der B 200 nach Süden, und nach 4 km nehmen wir im Kreisverkehr die Ausfahrt in Richtung Hochtannbergpass/Bezau. Nach weiteren 4 km auf der Bregenzerwaldstraße (L 200) biegen wir links ab, überqueren die Bregenzer Ache und sind in der Marktgemeinde BEZAU. Am **Bahnhof des Wälderbähnles [009: N 47° 22' 56" E 9° 53' 48"]** lässt es sich gut stehen.

> **WOMO-Ausflugtipp: Bregenzwald-Museumsbahn**
> Auf einer Schmalspur fährt von Bezau nach Schwarzenberg das Wälderbähnle. Mal von einer Dampflok, mal von einer historischen Diesellok gezogen, zuckelt der Zug gemächlich durchs Tal (Ende Mai–Anfang Okt. Sa+So 10:45/13:45/15:45 Uhr, www.waelderbaehnle.at).

Talaufwärts – entlang der Bregenzer Ache, die gemütlich vor sich hin plätschert – erreichen wir die Nachbardörfer AU und SCHOPPERNAU. Sie bieten sich als Ausgangspunkt für schöne Wanderungen bis in das Kleine Walsertal an. Im Winter punkten die beiden Dörfer mit dem weitläufigsten Loipennetz im Bregenzerwald: Ca. 60 km werden gespurt.

> **(010) WOMO-Campingplatz-Tipp: Au/Köb**
> **GPS:** N 47° 18′ 58″ E 9° 59′ 55″; Neudorf 358.   **offen:** ganzjährig.
> **Ausstattung/Lage:** 19–22 € für WOMO + 2 Personen inkl. V+E und Nutzung der Sanitäreinrichtungen, Strom und Kurtaxe extra / Wiesengelände, zur Bregenzer Ache hin ein dichter Baumgürtel, nahe der Straße, Bergblick, Ortsrand.
> **Richtpreis:** 23 € (Sommer) bzw. 25 € (Winter) für WOMO + 2 Erwachsene + Strom + Ortstaxe in HS
> **Kontakt:** Artur Köb, www.campingaustria.eu, Telefon 0043/5515/2331.
> **Zufahrt:** In Au in Ri. Schoppernau liegt der CP auf der rechten Seite.

„Ganz hinten" im Bregenzerwald, schon am Übergang zum Arlberg, geht's von SCHRÖCKEN über den **Hochtannbergpass** (1676 m) nach WARTH. Die Fahrt ist ein verkehrstechnischer Leckerbissen: Die Bregenzerwaldstraße (L 200) gewinnt zunehmend an Höhe und schlängelt sich in engen Kurven durch den Fels, durch die halb offenen Tunnel und Lawinengalerien. Vorbei an einer Imbissbude [N 47° 15′ 40″ E 10° 5′ 49″] mit schönem Blick ins Tal erreichen wir nach ca. 5 km in einem baumlosen, grünen Hochtal die Passhöhe: ein Parkplatz beim Saloberjet [N 47° 16′ 5″ E 10° 7′ 39″], ein Parkstreifen auf der rechten Seite [N 47° 16′ 12″ E 10° 7′ 58″], einige Gebäude und das war's. Das Passschild befindet sich genau zwischen den zwei Parkplätzen, und wenn Sie nicht aufpassen, sind Sie schon vorbei gesaust.

Auf der gut ausgebauten Ostseite geht es dann zügig bergab. Nach 5 km ist WARTH erreicht. Im Ortskern stehen noch alte Walserhäuser mit typisch nachgedunkelten Holzfassaden. Aber wir mobilen Urlauber sind hier nicht gerne gesehen – ebenso wie in den noblen Wintersportorten LECH und ZÜRS, die inmitten der Arlberger Bergkolosse gelegen sind.

Die Holzgauer Hängebrücke – Panoramablick und Herzklopfen inklusive!

Von Warth fahren wir jetzt auf der B 198 ins **Tiroler Lechtal** hinein. Zwischen den Allgäuer Alpen im Norden und den Lechtaler Alpen im Süden verläuft das Tal nordostwärts nach Reutte (62 km). Mit seinen ursprünglichen kleinen Orten ist es eines der schönsten Täler Österreichs. Wie an einer Perlenkette reihen sich Dörfer wie Steeg, Holzgau, Bach, Elbigenalp, Häselgehr, Elmen, Stanzach, Forchach und Weißenbach aneinander, bevor der Lech bei Reutte und Füssen in die weite, flachere Landschaft des Allgäus und der Voralpenseen hinaustritt. Ungehindert mäandert der Lech am Talgrund. An seinen mächtigen Schotterbänken und in den sumpfigen Auen sind viele Tier- und Pflanzenarten heimisch.

In HOLZGAU stehen zahlreiche Häuser mit **Lüftlmalerei**, die an glatten Hauswänden eine verblüffende Illusion von dreidimensionalem Stuck schafft. Mit der längsten und höchsten **Hängebrücke** Österreichs hat der Ort einen weiteren Besuchermagnet geschaffen. Ausgangspunkt ist der Dorfplatz von Holzgau mit kostenlosen Parkmöglichkeiten [N 47 15' 30" E 10 20' 37"] direkt hinter dem Gemeindehaus. Hinter der Kirche westlich des Höhenbachs gehen wir den kleinen Fahrweg steil bergauf. Nach einem Abzweig erreichen wir in ca. 20 Minuten die Brücke.

ELBIGENALP ist der Hauptort des Lechtals. Hier war Anna Knittel, die echte **Geierwally**, zu Hause. 1858 ließ sie sich im Alter von 17 Jahren über einen steilen Felsen abseilen und nahm einen Adlerhorst aus. Ein Roman und mehrere Filme machten die selbstbewusste Frau berühmt, die später ihren Lebensunterhalt als Malerin verdiente. Im urigen **Restaurant Zur Geierwally** hat ihr „weitläufiger Verwandte" Guido Degasperi

Geierwally-Parkplatz in Elbigenalp (WOMO-Stellplatz 11)

Zeitungsausschnitte, Filmprogramme und Gemälde gesammelt. Auf der Speisekarte steht Tiroler Kost wie Bergnocken, Kaspressknödelsuppe und G'stöpf, eine Art Kaiserschmarren (tgl. 17–22 Uhr geöffnet, Mi+So Ruhetag). Und abends wird auf der **Freilichtbühne** „Sturm in den Bergen" oder ein anderes Alpendrama aufgeführt. Wie es sich für deftiges Bauerntheater gehört, wird reichlich gerauft, gebrüllt und gesoffen (www.geierwally.at).

Besuchen Sie in Elbigenalp die einzige **Schnitzschule** Österreichs. Schnitzereien junger Künstler werden hier preisgünstig verkauft. Direkt unterhalb davon liegt der **Geierwally-Parkplatz [011: N 47° 17′ 16″ E 10° 25′ 52″]** (max. WOMOs: 1). Auf unserer ersten Erkundungstour haben wir hier eine geruhsame Nacht verbracht.

Holzschnitzer in Elbigenalp

Wollen Sie jedoch auf einem erlaubten Platz übernachten, ist in HÄSELGEHR Camping Rudi – von Kanusportlern gern besucht – erste Wahl. Er liegt wunderschön im Tal, ringsherum das Gebirge. So können Sie gleich morgens den Sonnenaufgang in den Bergen erleben – und unten im Tal schlängelt sich der Lech, wild und reißend.

(012) WOMO-Campingplatz-Tipp: Häselgehr/Rafting-Center Rudi

GPS: N 47° 18′ 55″ E 10° 29′ 54″; Luxnach 122.   **offen:** ganzjährig.
Ausstattung/Lage: 20–22 € für WOMO + 2 Personen inkl. V+E u. Nutzung der Sanitäreinrichtungen, Strom u. Kurtaxe extra / direkt am Lech gelegen, Wiesengelände, kein Schatten, Ortsrand.
Kontakt: Volker Riedmann, www.lechtal-camping-rudi.at, Telefon 0043/5634/6425.
Zufahrt: In Häselgehr bei der Kirche rechts abbiegen. Beschilderung Rafting-Center Rudi.

In STANZACH kann man auf dem **Parkplatz hinterm Feuerwehrhaus [013:** N 47° 23′ 3″ E 10° 33′ 37″**]** (max. WOMOs: 1) – laut Auskunft der netten Dame in der Tourist-Information – schon mal für eine Nacht stehen bleiben

Zwischen STANZACH und FORCHACH zeigt sich der Lech in seinem breiten Flussbett besonders ursprünglich. Bei einer Rundwanderung erkunden wir diese atemberaubende Landschaft, die von menschlichen Eingriffen fast zur Gänze verschont blieb. Auf dem am Waldrand gelegenen Parkplatz [N 47° 25′ 18″ E 10° 35′ 4″; Gewerbegebiet, Forchach] gegenüber der Firma Urban stellen wir das WOMO ab.

WOMO-Wandertipp: Wildflusslandschaft bei Forchach

Gehzeit: 1–2 Stdn.   **Schwierigkeit:** leicht   **Höhenunterschied:** 50 m.
Direkt nach dem Fußballplatz, etwas nördlich der Firma Urban, queren wir rechter Hand die Wiese, unter der Stromleitung hindurch, bis wir auf eine Buhne (eine Art Damm) mit einem Trampelpfad stoßen. Ihm folgen wir nach links zur Hängebrücke über den Lech. Sie sollten auf jeden Fall einmal auf der 75 m langen Brücke stehen bleiben, denn es erwartet Sie ein toller Blick auf den wilden Lech, der hier wohl seine schönsten Auen aufweist. Wir wechseln hinüber auf das andere Flussufer und kommen auf den asphaltierten Lechtalradweg, den wir nach links – flussaufwärts – entlang gehen. Die Wanderung verläuft etwas oberhalb des Lechs mit herrlichen Ausblicken auf seine Schotterbänke. Direkt nach einer Kanzel steigen wir einen Trampelpfad steil auf die mit Föhren bewachsene Aufläche hinauf und bleiben an der Abbruchkante zum Lech, bis wir über Stämme und Steine auf die Schotterfläche gelangen Von hier kommen wir durch lichten Auwald in nordwestlicher Richtung zum Luambächl, wo wir wieder auf den Radweg stoßen. Ihm folgen wir erst über Wiesen, dann durch ein kleines Waldstück bis zum Radsperrboden, einer offenen Fläche mitten im Wald. Für den Rückweg folgen wir dem Radweg bis zur Hängebrücke, queren diese und sind wieder am Parkplatz zurück.

Ungehindert mäandert der Lech am Talgrund.

Hinter Forchach weitet sich das Lechtal. In WEISSENBACH AM LECH, 10 km südwestlich von Reutte, weist ein Schild nach links ins **Tannheimer Tal**. Gönnen Sie sich unbedingt diesen Abstecher – am besten mit Übernachtung – in das breite, almenreiche Tal. Es ist eine herrliche Wanderregion. In Serpentinen, ca. 200 m ansteigend, führt die Straße sehr eng am Felshang auf den 1093 m hohen **Gaischtpass**, der auch für Fahrer ohne Bergerfahrung leicht zu überwinden ist. Oben auf der Passhöhe befindet sich rechts ein kleiner Parkplatz mit Aussicht ins Lechtal. Genau gegenüber auf der linken Seite der Strasse führt dann die alte Passstraße ein Stück hinein in die Schlucht zur alten Passklause. Der Schotterparkplatz [N 47° 27′ 16″ E 10° 37′ 30″] davor wäre zum Übernachten prima geeignet, wenn da nicht das Tiroler Übernachtungsverbot wäre. Vom Gaischtpass erstreckt sich das Tannheimer Tal westwärts ca. 20 km bis zum Oberjochpass an der Grenze zu Deutschland. Nesselwängle ist der erste Ort, den wir erreichen. Wie gemalt liegt der **Haldensee** vor uns, in ihm spiegeln sich die umliegenden Berge. Viele Spaziergänger sind unterwegs. An seinem Ufer befindet sich ein großer Parkplatz [N 47° 29′ 23″ E 10° 33′ 58″] sowie ein Strandbad mit Campingplatz.

(014) WOMO-Campingplatz-Tipp: Grän/Haldensee

GPS: N 47° 29′ 24″ E 10° 34′ 6″; Seestraße 26.   **offen:** Mai–Sep.
Ausstattung/Lage: direkt am Seeufer gelegen, Freibadanlage, SB-Restaurant, Bootverleih, außerorts.
Richtpreis:. 29 € für WOMO + 2 Personen inkl. V+E und Nutzung der Sanitäreinrichtungen, zzgl. Strom, Kurtaxe und Freibadeintritt.
Kontakt: Fam. Huber, www.tannheimertal.org, Telefon 0043/5675/6431.
Zufahrt: Im Text beschrieben.

Wir verlassen das Tannheimer Tal wieder über dieselbe Strecke, die wir gekommen sind. Zurück in Weißenbach geht es am Ortsausgang im Kreisverkehr an der 4. Ausfahrt links nach Reutte. Folgen Sie der viel befahrenen B 198 aber nur für ca. 300 m, biegen dann nach rechts ab, fahren über die Lechbrücke und rollen auf der Landstraße durch die Lechauen über Rieden und Ehenbichl nach REUTTE. Für eine Nacht kann man mal dort auf dem Campingplatz stehen bleiben.

(015) WOMO-Campingplatz-Tipp: Reutte

GPS: N 47° 28′ 41″ E 10° 43′ 20″; Ehrenbergstraße 53.
offen: ganzjährig, außer im Mai.
Ausstattung/Lage: schattenloses Wiesengelände, Platz geteilt durch asphaltierte Wege, die WOMO-Stellplätze sind durch eine hohe Hecke von der Straße abgeschottet, viele Dauercamper, 10 Gehminuten ins Ortszentrum.
Richtpreis: ca. 18,50–21 € für WOMO + 2 Personen inkl. V+E, Strom, Dusche und Kurtaxe extra.
Kontakt: Klaus Bentschitsch, www.camping-reutte.com, Telefon 0043/664/1858179.
Zufahrt: Wie im Text beschrieben bzw. von Füssen kommend über die Umfahrung Reutte die Ausfahrt Reutte-Süd nehmen, danach rechts abbiegen Richtung Reutte-Mitte, nach 500 m links ab Richtung Hospital, dann noch weitere 400 m bis zum CP.
Sonstiges: Preiswertes Mittagsmenü im „Campingstüberl". Die in der Nacht beleuchtete Ruine Ehrenberg ist vom Platz aus zu sehen, sie ist zu Fuß in ca. einer Stunde vom CP aus zu erreichen.

In REUTTE zieren Lüftlmalereien die Bürgerhäuser aus dem 18. Jh. Ein schönes Beispiel dafür ist das **Zeillerhaus** am Untermarkt, Wohnhaus der wohlhabenden Malerfamilie. Beachtenswert sind die Tierdarstellungen über dem gemalten Sims an der Nordwand: Franz Anton Zeiller (1716–1794) verewigte hier zur Strafe zwei Nachbarinnen, zwei ältere Damen, die an seinen Malereien Anstoß genommen hatten, als Äffchen mit Einkaufskorb.

Ritterspiele Reutte

Die Burg Ehrenberg südlich von Reutte verwandelt sich im Sommer in eine mittelalterliche Erlebniswelt mit Turnier, Markt und viel Action.

Hoch über Reutte ragen die Reste der mächtigen **Burg Ehrenberg** in den Himmel. Mit ihren gleich drei teilrestaurierten Ruinen ist uns Ehrenberg einen Abstecher wert, zumal das Burgenensemble viel bietet: wehrhafte Mauern, hohe Türme und anschaulich erzählte Geschichte im Erlebnismuseum. Burg Ehrenberg erreichen wir von Reutte aus auf der Fernpassstraße/B 179 in Richtung Innsbruck. Die beschilderte Ausfahrt Ehrenberg finden wir dann zwischen den Gemeinden Reutte und Heiterwang: rechts hinunter zum **Museumsparkplatz** [016: N 47° 27′ 53″ E 10° 43′ 12″; Klause 1, Reutte]. Hier dürfen wir sogar kostenlos übernachten, aber bitte melden Sie sich im Museum an!

Weiter geht's südwärts auf der B 179 zum **Heiterwanger See**. Nach ca. 3 km halten wir uns an der Gabelung links nach HEITERWANG. Am Ortsende schwenken wir links auf die Straße „Unterdorf" ein, 400 sind's dann noch zum Stellplatz

Lohnendes Wanderziel: der Heiterwanger See

Bodensee, Bregenzerwald, Lechtal, Tannheimer Tal 23

beim Sunnawirt. Der Hof wirkt sehr familienfreundlich. Paul Feineler, der Sunnawirt, ist ein echtes Tiroler Original. Er hat immer einen lockeren Spruch auf den Lippen.

(017) WOMO-Stellplatz: Heiterwang/Beim Sunnawirt

GPS: N 47° 26′ 58″ E 10° 44′ 52″; Mühle 4.   **max. WOMOs:** >5.

Ausstattung/Lage: 7 € für WOMO + 2 Personen inkl. V+E+WC, Strom extra / bei einem ehemaligen Bauernhof, Ausblick auf die umliegenden Berge, Schotterrasen, kein Schatten, ruhig, Ortsrand, www.sunnawirt-heiterwang.at.
Zufahrt: B 179 Füssen–Ehrwald (Fernpassbundesstraße), am Ortsende von Heiterwang links in Straße „Unterdorf", dann links zur Straße „Mühle" abbiegen.
Sonstiges: Bauernstube (einfache, aber gute Küche), überdachte Sonnenterrasse.

Der **Heiterwanger See** ist nur ein paar Hundert Meter entfernt und bietet sich als lohnendes Ziel für einen Abendspaziergang an.

Direkt am See liegt auch sehr schön der Campingplatz Fischer am See. Der Platz ist einem Hotel mit gehobener Gastronomie angegliedert. Die unparzellierten Stellplätze befinden sich unter hohen Bäumen zwischen den Dauercamper-Arealen. Die Liegewiese mit Spielplatz zwischen Campingplatz und See wird auch von Tagesgästen genutzt.

(018) WOMO-Campingplatz-Tipp: Heiterwang/Fischer am See

GPS: N 47° 27′ 21″ E 10° 45′ 34″; Fischer am See 1.   **offen:** ganzjährig.
Ausstattung/Lage: 26(WS)–28 €(SS) für WOMO + 2 Personen inkl. V+E+Kurtaxe u. Nutzung der Sanitäreinrichtungen, Strom extra / Wiesenplatz direkt am See mit Ausblick auf die herrliche Bergwelt, unparzelliert, hohe Schattenbäume, auch Dauercamper, außerorts.
Kontakt: www.fischeramsee.at, Telefon 0043/5674/5116.
Zufahrt: Ausschilderung „Hotel Fischer am See" folgen.
Sonstiges: Anlegestelle für Ausflugsschiffe, Badebereich, im Winter Loipen und geräumte Wanderwege.

Ein beschaulicher Spazierweg führt vom Heiterwanger See über eine Holzbrücke zur Westseite des Plansees.

Nach einer ruhigen Nacht lockt der kristallklare **Plansee**. Er ist durch einen 300 m langen Kanal mit dem Heiterwanger See verbunden und liegt zwischen Lech- und Ammergebirge, deren Felswände steil am südlichen

Der „Fjord" Tirols, der Plansee bei Reutte, ist ein beliebtes Ausflugsziel.

Seeufer emporragen. Eine direkte Autostraße zwischen Heiterwanger See und Plansee gibt es nicht. Deshalb müssen wir erst einmal auf der Fernpassstraße/B 179 zurück Richtung Reutte fahren, nach ca. 6 km biegen wir bei der Ausfahrt Reutte-Süd rechts ab, folgen dem Wegweiser „Oberammergau/Plansee" und passieren Kreckelmoos. Kurz danach erreichen wir das Nordwestufer des Plansees, wo wir uns auf einer der hier reichlich vorhandenen Liegewiesen eine Ruhepause gönnen. Im Wasser spiegeln sich die umliegenden Berge. Ein reizendes Fleckchen Erde, das an sonnigen Wochenenden auch die Biker zu schätzen wissen. Weiter rollen wir auf der kurven- und aussichtsreichen Uferstraße am See entlang und pendeln von einer Parkbucht zur nächsten.

Vorbei kommen wir am **Campingplatz Seespitze** [019: N 47° 28′ 27″ E 10° 47′ 3″] (www.camping-plansee.at), der terrassenförmig angelegt ist und einen ungetrübten Blick auf den See bietet. Tagesparkplätze, ein Badestrand und eine Gaststätte mit Biergarten vervollständigen das touristische Angebot. Am Ende des Sees passieren wir den **Campingplatz Sennalpe** [020: N 47° 29′ 10″ E 10° 50′ 22″], einen an drei Seiten von Bergen eingerahmten Wiesenplatz mit vereinzelten Bäumen. Davor breitet sich eine große, im Sommer beliebte Liegewiese mit Badestrand aus.

Wir verlassen den Plansee, überqueren den Ammersattel (1082 m) und schwingen uns hinab in das Land des Märchenkönigs Ludwig II.

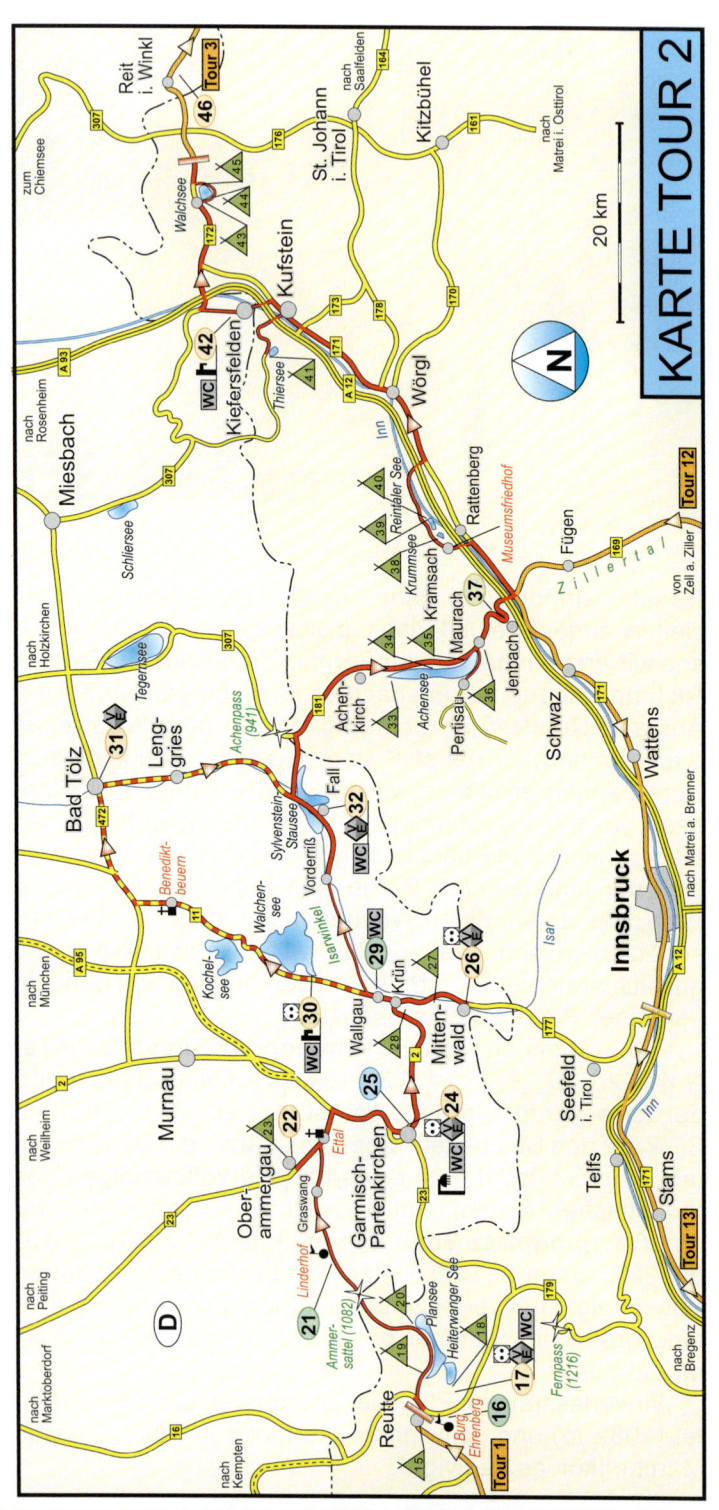

TOUR 2 (ca. 250 km / 3–4 Tage)

Reutte – Plansee – Oberammergau – Garmisch-Partenkirchen – Mittenwald – Krün – Wallgau – Walchensee – Bad Tölz – Sylvensteinstausee – Achensee – Kramsach – Rattenberg – Kufstein – Thiersee – Kiefersfelden – Walchsee

Stellplätze:	Oberammergau, Garmisch-Partenkirchen, Mittenwald, Krün, Wallgau, Walchensee, Fall, Gasthof Rieder Jenbach, Sägertal bei Schloss Linderhof, Kainzenbad in Garmisch-Partenkirchen, Kiefersfelden.
Campingplätze:	Achensee, Kramsach, Thiersee, Walchsee.
Baden:	Walchensee, Kainzenbad, Thiersee, Walchsee.
Besichtigen:	Schloss Linderhof, Kloster Ettal, Passionsort Oberammergau, Olympiaort Garmisch-Partenkirchen, Geigenbauerort Mittenwald, Glasstadt Rattenberg, Museumsfriedhof Kramsach, Festungsstadt Kufstein.
Wandern:	Partnachklamm, Kaisertalweg.
Schiffsausflüge:	Achensee.
Essen:	Gasthof Rieder in Jenbach.

Leser, die erst hier einsteigen, reisen am besten über die deutsche A 7 und den Grenztunnel Füssen/B 179 an und beginnen diese Tour mit dem hübschen Städtchen REUTTE, so wie am Ende von Tour 1 beschrieben.

Wenn Sie Tour 1 absolviert haben, fahren Sie weiter am **Plansee** entlang. Steil aufragende Berge rahmen die Südflanke des türkisfarbenen Plansees ein und sorgen für Rivierafeeling.

Wir verlassen den See in Richtung Oberau und Oberammergau. Mit sanfter Steigung erreichen wir auf dem kurvigen Bergsträßchen den Parkplatz [N 47° 32′ 11″ E 10° 53′ 20″] ca. 200 m unterhalb des Ammersattels (1118 m) und sind in Bayern. In engen Kehren schwingen wir uns 7 km locker mitten durch den Ammerwald ins Tal. Vor uns liegt das abgeschiedene Graswangtal im Herzen der Ammergauer Berge, und schon sind wir König Ludwig II. auf der Spur: In diese stille Ecke baute er sein **Schloss Linderhof**. Es ist das relativ bescheidenste der Königsschlösser. Inmitten von blickdichtem Wald erhebt es sich. Nur im Herbst, wenn die Winde bereits das Laub von den Bäumen gefegt haben, kann man das Schloss von der Straße aus durch die kahlen Äste blitzen sehen.

Schloss Linderhof

Mit Schloss Linderhof schuf sich der bayerische Märchenkönig Ludwig II. 1874-1878 eine fantasievoll ausgestattete Traumresidenz. Dabei mischte er verschwenderischen französischen Rokoko mit der strengen Ordnung barocker Gartenpracht, Anleihen aus der islamischen Kunst mit von Wagneropern inspirierten Bühnenbildern. Dies alles vor mächtig aufragender Bergkulisse.

Den besten Blick über die Anlage genießen wir von der Terrasse. Wenn dann auch noch die Wasserspiele das Märchenschloss verschönern (im Sommer jede halbe Stunde), klicken und surren die Kameras unaufhörlich.

Im Park prunkt der Maurische Kiosk mit orientalischer Farbigkeit. Im Inneren glänzt der berühmte Pfauenthron. Er wurde aus farbig emailliertem Metall gefertigt.

Zauberhaft und unwirklich ist auch die Venusgrotte, die an die blaue Grotte von Capri erinnern sollte. Hier ließ sich der König in einem vergoldeten Muschelkahn umherrudern. Lichteffekte machten die Venusgrotte vollends zu einem Traumort, an dem Ludwig der Realität entkommen konnte.

Anschließend schlendern wir durch die prunkvoll ausgestatteten Innenräume des Schlosses. Im Lese- und Studierzimmer des Königs amüsieren wir uns über einen tollen Effekt: Bei richtiger Stellung zwischen zwei Spiegeln an den gegenüberliegenden Wänden entsteht hier ein unendlicher, golden glänzender Korridor. Und im Speiseraum wundern wir uns über die Funktion des „Tischlein-deck-dich": Der menschenscheue Monarch saß seinerzeit ohne Diener in seinem Sessel im großen Speiseraum. Dann gab er den Befehl zu servieren. Zwei Bodenplatten vor dem Sessel öffneten sich und der im Erdgeschoss gedeckte Goldtisch schwebte mit dampfenden Schüsseln nach oben. Es ist angerichtet! Nach dem Rundgang gehen wir nach rechts um das Schloss, dort finden wir parterre ein Fenster, das den Blick auf die Mechanik der Serviermaschine freigibt.

(Öffnungszeiten: Apr–Mitte Okt tgl. 9-18, Mitte Okt–März tgl. 10-16 Uhr, Wasserspiele: Anfang Apr–Mitte Okt, Eintritt 8.50 €, Parkplatz [N 47° 34′ 6″ E 10° 57′ 28″], Parkgebühr 3,50 €).

Wollen Sie sich den Obolus am Schlossparkplatz sparen, parken Sie auf dem kostenlosen Parkplatz Sägertal **[021: N 47 33′ 44″ E 10 56′ 6″; St 2060]** etwa 2 km östlich von Schloss Linderhof – und dann spazieren oder radeln Sie auf dem ausgeschilderten Weg zum Schloss.

Nun geht es weiter, ein Stückchen Richtung Ettal, vorher dann links auf die B 23 abbiegen nach OBERAMMERGAU. Dort gibt's am südlichen Ortsrand den Wohnmobil-Übernachtungsplatz, auf dem Sie allerdings nur eine Nacht verbringen dürfen.

(022) WOMO-Stellplatz: Oberammergau
GPS: N 47° 35′ 23″ E 11° 4′ 19″; Ettaler Strasse 58.   **max. WOMOs:** >5.

Ausstattung/Lage: ohne V+E (jedoch auf dem Campingplatz nebenan möglich) / geschotterte Stellplätze durch Grünstreifen vom davor gelegenen Großparkplatz abgetrennt, aufgelockert durch Bäume, max. Aufenthalt 24 Stunden, Gebühr 7 €, Rad- und Wanderwege, Ortsrand.
Zufahrt: Aus Richtung Ettal auf der B 23 kommend am Ortseingang rechts in die Ettaler Straße, nach ca. 600 m in die 2. Straße links abbiegen, am Restaurnt „Zauberstub'n" rechts vorbei, dann nach 30 m links über die Brücke zum Stellplatz.
Sonstiges: Sollten Sie mehrere Tage in Oberammergau bleiben wollen, checken Sie auf dem nahe gelegenen Campingpark Oberammergau ein [**023:** N 47° 35′ 24″ E 11° 4′ 7″].

OBERAMMERGAU ist während der Passionsspiele total überfüllt, aber die nächsten finden erst wieder 2020 statt. Beim Spaziergang durch die Gassen fallen uns die vielen

Das prachtvoll bemalte Pilatushaus in Oberammergau

Lüftlmalereien an den Hausfassaden auf. Höhepunkt: die Befragung Christi durch Pilatus am **Pilatushaus** an der Ludwig-Thoma-Straße. Das Meisterwerk des einheimischen Malers Franz Seraph Zwinck verblüfft zudem mit täuschend echt gemalten Säulen, Balkonen und Treppen. Im Pilatushaus ist eine „lebende" Werkstatt untergebracht, wo wir unter der Woche nachmittags den Holzschnitzern bei ihrer Arbeit zusehen können.

Nach Garmisch-Partenkirchen sind es auf B 23 ca. 17 km. Zunächst nähern wir uns im engen Talgrund **Kloster Ettal**. Wie ein Tempel ragt die wuchtige Kuppel der Klosterkirche in den Himmel. Direkt vor dem Kloster stellen wir das WOMO auf dem gebührenpflichtigen Tagesparkplatz [N 47° 34′ 9″ E 11° 5′ 30″] ab.

Kloster Ettal

Das stolze, monumentale Kloster – gegründet 1330 von Kaiser Ludwig dem Bayern – erhebt sich übergroß über dem Örtchen Ettal. Nach dem Brand von 1744 wurde der ursprünglich gotische, zwölfeckige Zentralbau in Formen des Barocks wieder aufgebaut.

Die Klosterkirche ist ein Genuss. Das riesige, entrückt wirkende Kuppelfresko, die Stuckaturen, die meisterhaften Altäre, das Weiß und Gold, das den Innenraum bestimmt, schaffen eine prachtvoll-feierliche Atmosphäre, die jedoch Platz lässt für die Frömmigkeit. Der Hauptaltar birgt das Ettaler Gnadenbild, eine kleine, italienische Madonna mit Kind aus Carraramarmor, die Ziel für Wallfahrten nach Ettal war und ist.

Münchens Hofarchitekt Enrico Zuccalli setzte Kloster Ettal im 18 Jh. die mächtige Kuppel auf.

Es geht weiter südwärts: Von Ettal führt die Deutsche Alpenstraße (B 23) über den Ettaler Sattel (869 m) nach Oberau und von dort auf der B 2/B 23 nach GARMISCH-PARTENKIRCHEN. Mächtig erheben sich die Gebirge um den beliebten Olympiaort, erschlossen durch zahlreiche Bergbahnen, z.B. auf Deutschlands höchsten Gipfel, die **Zugspitze**. Ein besonders schönes Bergpanorama verschafft die Auffahrt auf den 1.780 m hohen **Aussichtsberg Wank** mit seinen Sonnenterrassen. Die Kabinenbahn dorthin startet am nördlichen Ortseingang von Partenkirchen. Auf dem asphaltierten Großparkplatz P 11 der Wankbahn sind auch zwei Terrassen für WOMOs reserviert. Aber der Stellplatz ist mitnichten ein idyllisches Camp, wie der Name „Alpencamp am Wank" suggeriert: PKWs parken hier kostenlos, WOMOs zahlen dagegen nur fürs Stehen 10 €, die Kurtaxe kommt noch dazu. Auch ist der Platz gewiss nicht eine Oase der Ruhe: Tagsüber herrscht lebhafter Tagesbesucherverkehr und abends drehen Halbstarke auf ihren Motorrädern ihre Runden.

(024) WOMO-Stellplatz: Garmisch-Partenkirchen/ Alpencamp am Wank

GPS: N 47° 30′ 20″ E 11° 6′ 27″; Wankbahnstraße 2. **max. WOMOs:** >5.
Ausstattung/Lage: V+E, Strom, spartanische Sanitärräume mit Duschen und WC, Waschmaschine, Trockner: alles extra gebührenpflichtig, Müllentsorgung, Kiosk, Gaststätte / ausgewiesene Stellplätze auf einem terrassierten Großparkplatz auf Asphalt, unruhig, reglementiert, ca. 30 Min. zu Fuß ins Stadtzentrum (zurück laufen Sie bergauf), außerorts.
Gebühr: 14 € fürs WOMO + 2 Personen inkl. Kurtaxe.
Betreiber: Christoph Schönmoser, www.alpencamp-gap.de.

Zufahrt: Nach der Ortseinfahrt von der B 2 (aus Ri. München) nach links in die Münchner Straße, weiter Ausschilderung Wankbahn u. WOMO-Piktogramm folgen, danach wieder links in die Wankbahnstraße und diese bis zum Ende durchfahren.

Wir verlassen den Doppelort auf der B 2 Richtung Mittenwald. Am südlichen Ortsausgang von Partenkirchen biegen wir rechts ab zum **Olympia-Skistadion**, das ausreichende Parkplätze [N 47° 28′ 57″ E 11° 7′ 2″; Karl-u.-Martin-Neuner-Platz] zur Verfügung stellt und zur kostenlosen Besichtigung der neuen Skisprungschanze einlädt.

Vom Stadion führt eine Wanderung entlang der Partnach flussaufwärts in die wilde, dunkle Partnachklamm. Entweder zu Fuß in ca. 20 Minuten oder ganz bequem in einer der Pferdekutschen, die hinter dem Stadion bereitstehen.

WOMO-Wandertipp: Partnachklamm – Morgendusche unter Felsen

Ein gesicherter Weg mit neun Tunnels führt durch die 700 m lange und bis zu 80 m hohe Felsschlucht.

Die spannende Besichtigung beginnt in einem der dunklen Tunnel. Glücklich, wer hier eine Taschenlampe hat. Dann kommen wir an überhängenden Felsen und Galerien vorbei, es tropft und trieft von oben: eine wahre Morgendusche. Von unten dröhnt und rauscht der wilde Bach. Eine Kurve weiter wetzen und schaben Stromschnellen den Fels, später zerstäuben Fälle das Wasser und Lichtreflexe zaubern Regenbogen. Im Winter formt das Wasser bizarre Eisgebilde, Dolche und Bärte, die von den Felsen herabhängen. Nach 700 m Metern verwandelt sich der Wildbach Partnach in einen zahmen Fluss, an dessen Ufern wir uns zur Rast niederlassen, um das Erlebnis nachwirken zu lassen. Danach geht es noch ein Stück geradeaus, dann nach links aufwärts durch den Wald. Die Anstrengung des schweißtreibenden Aufstiegs ist bei einer verdienten Rast auf der Terrasse des Forsthauses Graseck mit grandiosem Blick auf das Wettersteingebirge schnell wieder vergessen. Später bringen die engen Kabinen der Graseck-Seilbahn uns wieder hinunter zum Klamm-Einstieg.

Etwa 500 m weiter lädt das traditionsreiche **Kainzenbad**, ein schön gelegenes Naturfreibad mit frischem Gebirgswasser, gegen ein geringes Entgelt zum Verweilen ein. Im Schatten alter Bäume finden Sie auf der großen Liegewiese bestimmt ein ruhiges Plätzchen. Genießen Sie den Blick auf die nahe gelegene Skisprungschanze, auf Zugspitze, Alpspitze, Wank und die Waxensteine.

(025) WOMO-Badeplatz: Garmisch-Partenkirchen/ Kainzenbad

GPS: N 47° 29′ 0″ E 11° 7′ 30″; Kainzenbadstr. 2.   **max. WOMOs:** 2–3.
Ausstattung/Lage: keine / großflächiger kostenloser Parkplatz, Asphalt, Bäume, Ortsrand.
Zufahrt: Richtung Mittenwald fahren, dann kurz vor dem Partenkirchener Ortsende rechts zum Olympiastadion abbiegen, am Stadion vorbeifahren und dann sind es noch ca. 500 m.

Östlich geht es nun auf der B 2 nach KLAIS. Dort biegen wir rechts auf die Staatsstraße St 2542 nach Mittenwald ab, fahren am kleinen Schmalensee vorbei und steuern in MITTENWALD den offiziellen Stellplatz an. Am Freitagabend ist der Platz

Neujahrsskispringen in Garmisch-Partenkirchen

schon voll belegt. Auf dem eigentlichen Bahnhofsparkplatz daneben stehen schon einige WOMOs, und auch wir finden hier unter einem Schattenbaum noch ein kostenloses Plätzchen. Züge haben wir nachts nicht gehört.

(026) WOMO-Stellplatz: Mittenwald/P 1 am Bahnhofsplatz
GPS: N 47° 26′ 15″ E 11° 15′ 50″; Albert-Schott-Straße. **max. WOMOs:** >5.

Ausstattung/Lage: V+E, Strom / abgegrenztes Areal auf dem Großparkplatz an der Südseite des Bahnhofs, Einfahrtsschranke, asphaltierter bzw. geschotterter Untergrund, wenig Schatten, herrlicher Blick auf das Karwendelgebirge, ruhig, ca. 5 Gehminuten zum Ortszentrum (Fußgängerzone).

Gebühr: 11 € inkl. Kurbeitrag pro WOMO, Strom und Frischwasser extra.
Betreiber: Andreas Haaf, Tel. 08823/5216, www.karwendelstellplatz.de.
Zufahrt: In Mittenwald der Beschilderung zum P 1 folgen.

Der Wohnmobil-Stellplatz in Mittenwald wird von der Familie Haaf betreut, die auch den Naturcampingpark Isarhorn [027: N 47° 28′ 22″ E 11° 16′ 35″; Am Horn 4, Mittenwald] betreibt, der an der B 2 Richtung Krün gelegen ist.

Der bemalte Barockturm in Mittenwald

MITTENWALD liegt nahe der Grenze geschützt im Isartal. Der **Karwendel** überragt den Ort, in wenigen Minuten ist die Seilbahn oben auf 2.244 Metern. Von hier aus kann man schöne Wanderungen machen. Es gibt einen kostenlosen Parkplatz bei der Talstation [N 47° 26′ 15″ E 11° 16′ 16″; Alpenkorpsstraße 1]. Geigenbauer haben den Luftkurort berühmt gemacht. Die Fußgängerzone reizt zum abendlichen Spazierengehen: Viele schön bemalte Häuser fallen uns am Ober- und Untermarkt auf. Schon Goethe staunte, als er auf dem Weg nach Italien durch Mittenwald kam, über die mit Lüftlmalerei geschmückten Fassaden und nannte den Ort ein lebendiges Bilderbuch. Dieser Eindruck bestätigt sich noch heute. Der bemalte Kirchturm der barocken Pfarrkirche ist das Wahrzeichen von Mittenwald.

Wir verlassen Mittenwald – wie gekommen – in Richtung Klais. Dort ist dann schon der **Alpen-Caravanpark Tennsee** – unter Karwendel und Wetterstein gelegen – ausgeschildert. Nach 2 km biegen Sie rechts zum Tennsee ab. Dort finden Sie Ruhe und Idylle. Auf dem Reisemobilhafen steht man außerhalb der Campingplatzschranke und bleibt daher auch während der Schließzeiten beweglich.

(028) WOMO-Stellplatz: Krün an der Isar/ Alpen-Caravanpark Tennsee

GPS: N 47° 29′ 25″ E 11° 15′ 17″; Am Tennsee 1
Ausstattung/Lage: Versorgungssäule direkt am WOMO, alle Einrichtungen des CPs dürfen genutzt werden / terrassenförmig angelegt, relativ kleine Stellplätze, Schotter u. Grünfläche, ruhig.
Gebühr: 17–23 € inkl. Kurtaxe, Strom extra
Betreiber: Fam. Zick, Tel. 08825/170, www.camping-tennsee.de
Zufahrt: Der Campingplatz liegt ca. 500 m östlich der B 2 Garmisch-Partenkirchen–Mittenwald.
Sonstiges: Der Tennsee ist ein Biotop und daher nicht zum Baden geeignet. Ausgangspunkt für Wanderungen, gutes Restaurant.

Alpen-Caravanpark Tennsee (WOMO-Stellplatz 28)

Übrigens: Die **Buckelwiesen**, die Sie von hier aus sehen – ein Überbleibsel aus der Eiszeit – sind eine der größten zusammenhängenden Gebiete dieser Art in den Alpen.

Weiter auf der B 2 Richtung München/Kochel am See erreichen wir nach 8 km KRÜN, weitere 2 km sind es bis WALLGAU. Hier folgen wir dem P-Schild „Wanderparkplatz" nach rechts, fahren auf der Isarstraße am Raiffeisen-Lagerhaus vorbei, die letzten 200 m sind eine holprige Schotterpiste. Da stehen bereits ein paar WOMOs, dahinter sind die Halden eines Kieswerks zu sehen. Der Platz eignet sich hervorragend als Ausgangspunkt für Wanderungen im Sommer und als Start ins Loipenvergnügen im Winter. Häufig werden dort bis zu 30 WOMOs gezählt. Abends sitzen wir, mit Blick auf die Zugspitze, beschaulich vor unserem WOMO – und nachts ist es mucksmäuschenstill.

(029) WOMO-Wanderparkplatz: Wallgau/Am Isarsteg

GPS: N 47° 31′ 8″ E 11° 17′ 43″.   **max. WOMOs:** >5.

Ausstattung/Lage: Dixi Klo (Entsorgen der WC-Kassette verboten), 4 € für das 24 h-Ticket / direkt an der Isar, von Bäumen und Sträuchern umgeben, kein Schatten, Untergrund Splitt und Sand, eben, ruhig, idyllisch, Gehzeit nach Wallgau ca. 10 Min., außerorts
Zufahrt: Im Text beschrieben.

Am nächsten Morgen fahren wir auf der B 11 rund 6 km nördlich zum **Walchensee**. Am südlichen Ufer im Landschaftsschutzgebiet liegt der Wohnmobilstellplatz. Aber nicht direkt am See. Ca. 300 m müssen Sie noch durch den Wald gehen, dann kommen Sie an den Strand, wo man eine super Aussicht auf See und Berge hat.

(030) WOMO-Stellplatz: Walchensee/ Nachtparkplatz Einsiedl

GPS: N 47° 34' 9" E 11° 18' 10"; B 11.　　**max. WOMOs:** >5.
Ausstattung/Lage: Frischwasser und Strom gebührenpflichtig, Hausmüllentsorgung, Entsorgung von Toiletten- und Brauchwasser nicht möglich; Informationen dazu sind vor Ort ausgeschildert, Dixiklo, max. Aufenthalt: 3 Nächte, Gebühr 5 € / großzügiger und ebener Platz, am Waldrand gelegen, Splitt und Gras, kein Schatten, die angrenzende Bundesstraße ist nachts kaum befahren, Fußweg zum See, außerorts.
Zufahrt: Auf der B 2/B 11 aus Richtung Mittenwald/Wallgau kommend gleich nach dem Mauthäuschen Jachenau rechts rein.

Auf dem Weg zurück nach Wallgau sollten Sie die Abfahrt in Richtung Vorderriß nicht verpassen, denn der Abzweig zur kleinen Mautstraße (bis max. 4 t, 5 €) kommt unvermittelt und ist leicht zu übersehen. Für 13 km schlängelt sich die Straße durch das wunderschöne Isarhochtal bis Vorderriß.

Größere WOMOs (über 4 t) nehmen die Alternative über BAD TÖLZ: Vom Walchensee geht es auf der kurvenreichen Kesselbergstraße hinunter ins Tölzer Land. Unverzichtbar ist der Abstecher zum **Freilichtmuseum Glenleiten**, bevor man das **Klosterdorf Benediktbeuern** erreicht.

Zentrum des Oberlands ist das gemütliche BAD TÖLZ. Bei den Wohnmobilisten beliebt ist der direkt an der Isarpromenade gelegene Wohnmobil-Stellplatz [**031:** N 47° 45' 45" E 11° 33' 4"; Bürgermeister-Stollreither-Promenade]. Vor allem an den Wochenenden ist er oft voll belegt. Nur eines vermissen die Camper: Steckdosen. Die historische Marktstraße des Kurorts,

Zwischen Zugspitze und Karwendel zeigt sich die Isar von ihrer wildesten Seite.

in der Benno Berghammer alias Ottfried Fischer als „Bulle von Tölz" knifflige Kriminalfälle löst, ist eine gemütliche Fußgängerzone mit vielen Straßencafés und Kneipen – und vom Stellplatz aus leicht zu Fuß zu erreichen.

Südlich ausholend im Isartal über LENGGRIES zum Sylvenstein-Stausee und schon ist man wieder auf unserer Hauptroute.

Wir aber machen nicht den Umweg über Bad Tölz, sondern zuckeln mit unserem WOMO-Dünnschiff auf dem Mautsträßchen für 13 km ostwärts durch das landschaftlich ungemein beeindruckende **Isar-Hochtal** nach Vorderriß. Entlang der Strecke gibt es immer wieder schöne Halteplätze, die zum Verweilen am Fluss einladen, etwa der Parkplatz P 4 [N 47° 32′ 33″ E 11° 21′ 23″]. Hier haben die Alpen einen sehr ursprünglichen und rauen Charakter. Wegen der Maut hält sich die Verkehrsdichte selbst in der Hauptsaison in Grenzen. Auf den größeren Parkplätzen sehen wir einige Wohnmobile stehen. Ob die wohl hier übernachtet haben? Laut den Schildern ist das Campen untersagt, aber nur auf dem Wallgau nächstgelegenen Parkplatz entdecken wir ein Schild, wonach das Parken von 22–8 Uhr verboten ist. Also müsste auf den anderen Parkplätzen das Übernachten im WOMO eigentlich erlaubt sein?

Von VORDERRISS rollen wir für 8 km auf der B 307 zum **Sylvenstein-Stausee**. Kanada lässt grüßen: tiefe Blicke in die Berge, Wald bis an die Ufer des Speichersees, wunderbar klares Wasser, kein Haus weit und breit. Wie ein natürlicher Gletschersee fügt er sich fjordartig in die Berglandschaft ein, dabei wurde er erst in den 1950er-Jahren als Hochwasserschutz für die Orte an der Isar gebaut. Das alte **Dorf Fall**, Schauplatz von Ludwig Ganghofers Roman „Der Jäger von Fall", ist in den Fluten des Sees untergegangen. Rundherum finden sich Badestellen. Am besten baden Sie im Umfeld der Brücke. Parkplätze finden sich entweder direkt an der Straße

Der Silvensteinstausee erinnert an einen norwegischen Fjord.

(bei der Brücke führt ein Treppenweg hinab ans Ufer) oder auf dem Großparkplatz [N 47° 34′ 43″ E 11° 32′ 30″] ein paar Hundert Meter weiter östlich. Beim neuen FALL gibt es einen Nachtparkplatz für Wohnmobile.

(032) WOMO-Stellplatz: Lenggries-Fall/Sylvensteinsee

GPS: N 47° 34′ 13″ E 11° 32′ 0″; Dürrachstraße.
max. WOMOs: >5.
Ausstattung/Lage: V+E, WC / unbeleuchteter Waldparkplatz, Schattenbäume, entlang der geschotterten Fahrspur gibt's kleine Parkbuchten, leicht geneigt und uneben, ruhig, idyllisch, Ortsrand.
Gebühr: 4 €, Wasser und Entsorgung je 2 €.
Zufahrt: In Fall ein paar Meter nach dem Gasthof „Jäger von Fall" von der B 307 rechts in die Dürrachstraße abbiegen.
Sonstiges: Gaststätte in der Nähe, Einkaufsmöglichkeit 8 km.

Über den **Achenpass** (941 m) fahren wir gen Süden ins Achental. Die Achenseestraße führt auf einer eindrucksvollen Strecke mit Tunnels und Durchblicken entlang des Ostufers des **Achensees**. Am anderen Ufer stürzt die 2053 m hohe Seekarspitze schroff zum Wasser ab. An Sommerwochenenden tanzt auf der gesamten Strecke der bikende „Bär". Westlich

Den Achensee in seiner ganzen Pracht sehen? Mit der Karwendel-Bergbahn ist das möglich.

zieht sich das Karwendelgebirge hin, östlich das Rofangebirge. Beide sind felsig, schroff und steil. Dazwischen liegt wie ein lang gestreckter Saphir der hellgrüne See. Er ist der größte See Tirols, durchgehend frei zugänglich, auch der Zutritt zu den vier Strandbädern ist kostenlos.

Am Nordende des Sees erreichen wir das lang gezogene Dorf ACHENKIRCH. Dort finden wir auch gleich den ersten Campingplatz.

> ### (033) WOMO-Campingplatz-Tipp: Achenkirch/ Alpencaravanpark Achensee
> **GPS:** N 47° 29′ 57″ E 11° 42′ 21″; Achenkirch 17.   **offen:** ganzjährig.
> **Ausstattung/Lage:** Separates, von Bäumen eingerahmtes Areal vor der Schranke, parzelliert und angelegt auf Rasengittersteinen, außerorts.
> **Richtpreis:** ca. 20 € für WOMO + 2 Erwachsene inkl. Strom + Ortstaxe + Umweltabgabe.
> **Kontakt:** www.camping-achensee.com, Telefon 0043/5246-6239.
> **Zufahrt:** In Achenkirch von der B181 abzweigen, beschildert.

Auf der Fahrt nach Maurach kommen wir an einigen Badeplätzen vorbei. Die kostenpflichtigen Parkplätze davor sind alle mit dem durchgestrichenen WOMO-Piktogramm (No Camping!) geschmückt, was wir so interpretieren, dass man hier nicht übernachten darf.

Vorbei kutschieren wir am **Campingplatz Schwarzenau**: Besonders Naturliebhabern gilt er als Geheimtipp. Er liegt inmitten eines Mischwaldes. Terrassenförmig steigt der Campingplatz vom Ufer hoch und bietet so eine wunderschöne Sicht hin zum Achensee.

(034) WOMO-Campingplatz-Tipp: Achenkirch/ Achensee Camping Schwarzenau

GPS: N 47° 28′ 5″ E 11° 42′ 50″; Achenkirch 1.

offen: Mai–Okt.

Ausstattung/Lage: Von der Straße durch einen dichten Wald getrennt, Standplätze auf Terrassen mit Wiese, schattenspendende Bäume, naturbelassenes Gelände, großzügig parzelliert, außerorts.

Richtpreis: ca. 29 € für WOMO + 2 Erwachsene + Strom + Ortstaxe in HS.

Kontakt: Fam. Frötscher, www.campingplatz-achensee.at, Telefon 0043/664-4662070.

Zufahrt: Camping Schwarzenau liegt an der B 181 ungefähr in der Mitte zwischen Achenkirch und Maurach.

In BUCHAU passieren wir den **Campingplatz Wimmer [035:** N 47° 25′ 58″ E 11° 44′ 5″**]**, der allerdings direkt an der Achenseestraße liegt. Ein paar Meter weiter ist der **Badestrand Buchau** zum Relaxen bestens ausgestattet: große Liegewiese mit ausreichend Schattenplätzen, ein Badesteg, Umkleidekabinen, Toiletten und Parkplätze [N 47° 25′ 54″ E 11° 44′ 13″]. Aber nur Hartgesottene begeben sich ins Wasser, denn selbst im Sommer hat es höchstens 18° C.

In aussichtsreichen Kehren zieht die Straße abwärts nach MAURACH und schon haben wir das südliche Ende des Achensees erreicht. Von Maurach (Das Übernachten auf dem Parkplatz der Talstation [N 47° 25′ 27″ E 11° 45′ 4″] ist mittlerweile verboten) fährt die **Rofanseilbahn** im Handumdrehen hinauf zur Erfurter Hütte. Neueste Attraktion ist eine auf 2000 m gelegene Aussichtsplattform unterhalb des Gschöllkopf. Wagemutige können sich dort mit dem Skyglider Airrofan, einem seilgeführten Großdrachenflieger, mit 80 km/h in die Tiefe stürzen.

In MAURACH ist noch der **Karwendel Camping [036:** N 47° 25′ 17″ E 11° 44′ 25″**]** ausgeschildert, dieser liegt sehr ruhig am Fuße eines bewaldeten Hanges, jedoch nicht am See.

Rund 5 km nordwestlich von Maurach-Eben liegt am Westufer des Sees der belebte Urlaubsort PERTISAU. Entlang der Straße dorthin gibt es etliche gebührenpflichtige Parkplätze, wie etwa der kleine Schotterparkplatz [N 47° 25′ 31″ E 11° 43′ 59″] unweit der Achensee Anlegestelle Seespitz, jedoch sind alle Plätze mit dem durchgestrichenen WOMO-Piktogramm versehen. Von Pertisau gondelt die Karwendel-Bergbahn in nur fünf Minuten auf den Zwölferkopf mit grandiosem Blick auf den Achensee.

Für Eisenbahnfreunde empfehlen wir eine Fahrt mit der Achenseebahn. Von JENBACH fährt die historische Dampf-Zahnradbahn bis zur Station Seespitz, wo Schiffe zur Seerundfahrt ablegen (Mai–Okt).

WOMO-Ausflugstipp: Fahrt mit der Achenseebahn und dem Achenseeschiff

Ausgangspunkt der Fahrt ist der Dreispurweiten-Bahnhof Jenbach. Auf dem Bahnhofsparkplatz [N 47° 23′ 16″ E 11° 46′ 33″] lassen wir unser WOMO stehen.

Schon von der Ferne nehmen wir die Rauchschwaden wahr und wenig später fährt die Zahnradlokomotive pfeifend, dampfend und stampfend in den Bahnhof ein. Wir steigen in einen der historischen Wagen ein und bald darauf setzt sich der Zug in Bewegung. Charmant begrüßt uns der Zugbegleiter, um die Fahrkarten zu entwerten. Auf einem umlaufenden Trittbrett besucht er uns durch das Fenster.

Seit bereits über 120 Jahren, genau genommen seit 1889, krallt die Lok sich schnaubend und zischend den Berg hinauf, befeuert mit Steinkohle. Von Jenbach im Inntal bis zum Achensee bewältigt sie auf knapp sieben Kilometern 440 Höhenmeter.

Während der nostalgischen und romantischen Fahrt, vorbei an duftenden Wildblumenwiesen und durch schattige Wälder, können wir die herrlichen Ausblicke auf die umliegende Tiroler Bergwelt genießen.

Wenn der Dampfzug dann nach 45 Minuten oben an der Endstation

Bitte umsteigen: Die nostalgische Achenseebahn fährt bis zum Schiffsableger.

Seespitz angekommen ist und schnaufend am See pausiert, wartet schon ein Dampfer der Achensee-Schiffahrt, mit dem wir die erlebnisreiche Panoramareise gleich fortsetzen. Die Fahrpläne sind aufeinander abgestimmt.

Auf dem langsam dahin gleitenden Boot können wir uns entspannen und den herrlichen Ausblick über den See und die umliegenden Berge genießen. Pertisau ist die nächste Schiffsanlegestelle. Von hier können Sie auf dem Seeufer-Wanderweg bis zur Anlegestelle Gaisalm gehen und dann wieder auf das Schiff umsteigen. Eine gesamte Seerundfahrt dauert etwa 2 Stunden.

Im Jenbacher Ortsteil Fischl dürfen Sie mal für eine Nacht auf dem Parkplatz des in schöner Einzellage gelegenen Gasthofs Rieder stehen bleiben. Der Tiroler Wohnmobilclub trifft sich hier jeden 3. Donnerstag im Monat um 19 Uhr zum Stammtisch. Die supergroßen Schnitzel können wir wirklich empfehlen!

(037) WOMO-Gasthaus: Jenbach/Gasthof Rieder
GPS: N 47° 24′ 3″ E 11° 46′ 30″; Fischl 3a. **max. WOMOs:** 5.
Ausstattung/Lage: keine / großer Gästeparkplatz, von Wiesen und Wald umgeben, asphaltierter und ebener Untergrund, ruhig, außerorts.
Zufahrt: Vom Achensee auf der B181 kommend links nach Fischl abbiegen.
Sonstiges: Gebührenfrei, dafür Einkehr obligatorisch. Bitte entleeren Sie die WC-Kassette keinesfalls in der Gasthaustoilette. 15 Gehminuten zum Brennhäusl: Hier werden die Rieder-Schnäpse gebrannt

Zügig brausen wir von Jenbach auf der Inntal-Autobahn in Richtung Salzburg nach KRAMSACH. Wenige Kilometer nach Kramsach beginnt „Tirols Badewanne" mit den ungewöhnlich warmen und idyllisch gelegenen **Badeseen Krummsee und Reintaler See**. Mit bis zu 25° C – das sind ja Mittelmeer-

Es herbstelt.

temperaturen – schwimmt es sich im samtig-klaren Wasser herrlich. Zum besten Logenplatz an den Seen laden gleich drei Campingplätze ein: Stadlerhof am Krummsee, die Komfortplätze Seeblick Toni und Seehof am Ostufer des Reintaler Sees. Die Nacht für das WOMO und zwei Personen kostet in der Nebensaison nur ca. 17 €.

(038) WOMO-Stellplatz: Kramsach (Krummsee)/ CP Stadlerhof

GPS: N 47° 27′ 24″ E 11° 52′ 54″; Seebühel 14. **offen:** ganzjährig.
Ausstattung/Lage: Übernachtungsplatz vor dem Campinggelände, liegt nah an einem Kieselstrand, nachts meist ruhig.
Kontakt: www.camping-stadlerhof.at, Telefon 0043/5337/63371.
Richtpreis: ca. 17 € (NS) pro WOMO + 2 Erw. inkl. Strom von 19–9 Uhr, V+E 2 €, zzgl. Kurtaxe u. Umweltabgabe.
Zufahrt: A12 Ausfahrt 32 Kramsach, Schildern „Zu den Seen" folgen.

(039) WOMO-Campingplatz-Tipp: Kramsach (Reintaler See)/ Camping Seehof

GPS: N 47° 27′ 42″ E 11° 54′ 25″; Moosen 42. **offen:** ganzjährig.
Ausstattung/Lage: Direkt am Reintalersee, gratis Baden, überwiegend leicht geneigtes, stellenweise auch gestuftes Gelände mit einigen Hecken und unterschiedlich hohen Bäumen, beiderseits der Zufahrtsstraße, in einem Tal zwischen bewaldeten Höhenzügen, Bergpanorama, Nachbarplatz Seeblick Toni angrenzend, Untergrund Schotter und mit Rasenstreifen durchzogen.
Kontakt: www.camping-seehof.com, Telefon 0043/5337/63541.
Richtpreis: 11 € (NS) pro WOMO + 2 Erw. exkl. Strom, Kurtaxe u. Umweltabgabe.
Zufahrt: A 12 Ausfahrt 32 Kramsach, ca. 5 km den grünen Schildern „Zu den Seen" folgen, liegt vor dem Nachbarplatz Seeblick Toni.

(040) WOMO-Campingplatz-Tipp: Kramsach (Reintaler See)/ Camping Seeblick Toni

GPS: N 47° 27′ 39″ E 11° 54′ 24″; Moosen 46. **offen:** ganzjährig.
Ausstattung/Lage: Reserviertes Areal zwischen Rezeption und Bauernhof. Ebener, geschotterter Untergrund, kein Schatten. Max. Aufenthalt: 1 Nacht.
Kontakt: www.camping-seeblick.at, Telefon 0043/5337-63544.
Richtpreis: ca. 17 € pro WOMO + 2 Erw. inkl. Strom und V+E, zzgl. Kurabgabe und Umweltabgabe, nutzbar von 20–9 Uhr.
Zufahrt: A 12 Kufstein–Innsbruck bis zur Abfahrt Kufstein-Süd, dann auf der B 171 Richtung Wörgl, Kundl und weiter bis Kramsach. Im Ort den Hinweisen „Zu den Seen" folgen. Der Campingplatz Seeblick Toni liegt am Reintaler See ca. 50 m hinter dem Camping Seehof.

Am nächsten Morgen treten wir die Weiterreise an. Frau Brunner, die Chefin des Campingplatzes Seehof, gibt uns den Tipp, in Kramsach doch den **Museumsfriedhof** zu besuchen. Am westlichen Ortsrand ist er gelegen: [N 47° 26′ 5″ E 11° 52′ 14″; Hagau 82, Kramsach] (Öffnungszeiten: ganzjährig tgl. 10–17 Uhr, freier Eintritt).

Museumsfriedhof Kramsach – Der „Lustige Friedhof" im Tiroler Unterinntal

Der Friedhof birgt zwar keine Toten, aber eine große Sammlung original erhaltener Grabinschriften und Marterlsprüche. Der Kunstschmied Guggenheimer hat auf dem kleinen Friedhof ca. 50 alte schmiedeeiserne Kreuze zusammengetragen, auf denen allerlei hinterfotzig-humorvolle Grabsprüche angebracht sind. Beim Spaziergang über den Friedhof müssen wir über manchen Spruch schmunzeln, bei anderen, wie „Hier liegt Martin Krug, der Kinder, Weib und Orgel schlug", kann einem das Lachen auch mal im Halse stecken bleiben. Reichlich drastisch wird aus dem Leben der Verstorbenen erzählt. So reimte  ein Witwer über seine streitbare Gattin: „Hier liegt mein Weib, Gott sei's gedankt. Oft hat sie mit mir gezankt. Oh lieber Wanderer, geh' gleich fort von hier, sonst steht sie auf und zankt mit Dir."

RATTENBERG, am südlichen Innufer gegenüber, hält Rekorde: Mit weniger als 500 Einwohnern ist Rattenberg Österreichs kleinste Stadt, und der Inn scheint hier breiter zu sein als der Ort. Im 13.–18. Jh. kam das Städtchen durch Silber- und Kupferbergbau und als Zollstation zu Reichtum. Am westlichen Ortseingang hat es genügend Parkraum: Parkplätze P 1 [N 47° 26′ 16″ E 11° 53′ 24″] und P 2 [N 47 26′ 14″ E 11 53′ 18″].

Rattenberg am Inn

Rattenbergs mittelalterliche Altstadt ist eine einzige Fußgängerzone. Auf der Südtiroler Straße schlendern wir durch das mittelalterliche Schmuckkästchen, vorbei an pastellfarbenen Bürgerhäusern mit Erkern und Laubengängen, prächtigen Portalen und verschnörkelten schmiedeeisernen Schildern. Im Haus Südtiroler Straße 46 ist in sechster Generation die Familie Hacker im süßen Gewerbe tätig. Aushängeschild der Konditorei ist die saftige Augustinertorte: eine Spezialität aus Nüssen, kandierten Früchten, Orangenmarmelade und Edelbitterschokolade. In der Glasbläserei Kisslinger können wir den Handwerkern bei der Arbeit zusehen (Südtiroler Straße 21).

An der Innpromenade liegt das Augustinermuseum – einst gotisches Eremitenkloster und heute eines der bedeutendsten Sakralmuseen Tirols (Mai–Mitte Okt.). Das alte Brauhaus gegenüber der Pfarrkirche serviert bodenständige Speisen und hauseigenes Bier.

Blick vom Burgberg auf Rattenbergs Altstadt

Die berühmtesten Gebäude sind aber die Nagelschmiedhäuser am westlichen Ortseingang. Malerisch direkt in den Schlossbergfelsen gebaut, beherbergen sie heute das Handwerkskunstmuseum (April–Mitte Jan.).

Auf einem Bergsporn über Stadt thronen die Reste der einst mächtigen Burg zu Rattenberg. Im Schlosshof wurde 1651 der Tiroler Kanzler Biener auf eine falsche Anklage hin geköpft. Die Burg können Sie leicht zu Fuß oder mit dem Aussichtsaufzug erreichen. Von dort oben genießen Sie den wunderbaren Ausblick auf das Inntal.

Von Rattenberg nehmen wir wieder Fahrt auf, am Ufer des Inns entlang nach KUFSTEIN, das dicht an der Grenze zu Bayern liegt. Kostenfrei parken wir auf dem kleinen Parkplatz P 21 [N 47° 34′ 48″ E 12° 9′ 45″] am westlichen Innufer im Stadtteil Zell: Von Norden auf der B 171 kommend kurz vor der Innbrücke links in die Raiffeisenstraße einbiegen. Über die andere Innbrücke (diejenige am Bahnhof) laufen wir zur Altstadt. Nachgerade majestätisch blickt die **Festung Kufstein** auf ihrer schroffen Felsbastion über die Stadt. In den Straßen herrscht ein lebhaftes, buntes Treiben.

Kufstein

Erst seit 1504 gehört die Stadt am Inn zu Tirol. Damals saßen noch die Bayern auf dem Festungsberg und wollten sie trotz eines Vertrags partout nicht übergeben. Der spätere Kaiser Maximilian I. ließ Kanonen auffahren, die dem Mauerwerk nichts anhaben konnten. Ja, der freche Kommandant ließ die Einschussschäden mit einem Besen abkehren! Wutentbrannt ließ der Kaiser über den Inn die Riesengeschütze „Weckauf" und „Purlepaus" aus dem Innsbrucker Zeughaus heranschaffen und die Festung sturmreif schießen. Der Kommandant wurde öffentlich geköpft.

Bei einem Stadtrundgang sehen wir noch Reste der ehemaligen Stadtmauer, die Wasserbastei. Im schönsten Teil der Altstadt, in der Römerhofgasse, finden wir mehrere Weinlokale, z.B. das urige Auracher Löchl, wo Karl Ganzer 1947 das berühmte Kufsteinlied komponiert hat und seither leuchtet der Inn stets grün – in der Realität zeigt er freilich auch andere Farbnuancen. In der Nähe des Unteren Stadtplatzes stehen das Rathaus und die Stadtpfarrkirche, eine spätgotische Hallenkirche. Im Stadtzentrum geht es eher noch ruhig und gemütlich zu.

Auf einem überdachten Stiegenweg gehen wir rechts an der Pfarrkirche

Wehrhafter Wächter: die Feste Kufstein vor dem Eingang zum Kaisertal

vorbei zur Festungsanlage hoch. Sie können auch bequem mit dem Schrägaufzug (nur inkl. Eintrittskarte) vom Festungsneuhof aus auf die Feste hinauffahren. Ziemlich unbeschadet hat sie die Stürme der Jahrhunderte überstanden und dient heute als Museumskomplex. Auf dem Freiareal nehmen wir Wehrgänge und alte Batterien in Augenschein. Weiter besuchen wir das einst berüchtigte Staatsgefängnis, ein Heimatmuseum und eine Ausstellung über die Tiroler Kaiserjäger.

Täglich um 12 Uhr ertönt von hier die Heldenorgel (1931), die größte Freiorgel der Welt. Das Konzert ist bis zu 13 km weit hörbar, lässt sich aber am besten im Zuhörerraum des Festungsneuhofs verfolgen.

Wussten Sie, dass Josef Madersberger 1814 in Kufstein die erste funktionsfähige Nähmaschine erfand? Nein, dann besuchen Sie doch das kleine Nähmaschinenmuseum (Kinkstraße 16, tgl. 9–17 Uhr). Dort erfahren Sie u.a., dass der Schneidermeister für eine Serienfertigung keinen Geldgeber fand und verarmt in Wien verstarb. Erst nach seinem Tode erkannte man die Bedeutung seiner Erfindung.

Schmuckstück des Kaisertals: die 1711 erbaute Antoniuskapelle vor dem Wilden Kaiser

WOMO-Wandertipp: Kaisertalweg

Am Kaiseraufstieg am östlichen Stadtrand von Kufstein beginnt der rund einstündige Spaziergang ins Naturschutzgebiet Kaisertal, das letzte bewohnte Tiroler Tal ohne öffentliche Straßenanbindung. Vorbei an einigen Gehöften (mit Gastwirtschaft!) führt ein zum Teil steiler Weg zur malerischen Antoniuskapelle mit atemberaubendem Blick auf den Wilden Kaiser. Parkplatz Kaiseraufstieg [N 47° 35′ 38″ E 12° 11′ 15″].

Von Kufstein bietet sich der lohnenswerte Abstecher zum **Thiersee** an. Westlich führt eine kurvenreiche Straße für etwa 9 km auf die Marblinger Höhe und weiter nach Thiersee. Der reizende Ort liegt in einem von Bergen umschlossenen Kessel. Der gleichnamige kristallklare See erreicht im Sommer Badetemperaturen, es gibt ein Strandbad, einen Bootsverleih und zwei direkt am See gelegene Campingplätze.

(041) WOMO-Campingplatz-Tipp: Thiersee/ Camping Hiasenhof

GPS: N 47° 35′ 20″ E 12° 7′ 1″; Seebauern 2-3.   **offen:** ganzjährig.
Ausstattung/Lage: Wiesengelände direkt am See, naturbelassen, etwas schräg, Schattenbäume, ruhig, idyllisch, ca. 800 m zum Ortszentrum.
Kontakt: www.hiasenhof.com, Telefon 0043/5376/5252.
Richtpreis: ca. 17 € pro WOMO + 2 Erw. inkl. Kurtaxe, Strom und Müllentsorgung extra.
Zufahrt: Im Kufsteiner Stadtteil Zell am linken Innufer links auf die L 37 nach Thiersee abbiegen, in Vorderthiersee Richtung Hinterthiersee links abbiegen, vor der Steigung wieder links abbiegen (gut beschildert), vor dem Fussballplatz links abbiegen, geradeaus bis zum ersten Platz direkt am See.

Sonstiges: Ein paar Meter weiter befindet sich der von Dauercampern geprägte **Camping Rueppenhof**, einige Plätze sind direkt am See (offen: 15. April–15 Okt.).

Wollen Sie hier im Unterinntal etwas länger verweilen und suchen ein Übernachtungsplätzchen, dann fahren Sie von Kufstein hinüber ins oberbayrische KIEFERSFELDEN. Nördlich der Stadt am **Hödenauer See** dürfen Sie auf dem Parkplatz vor der Wasserskianlage über Nacht stehen bleiben. Der Platz ist ganz okay.

(042) WOMO-Stellplatz: Kiefersfelden/Hödenauer See

GPS: N 47° 37′ 43″ E 12° 11′ 21″; Guggenauer Weg 1.**max. WOMOs:** >5.

Ausstattung/Lage: WC und Dusche tagsüber bei Wasserskianlage, Gaststätte / naturbelassener Parkplatz, im Grünen gelegen, Splitt und Gras, wenig Schatten, die nahe Bahnlinie ist zu hören, außerorts. **Zufahrt:** A 93 bis zur Abfahrt 60/ Kiefersfelden, ca. 1,2 km auf dem Autobahn-Zubringer weiterfahren, dann nach rechts auf die Rosenheimer Straße in Richtung Brannenburg bis nach ca. 1 km ein Schild zum Hödenauer See weist, nach der scharfen Kehre geht es bergab am Fischteich vorbei, bis schon der See mit seiner Wasserskianlage zu sehen ist, dann fahren Sie ganz nach hinten.

Tags darauf fahren wir wieder zurück nach Tirol, queren den Inn bei Oberaudorf, weiter auf der B 172 Richtung Kössen, passieren Niederndorf und erreichen nach ca. 10 km in der nördlichsten Ecke Tirols den naturbelassenen **Walchsee** (frei zugänglich, Badetemperaturen im Sommer ca. 24° C). Der See liegt zu Füßen des Kaisergebirges. Er bietet einen königlichen Ausblick auf die Gebirgskette des Zahmen Kaisers. Dahinter türmt sich der Wilde Kaiser auf. Kaiserwinkl nennt sich die Gegend. Der See ist mit knapp 100 Hektar Fläche vergleichsweise klein. Etwas abschätzig könnte man ihn auch eine Pfütze nennen. Seit 2008 gibt es aber eine echte Strandpromenade, immerhin einige Hundert Meter lang.

Herrlich ruhig, abseits der Straße, dennoch ganz in Dorfnähe liegt der Sonnencamping Seespitz direkt am Walchsee.

Walchsee – Traumkulisse im Kaiserwinkl

(043) WOMO-Campingplatz-Tipp: Walchsee/ Sonnencamping Seespitz

GPS: N 47° 38′ 53″ E 12° 18′ 54″; Seespitz 1. **offen:** ganzjährig.
Ausstattung/Lage: Ebenes Wiesengelände mit einigen Laubbaumgruppen, am Westufer des Walchsees, Blick auf den See und bewaldete Bergrücken, keine Parzellierung, auch Dauercamper, Ortsrand.
Richtpreis: ca. 26 € für WOMO + 2 Erwachsene + Strom + Ortstaxe in HS.
Kontakt: www.camping-seespitz.at, Telefon 0043/5374/5359.
Zufahrt: Am westlichen Ortsrand. Beschildert.

Am Ortseingang biegen wir rechts ab und steuern auf der Seestraße den Komfort-Campingplatz Süd-See an.

(044) WOMO-Campingplatz-Tipp: Walchsee/ Terrassencamping Süd-See

GPS: N 47° 38′ 25″ E 12° 19′ 26″; Seestr. 76. **offen:** ganzjährig.
Ausstattung/Lage: Zahlreiche weit hinaufgezogene Terrassen mit einigen unterschiedlich hohen Laub- und Nadelbäumen, Standplätze für WOMOs auch auf den seenahen, ebenen Terrassen, Blick über den See auf bewaldete Berge, außerorts.
Richtpreis: ca. 29 € für WOMO + 2 Erwachsene + Strom + Ortstaxe in HS.
Kontakt: Fam. Mertin-Grünbacher, www.camp-sud-see.com, Telefon 0043/5374/5339.
Zufahrt: B 172 Richtung Kössen über Niederndorf (Grenze) 10 km nach Walchsee, nach Ortsteil Durchholzen beim Ortsschild „Walchsee" rechts abbiegen (beschildert).

Weiter kurven wir (gegen den Uhrzeigersinn) um den See herum. Es ist ein wunderschöner Tag. Im See spiegelt sich der Zahme Kaiser. Wir erreichen den Parkplatz [N 47° 38′ 48″ E 12° 20′ 5″] am Ostufer, dort wo der Walchseebach in den See mündet. Ideal für eine Rast. Der See ist hier von einem Schilfgürtel umgeben. Das nahe gelegene Naturschwimmbad lädt zu einer Badepause ein. Versteckt im Wäldchen an einem gestauten Arm des Walchsees haben wir noch den naturbelassenen **Campingplatz Seemühle [045:** N 47° 38′ 51″ E 12° 20′ 23″] (Mai–Okt.) entdeckt.

Das Rosi-Mittermaier-Städtchen REIT IM WINKL ist die nächste Station auf unserer Route. Folgen Sie uns dorthin auf unserer dritten Tour.

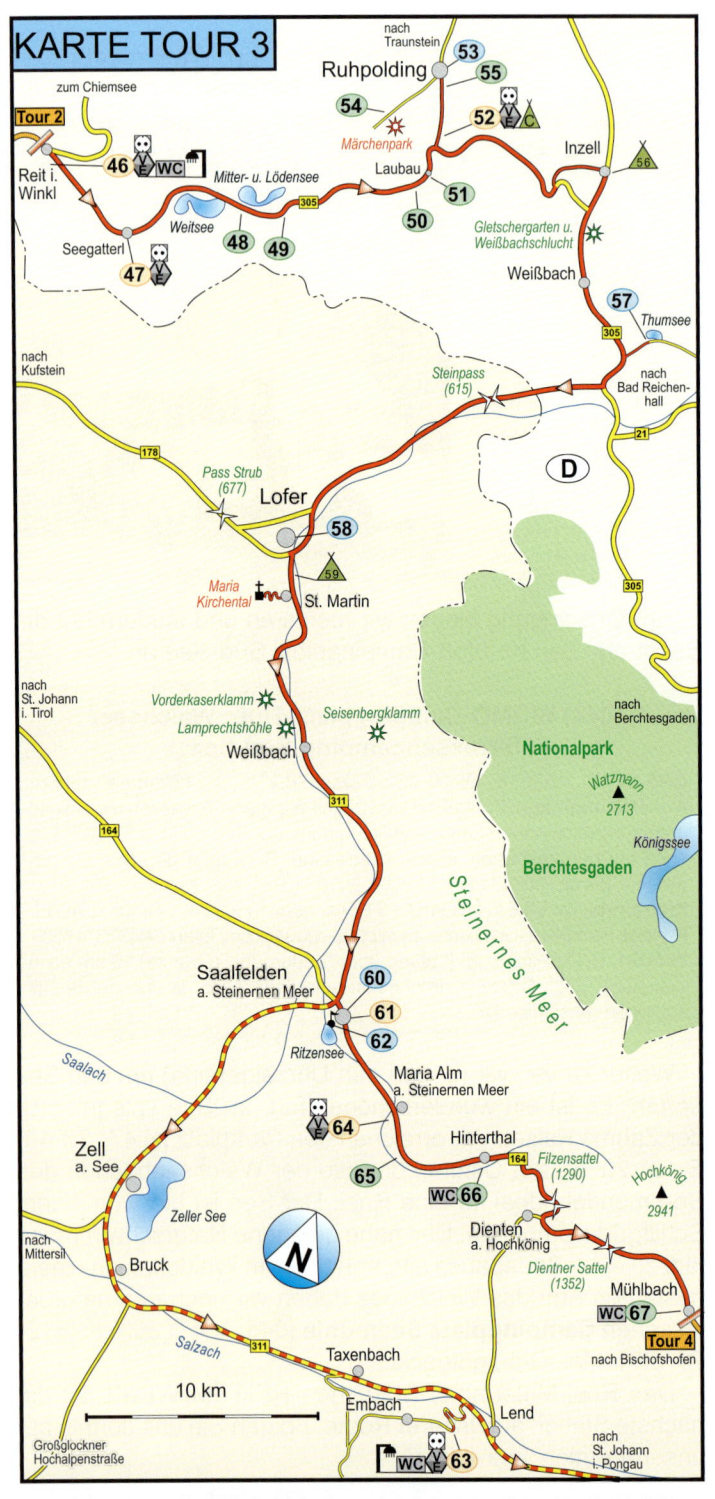

TOUR 3 (ca. 125 km / 2–3 Tage)

Reit im Winkl – Ruhpolding – Inzell – Lofer – Saalfelden am Steinernen Meer – Maria Alm – Dienten – Mühlbach am Hochkönig

Stellplätze:	Reit im Winkl (2x), Mittersee, Lödensee, Laubau, Ruhpolding (3x), Inzell, Thumsee, Lofer, Saalfelden, Lend-Embach, Maria Alm, Mühlbach.
Baden:	Thumsee, Vita Alpina Ruhpolding, Badepark Inzell, Strandbad Ritzensee.
Besichtigen:	Holzknechtmuseum Laubau, Wallfahrtskirche Maria Kirchental, Schauhöhle Lambrechtsofen, Heimatmuseum im Schloss Ritzen.
Wandern:	Gletschergarten und Weißbachschlucht, Vorderkaserklamm, Seisenbachklamm.

Diese Tour beginnen wir mit dem hübschen Städtchen REIT IM WINKL. Es ist von den Autobahnen A 93 und A 8 je 30 km entfernt und damit leicht zu erreichen. Schon früh wurde Reit im Winkl, der südlichste und höchstgelegene Ort (700 m) im Chiemgau, zum Ferienziel bayerischer Könige und später so berühmter Leute wie Victor von Scheffel, Max Planck oder Charles Lindbergh. Noch heute bietet Reit im Winkl, was man sich von einem bayerischen Ferienort erwartet: stattliche Bauernhäuser mit üppiger Blumenpracht, eine neubarocke Kirche mit Zwiebelhaube sowie ein prächtiges Bergpanorama ringsum.

Im Grünen, entlang des Bachlaufes der Schwarzlofer, mit Blick auf den Unterberg und das Kaisergebirge und nur einen kurzen Bummel (15 Minuten) vom schmucken Ortskern entfernt, liegt der Wohnmobilpark Reit im Winkl. Früher war das mal ein Campingplatz, jetzt wird die großzügige Anlage als klassischer Stellplatz betrieben.

Winterliches Reit im Winkl

(046) WOMO-Stellplatz: Reit im Winkl (OT Groissenbach)/ Wohnmobilpark

GPS: N 47° 40′ 13″ E 12° 29′ 2″; Am Waldbahnhof 7. **max. WOMOs:** >5.
Ausstattung/Lage: V+E, Strom, Sanitärgebäude (separater Bereich), Supermarkt mit Bäckerei 200 m / naturbelassenes Wiesengelände am Ufer der Lofer, ruhig, zum Ortszentrum ca. 1 km, www.wohnmobilpark-reitimwinkl.com.
Gebühr: 8 € (SS), 10 € (WS) zzgl. Strom, Frischwasser, Kurtaxe, Sanitärnutzung (optional, nur linke Platzseite).
Zufahrt: Von Reit im Winkl auf der B 305 Ri. Weitsee, am Ortsende von Groissenbach rechts zum beschilderten Stellplatz abbiegen.

Weiter führt östlich die **Deutsche Alpenstraße** (B 305) in Richtung Ruhpolding. Eine leichte Steigung bringt uns hinauf nach SEEGATTERL (764 m). Am Fuß des Skigebiets Winklmoosalm/Steinplatte gelegen sei der Vollständigkeit halber der dort neu angelegte Stellplatz angeführt. WOMOs sind hier keine gestanden, nach ein paar Worten mit dem muffeligen Betreiber sind wir unverzüglich weiter gefahren.

(047) WOMO-Stellplatz: Reit im Winkl/Seegatterl

GPS: N 47° 39′ 30″ E 12° 32′ 28″; Seegatterl 7.   **max. WOMOs:** >5.
Geöffnet: 17.12.–10.4., 1.6.–15.10.
Ausstattung/Lage: V+E, Strom / Nähe Straße, Schotterwiese, von bewaldeten Berghängen umgeben, leicht abschüssig und uneben, wenig Schatten, außerorts.
Gebühr: 8 € (SS), 10 € (WS) zzgl. Strom, Frischwasser, Kurtaxe.
Zufahrt: Von Reit im Winkl 7 km auf der B 305 in Ri. Ruhpolding.
Sonstiges: Loipen, Rad- und Wanderwege, Gondelbahn zum Skigebiet 150 m, Naturbadeseen 2,5 km.

Von Seegatterl geht es bergauf, bergab, mal gemächlich, mal flott auf waldreicher, schöner Strecke zu den Gebirgsseen Weitsee,

Ruhpolding im Winter-Schmuck

Mittersee, Lödensee und Förchensee. Die Landschaft der vier hintereinanderliegenden Seen wird zu Recht „Klein-Kanada" genannt. Am Mittersee und Lödensee legen wir jeweils eine Pause ein: Die Wanderparkplätze **P 4 am Mittersee** [**048:** N 47° 41′ 13″ E 12° 35′ 5″] und **P 3 am Lödensee** [**049:** N 47° 41′ 37″ E 12° 36′ 8″] – inmitten von dichtem Laub- und Nadelwald – laden dazu ein.

Weiter entlang der Seetraun und der Weißen Traun kommen wir an der **Chiemgau-Arena** vorbei. In der Arena finden regelmäßig Weltcups im Biathlon und in der Nordischen Kombination statt. Vor dem Stadion gibt es genügend Parkmöglichkeiten [**050:** N 47° 42′ 54″ E 12° 38′ 32″].

Etwa 7 km vor Ruhpolding geht es in LAUBAU weiter mit dem Thema Wald und Holz. Wie Waldarbeiter und Holzknechte in früheren Zeiten wohnten und wie mühevoll ihre Arbeit war, wird sehr anschaulich im **Holzknechtmuseum** gezeigt. Auf dem weitläufigen Freigelände besichtigen wir die Rindenkobel, einfache, schnell gebaute Unterkünfte, das Dach aus Rinde, drinnen eine Strohschicht, auf der die Holzknechte zusammen nächtigten. Auch beeindruckt uns eine Kolbendruckpumpe mit 7 m hohem Wasserrad für die Beförderung von Sole durch Röhren nach Bad Reichenhall. Der große Museumsparkplatz [**051:** N 47° 43′ 25″ E 12° 39′ 33″; Laubau 12, an der Deutschen Alpenstraße] ist auch Ausgangspunkt für viele Berg- und Almwanderungen sowie Radausflüge in die grenznahe Ruhpoldinger Bergwelt.

Nur ein paar Kilometer sind es bis RUHPOLDING. Wollen Sie hier auf dem offiziellen Stellplatz übernachten, fahren Sie ca. 2 km vor dem Ortszentrum rechts auf der B 305 Richtung Berchtesgaden weiter und folgen der Ausschilderung zum Campingplatz Ortnerhof.

(052) WOMO-Stellplatz: Ruhpolding (OT Ort)/ CP Ortnerhof

GPS: N 47° 44′ 33″ E 12° 39′ 46″; Ort 5.   max. WOMOs: >5.
Ausstattung/Lage: V+E, Strom, Dusche und WC auf CP / separater Stellplatz links neben dem Gasthof und dem CP an der Landstraße gelegen, Kies, kein Schatten, nachts ruhig, außerorts.
Gebühr: 9 € inkl. V+E, Bezahlung mit Münzen am Automat, Strom extra.
Zufahrt: A 8 München–Salzburg, Ausfahrt 112 Traunstein/Siegsdorf, auf der B 305 nach Ruhpolding fahren. Der Campingplatz Ortnerhof liegt südlich des Ortes und ist an der B 305 ausgeschildert.

Wir aber biegen vor Ruhpolding von der B 305 links ab, fahren ins Ortszentrum hinein und folgen dort dem Hinweisschild „Erlebnisbad Vita Alpina und Freizeitpark". Der erste Weg führt zum **Vita Alpina**, einem Wellnessbad mit Saunalandschaft und Freibad. Drumherum kann man sicher schon mal für eine Nacht stehen bleiben [**053:** N 47° 45′ 23″ E 12° 38′ 59″].

Das Wahrzeichen Ruhpoldings thront über dem Ort: die Pfarrkirche St. Georg, eine der schönsten Pfarrkirchen Oberbayerns. Prunkstück der ansonsten barock ausgestatteten Kirche ist die romanische Ruhpoldinger Madonna aus der Zeit um 1230.

Wenn Sie noch Amüsement suchen, fahren Sie zum **Freizeitpark Ruhpolding**. Hinter Ruhpolding in Richtung Brand liegt er mitten im Wald und hat jede Menge zu bieten: ein altes Sägewerk, Baumhäuser, ein Kettenkarussell, Kinder-Motorräder und eine niedliche Eisenbahn. Höhepunkt aber ist unzweifelhaft das unterirdische Kristallbergwerk, in dem fleißige Wichtelmänner unermüdlich arbeiten, während eifrige Menschlein durch Stollen kriechen und emsig im Schürfstollen nach Edelsteinen suchen (Besucherparkplatz [N 47° 44′ 25″ E 12° 36′ 46″]). Ganz in der Nähe haben wir noch einen idyllisch gelegenen Wanderparkplatz entdeckt.

(054) WOMO-Wanderparkplatz: Ruhpolding (OT Vorderbrand)/Staudiglhütte

GPS: N 47° 44′ 33″ E 12° 36′ 49″; Brander Straße.   max. WOMOs: 1–2.
Ausstattung/Lage: Picknickhütte, Grillplatz, Toilette / außerorts.
Zufahrt: Von Ruhpolding kommend ca. 200 m vor dem Erlebnispark nach rechts einbiegen.
Sonstiges: Die historische Glockenschmiede ist in ca. 10 Minuten zu Fuß vom Wanderparkplatz aus zu erreichen.

Historische Glockenschmiede in Ruhpolding

Inzell, 9 km östlich von Ruhpolding im Tal der Roten Traun gelegen, ist unser nächstes Ziel. Wir verlassen Ruhpolding auf der Zeller Straße/TS 35. Vorbei an dem am Waldrand gelegenen Wanderparkplatz beim Sandbahnstadion [**055:** N 47° 45' 38" E 12° 39' 22"; Zeller Straße]. Ein Pennymarkt ist in der Nähe. Wir fahren durch St. Valentin, kommen auf die B 305, dann durch Aschenau, links unten liegt der Froschsee, biegen links auf die TS 40 ab, passieren Schmelz und bis INZELL sind es dann noch 2 km. Der Badpark mit dem Naturbadesee ist schon ausgeschildert, daran vorbei werden wir direkt zum Camping Lindlbauer geleitet. Der Platz wurde 2011 neu angelegt, daher sieht er noch etwas „nackt" aus.

(056) WOMO-Stellplatz: Inzell/Camping Lindlbauer

GPS: N 47° 46' 1" E 12° 45' 15"; Kreuzfeldstraße 44. **max. WOMOs:** >5.
Ausstattung/Lage: V+E, Strom, Sanitärgebäude mit Dusche, WC / Stellplätze vor dem CP, Kies, ruhig, ca. 10 Min. ins Ortszentrum.
Gebühr: 10 € alles Inklusive, max. Aufenthalt 1 Nacht, weiterer Aufenthalt auf CP 18–25 €, www.camping-inzell.de.
Zufahrt: A 8 München–Salzburg Ausfahrt Traunstein/Siegsdorf, dann auf der B 306 bis Inzell, am Ortsanfang links in die Schwimmbadstraße einbiegen und am Ende links abbiegen.

Sonstiges: Badepark mit Naturbadesee, Hallenbad und Saunalandschaft (500 m), Langlaufloipe am Platz.

Das Bundesleistungszentrum für Eisschnelllauf hat INZELL berühmt gemacht. Ansonsten ist der hübsche Luftkurort eher auf ruhigere Urlauber ausgerichtet. Der Ortskern, weithin Fußgängerzone, ist sauber herausgeputzt.

Südlich von Inzell warten an der Deutschen Alpenstraße (B 305) zwischen Weißbach und Schneizlreuth zwei Attraktionen: der berühmte **Gletschergarten** und die spektakuläre **Weißbachschlucht**. Ein Parkplatz [N 47° 44' 11" E 12° 45' 21"] liegt direkt unter der Felsformation.

Chiemgau und Saalachtal

Gletschergarten und Weißbachschlucht

Wir fragen uns, was in aller Welt ist denn ein **Gletschergarten**? Wachsen hier etwa Eisblumen oder Schneeglöckchen? Weit gefehlt! Eine Informationstafel klärt uns auf: Während der Eiszeit, also vor mehr als 10.000 Jahren, bahnte sich hier der riesige Saalachgletscher seinen Weg. Was der Gletscher hinterlassen hat, können wir hier und heute sehen. Die Felsen sind fast rund, schließlich sind hier gewaltige Massen von Eis drübergerutscht. Doch nicht nur Eis führte der Gletscher mit sich. Auch Steine wurden durch die Eismassen mitgeschleift. Und sie haben Spuren hinterlassen. Kratzer und Riefen zieren die Oberflächen der Felsen. Um sich einen Eindruck über das Ausmaß des Gletschergartens zu machen, sollten Sie aber gut zu Fuß sein. Ein Weg mit vielen Stufen verläuft am Felsenmeer entlang und schlängelt sich bis zur obersten Spitze. Hier oben bekommen wir erst einen Eindruck, wie gewaltig das Massiv ist.

Gegenüber vom Gletschergarten führt eine Treppe hinunter zu den **Wasserfällen** in der Weißbachschlucht. Von der Straße aus kann man sie zwar nicht sehen, aber wenn keine Autos fahren, kann man sie hören. Die Stufen sind uneben, an einigen Stellen verhindern Wurzeln und Steine einen angenehmen Abgang. Unten in der Schlucht fließt ein Bach, dadurch ist es hier immer feucht. Direkt am Anfang müssen wir über eine Röhre steigen. Es ist die erste Pipeline der Welt! Hier floss nämlich bis 1958 Sole von Bad Reichenhall nach Inzell. Nach ca. 5 Minuten haben wir die beeindruckenden Wasserfälle erreicht. Wie hoch die Fälle sind, keine Ahnung. Wir schätzen so zwischen 30 und 40 m. Schön sind sie anzuschauen.

Wir machen noch einen kleinen Abstecher zum **Thumsee**. Der westlich von Bad Reichenhall mitten in einem Landschaftsschutzgebiet gelegene Badesee ist ca. 1 km lang und etwa 140 m breit. Sommers werden Sie schwerlich eine Parklücke auf dem kleinen Parkplatz [**057**: N 47° 42′ 59″ E 12° 49′ 8″] finden, und entlang der Hauptstraße herrscht absolutes Halteverbot. Gleich neben dem kostenpflichtigen Strandbad befindet sich eine große Liegewiese, die kostenfrei genutzt werden kann. Rund um den See führt ein gut ausgebauter Weg. Entlang dieses Weges finden sich ebenfalls immer wieder Plätze, die sich zum Sonnenbaden anbieten. An heißen Sommertagen bietet das kalte und klare Wasser die gewünschte Erfrischung.

Weiter durch die Weißbachschlucht überschreiten wir kurz hinter SCHNEIZLREUTH die Grenze zu Österreich (B 21/B 178). Das Salzburger Land heißt uns willkommen. Einen ersten Stopp erfordert 12 km weiter LOFER. Das Marktörtchen in dem Zipfelchen, das sich zwischen Tirol im Westen und dem Reichenhaller Talkessel im Osten schiebt, ist ein rechtes Schmuckstück, vor allem der fotogene Zwiebelturm der gotischen Pfarrkirche. Auf dem Besucherparkplatz des Freibades Steinbergbad kann man bestimmt mal für eine Nacht stehen bleiben. Die Kulisse mit den Loferer Steinbergen im Hintergrund ist einzigartig.

(058) WOMO-Badeplatz: Lofer/Steinbergbad
GPS: N 47° 35′ 3″ E 12° 41′ 22″; .   **max. WOMOs:** 1–2.
Ausstattung/Lage: keine / am Erlebnis-Freibad und der Saalach gelegen, Splitt, durch Bäume aufgelockert, ruhig, Ortsrand.
Zufahrt: Im Text beschrieben.
Sonstiges: Skaterbahn.

Etwa 1 km hinter Lofer müssen Sie von der B 311 ostwärts abzweigen, wenn Sie auf dem Campingplatz Grubhof [059: N 47° 34′ 27″ E 12° 42′ 20″] übernachten wollen: Es ist ein parkähnliches Gelände mit großen, von Baumreihen eingefassten Wiesenflächen, liegt am Fluss, mit Blick auf die Berge.

Südlich von Lofer wird's richtig dramatisch: Die Saalach bahnt sich energisch ihren Weg durch die schroffen Kalkalpen. Das Wasser hat auf seinem Weg ins Tal über Jahrtausende eine Reihe von Höhlen und Klammen ausgewaschen. Am bekanntesten unter den Saalachtaler Naturgewalten sind die Vorderkaserklamm, die Lambrechtshöhle und die Seisenbergklamm – Grund genug, immer wieder den Rucksack zu schultern (www.naturgewalten.at).

Malerisch versteckt sich die **Wallfahrtskirche Maria Kirchental**, auch Pinzgauer Dom genannt, in einem Seitental

Campingplatz Grubhof (059)

Saalfelden: Schloss Ritzen mit dem Badesee davor (WOMO-Badeplatz 060)

der Saalach. Dem Barockarchitekten Fischer von Erlach ist dieser für seine Waldeinsamkeit überraschend kostbare Bau zu verdanken. Er ist über ein mautpflichtiges Bergsträßchen von St. Martin zu erreichen [N 47° 33′ 40″ E 12° 41′ 33″].

Der B 311 in südlicher Richtung weiter folgend, passieren wir noch vor Weißbach rechts der Straße einen Wanderparkplatz [N 47° 32′ 19″ E 12° 43′ 9″]. Von dort führt ein Weg durch ein Seitental zur **Vorderkaserklamm**, die als eine der schönsten Klammen Österreichs gilt. Etwa 2,5 km sind es bis zum Eingang des Naturdenkmals. Auf dem Weg dorthin kommen wir durch ein wunderschönes Erholungsgebiet mit Badeseen (unbedingt Badezeug und Handtuch mitnehmen).

Zurück von unserer Wanderung geht's auf der B 311 weiter: Schon nach einem Kilometer ist der Parkplatz [N 47° 31′ 35″ E 12° 44′ 18″] an der **Schauhöhle Lambrechtsofen** erreicht. Die Höhle schreibt Weltrekorde: Mit ihrem ca. 35 km langen Wasserhöhlenlabyrinth ist sie die längste Durchgangshöhle der Welt. Ein Teil der Höhle wurde für Besucher leicht zugänglich gemacht und ausgebaut. Auf sicheren Wegen, Treppen und Stegen gehen Sie rund 600 m in die Höhle hinein. Sie durchqueren mehrere Tunnels und gelangen dann in eine große Halle. Dabei überwinden Sie eine Höhendifferenz von 70 m.

In Weißbach zweigt links die Zufahrt zur **Seisenbachklamm** ab (Gehzeit vom Parkplatz hin und zurück ca. 90 Min.). Auch hier stehen die Wände so dicht beisammen, dass man den Himmel nicht mehr sieht.

SAALFELDEN AM STEINERNEN MEER ist schnell erreicht. Überragt wird der Hauptort des Saalachtals, wie der Name schon sagt, von einer endlos wirkenden Felskulisse. Bei mehreren großen Bränden im 18./19. Jh. und zuletzt 1910 wurde die alte

Bebauung zerstört, sodass es nicht allzu viel zu besichtigen gibt. Aber am Ufer des Ritzensees im Süden des Ortes steht **Schloss Ritzen** (1604). Das Heimatmuseum ist hier untergebracht. Die größte Krippensammlung Österreichs können wir hier besichtigen, dazu eine Mineraliensammlung sowie keltische und römische Ausgrabungsfunde. Direkt unterhalb des Schlosses liegt der **Ritzensee**: Sommers können Sie in dem moorhaltigen See baden und winters Schlittschuh laufen – und zudem auf dem leicht abschüssigen Parkplatz übernachten.

(060) WOMO-Badeplatz: Saalfelden am Steinernen Meer/ Strandbad Ritzensee

GPS: N 47° 25′ 13″ E 12° 50′ 53″; Ritzenseestraße. **max. WOMOs:** 2–3.
Ausstattung/Lage: keine / Parkplatz am Badesee und Heimatmuseum, Asphalt, durch Baumreihen unterteilt, abschüssig, ruhig, außerorts.
Zufahrt: Von Saalfelden nimmt man im 1. Kreisverkehr die Ausfahrt nach Zell am See (B 311), am 2. Kreisverkehr geradeaus bis zur Abbiegemöglichkeit links zwischen Esso-Tankstelle und Hofer-Markt, hier abbiegen und nach ca. 50 m rechts leicht bergauf in Richtung Ritzensee, dem Straßenverlauf 1,5 km zum Hotel Ritzenhof folgen, Hilfe geben die Hinweisschilder zum Ritzensee.
Sonstiges: weitere übernachtungsgeeignete Parkplätze: P 5 [**061:** N 47° 25′ 31″ E 12° 51′ 8″; Ramseiderstraße] und am Freibad Obsmarkt [**062:** N 47° 25′ 46″ E 12° 51′ 19″; Obsmarktstr. 38 a].

Weiter geht's von Saalfelden nach Bischofshofen. Am schnellsten kommen Sie dorthin, wenn Sie die Pinzgauer Bundesstraße (B 311) über Zell am See, Bruck und St. Johann im Pongau nehmen. Unser Übernachtungstipp an der Strecke ist der **Biohof Unteregg** im kleinen Bergdorf Embach. Der Platz liegt auf einem Sonnenplateau (850 m). Ruhig ist es, hier heroben. Die Aussicht ist geradezu grandios – ganz egal, ob es der Blick auf den Hochkönig, auf den Bernkogel oder weit hinunter ins Salzachtal ist. Überdies sind Johann und Kriemhilde Lainer überaus nette Wirtsleute.

(063) WOMO-Stellplatz: Lend-Embach/Biohof Unteregg

GPS: N 47° 17′ 50″ E 13° 1′ 51″; Heuberg 6.
max. WOMOs: >5.
Ausstattung/Lage: V+E, Strom, WC, Duschen / befestigte Plätze auf Wiesengelände, ruhig, idyllisch, außerorts.
Gebühr: 18 € alles Inklusive für WOMO + 2 Personen, 2 € Ermäßigung in der Nebensaison, www.unteregg.at.
Zufahrt: B 311 Ri. St. Johann im Pongau, 2 km vor Lend rechts Ri. Embach abzweigen, noch 1,6 km bergaufwärts bis zum Hof.

Maria Alm besitzt den wohl spitzesten Kirchturm im Salzburger Land.

Aber warum auf schnellstem Weg nach Bischofshofen sausen? Gönnen Sie sich doch die Fahrt durch die überwältigende **Hochgebirgslandschaft des Hochkönigs**. Gleich in Saalfelden zweigt nach Osten die Hochkönig-Bundesstraße (B 164) ab. Sie führt nach MARIA ALM. Das malerische Dorf besitzt die Kirche mit dem höchsten und wohl spitzesten Kirchturm im Salzburger Land (84 m). Alljährlich brechen von hier am letzten Augustwochenende bis zu 2000 Gläubige auf, um durch die wildromantische Mondlandschaft des Steinernen Meeres hinüber in das bayrische St. Bartholomä am Königssee zu pilgern.

Genau zwischen Maria Alm und den Aberg Bergbahnen bietet der Bio-Bauernhof Stegerbauer Stellplätze auf befestigtem Schotter an.

(064) WOMO-Stellplatz: Maria Alm/Stegerbauer
GPS: N 47° 23′ 52″ E 12° 54′ 11″; Stegen 16.   **max. WOMOs:** >5.

Ausstattung/Lage: 10 € im Sommer u. 12 € im Winter inkl. V+E+WC-Kassette-Entleerung, Strom 2 €, Brötchenservice / ebene Schotterfläche neben einem Bauernhof, außerorts, www.stegerbauer.at.
Zufahrt: Von Saalfelden auf der B 164 Richtung Bischofshofen, ca. 300 m hinter Maria Alm in Richtung Hinterthal befindet sich das Wegschild „Stegen", dort rechts über die Brücke, auf die Beschilderung zum Stegerbauer achten.

Auf den Parkplätzen vor den Talstationen der Skilifte lässt es sich auch prima übernachten, zumal es noch keine Verbote gibt. Aber alle Parkplätze sind nahe an der Bundesstraße gelegen.

Kurz vor dem Gipfel des Hochkönigs ragt die markante Torsäule in den Himmel.

(065) WOMO-Wanderparkplatz: Maria Alm/ Abergbahn Talstation

GPS: N 47° 23′ 31″ E 12° 54′ 29″; Hochkönigstraße. **max. WOMOs:** 2–3.
Ausstattung/Lage: keine / zwischen einem Bach und der Straße gelegen, außerorts.
Zufahrt: Im Text beschrieben.

Weiter entlang des **Hochkönigmassivs** windet sich die kurvige, aber gut ausgebaute Panoramastraße zwischen DIENTEN und MÜHLBACH über die Gebirgspässe Filzensattel (1290 m) und Dientner Sattel (1352 m). Die beiden verträumten Bergdörfer sind ideale Ausgangspunkte sowohl für einfache Almwanderungen als auch für schwierige Klettertouren. Eine ganze Kette von Gipfeln ragt hier zum Kreis angeordnet empor. Der Hauptgipfel, der ebenfalls Hochkönig heißt, erreicht fast 3000 m; am markantesten ist die nahezu senkrecht aufstrebende Torsäule. Auf dem imposanten Kalkstock des Berges liegt ein Plateaugletscher. Wie er zu seinem Namen „Übergossene Alm" kam, erzählt die Sage: Zur Strafe für das wüste Treiben der Senner, die auf der Alm im Überfluss lebten, einem Bettler aber ein Stück Brot verweigerten, wurden die fruchtbaren Almen mit Schnee und Eis „übergossen".

(066) WOMO-Wanderparkplatz: Hinterthal/Hochmaisbahn

GPS: N 47° 24′ 21″ E 12° 58′ 20″; Hochkönigstraße. **max. WOMOs:** 1–2.
Ausstattung/Lage: WC in der Bahnstation, / direkt am Bach, ebene Fläche, Ortsrand.
Zufahrt: Talstation Hochmaisbahn nach Ortschaft Dienten.

(067) WOMO-Wanderparkplatz: Mühlbach am Hochkönig

GPS: N 47° 22′ 45″ E 13° 6′ 35″; Hochkönigstraße. **max. WOMOs:** 3–4.
Ausstattung/Lage: WC im Seilbahngebäude/ Liftparkplatz, am Mühlbach u. nahe der Straße gelegen, Splitt, junge Baumbepflanzung, Ortsrand.
Zufahrt: auf der rechten Seite vor der Ortschaft Mühlbach.

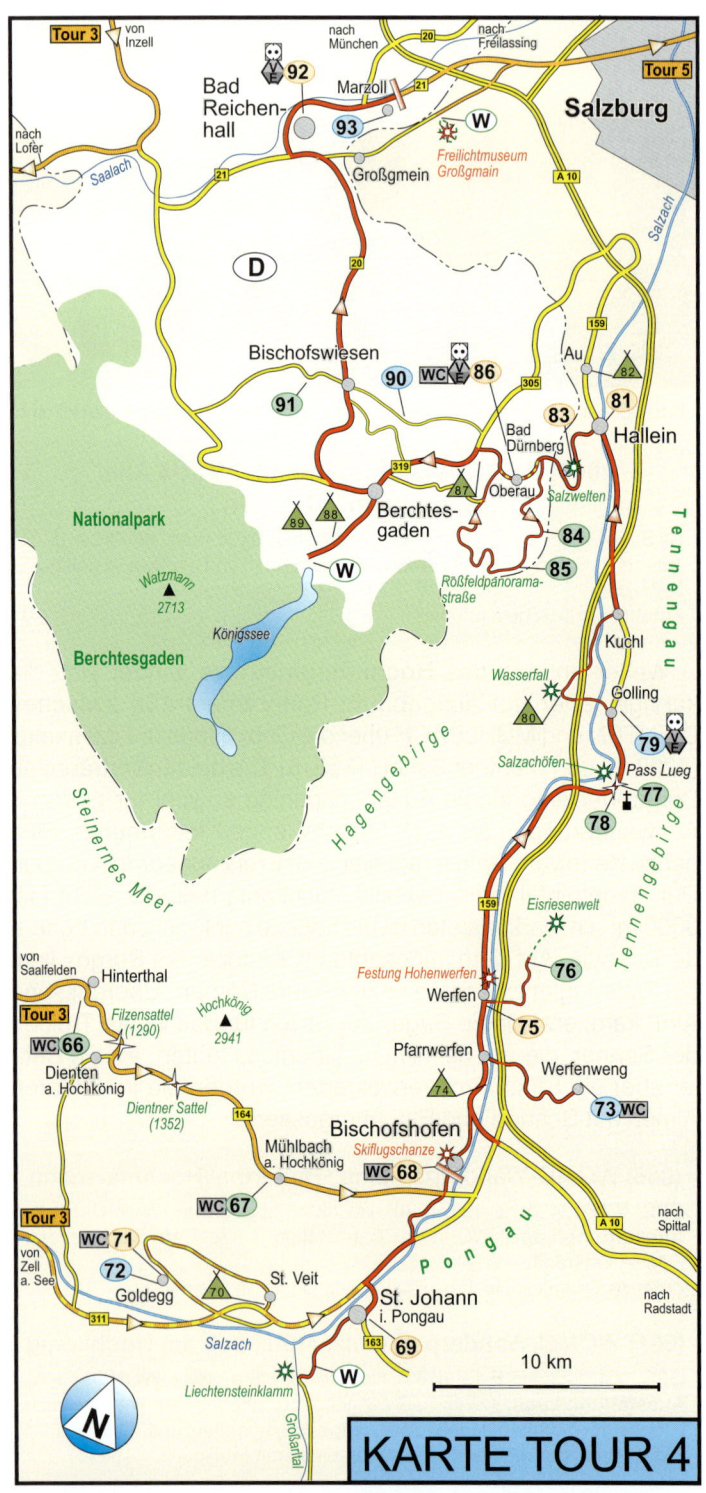

TOUR 4 (ca. 140 km / 2–3 Tage)

Bischofshofen – Sankt Johann im Pongau – Goldegg – Werfenweng – Werfen – Golling an der Salzach – Hallein – Berchtesgaden – Bischofswiesen – Bad Reichenall – Marzoll.

Stellplätze:	Bischofshofen, St. Johann im Pongau, Goldegg, Werfenweng, Golling, Roßfeldpanoramastraße, Oberau, Bischofswiesen (2x), Bad Reichenhall.
Campingplätze:	Hallein, Schönau am Königssee.
Baden:	Wengsee, Rupertus Therme Bad Reichenhall.
Besichtigen:	Eisriesenwelt bei Werfen, Burg Hohenwerfen, Salinenstadt Hallein, Salzwelten Hallein, Salzbergwerk Berchtesgaden, Obersalzberg, Kurstadt Bad Reichenhall.
Wandern:	Gainfeldwasserfall und Burgruine Bachsfall, Liechtensteinklamm, Salzachöfen, Gollinger Wasserfall, Watzmann und Königssee.

Weiter geht es durch das Mühlbachtal. Nach rund 12 km folgt an der Mündung des Mühlbachs in die Salzach BISCHOFSHOFEN, das Liebhabern des Skisprungs wohl bekannt ist. Hier findet nämlich alljährlich das letzte Springen der **Vierschanzentournee** statt. In Bischofshofen folgen wir den Schildern zur Paul-Ausserleitner-Schanze, kommen am Friedhofparkplatz P 5 [N 47° 24′ 48″ E 13° 12′′ 53″; Gaisberggasse] vorbei, dieser liegt oberhalb der Stadt, aber trotzdem zentrumsnah. Das um 1240 erbaute **Georgskirchlein** beim Friedhof besticht mit seinen einzigartigen Fresken. Knapp 1 km weiter finden wir vor der Brücke über den Gainfeldbach einen kleinen, ebenen Parkplatz.

(068) WOMO-Stellplatz: Bischofshofen/Skisprungschanze

GPS: N 47° 24′ 50″ E 13° 12′ 31″; Rosenthal.
max. WOMOs: 1-2.
Ausstattung/Lage: WC, Mülleimer / kleiner Parkplatz vor der Brücke über den Gainfeldbach, Freibad in der Nähe, Ortsrand.
Zufahrt: Im Text beschrieben.

Fährt man über die Brücke, öffnet sich dahinter ein großflächiger Parkplatz (P 6) direkt am Fuße der Schanze, jedoch ist Campieren hier verboten.

WOMO-Wandertipp: Gainfeldwasserfall und Burgruine Bachsfall

Wir schnüren unsere Wanderschuhe und machen uns auf den Weg zur Burgruine Bachsfall. Der Wasserfallsteig führt mit knapp 350 Stufen an den oberen Teil des Wasserfalls und zur Burgruine (12. Jh.). Von der einst mächtigen Turmburg sind nur noch spärliche Reste vorhanden. Von dort oben genießen wir einen herrlichen Blick über die Stadt Bischofshofen bis hin zum imposanten Tennengebirge. Der Gainfeldbach stürzt sich unterhalb der Burgruine ca. 50 m in die Tiefe, wodurch das Gestein schalenförmig ausgewaschen ist. Ein „sanfter Abstieg" durch den lockeren Mischwald führt wieder zum Ausgangspunkt.

Von Bischofshofen gelangen wir auf der B 311 rasch nach ST. JOHANN im landschaftlich reizvollen Pongau. Rund 8 km südlich von Bischofshofen ist der bei Wintersportlern beliebte Ort auf einer sonnigen Terrasse über dem rechten Ufer der Salzach gelegen. Schon von Weitem sehen wir die zweitürmige Pfarrkirche, die aufgrund ihrer Ausmaße auch **Pongauer Dom** genannt wird – der stolze Beiname verspricht mehr, als er halten kann, denn das neugotische Gotteshaus wurde erst 1855 errichtet, nachdem ein Brand die gesamte Ortschaft eingeäschert hatte. Direkt vom Zentrum führen die Hahnbaumlifte auf den traditionsreichen Skiberg (1200 m) der Sankt Johanner.

Pongauer Dom: das Wahrzeichen von St. Johann

> **(069) WOMO-Stellplatz: Sankt Johann im Pongau/ Hahnbaumlifte**
> **GPS:** N 47° 21′ 4″ E 13° 12′ 24″; Premweg. **max. WOMOs:** 1–2.
> **Ausstattung/Lage:** keine / Asphalt-Parkplatz, Wald-Schwimmbad in der Nähe, im Ort.
> **Zufahrt:** Über die Wagrainer Bundesstraße erst in Richtung Zentrum, dann nach rechts zu der beschilderten Liftstation.
> **Sonstiges:** Sonnenterrassen Camping [**070:** N 47° 19′ 30″ E 13° 10′ 2″; Bichlwirt 12]: terrassiertes Wiesengelände, ca. 25 €.

Am nächsten Morgen rüsten wir uns nach der Besichtigung des Pongauer Doms für die Wanderung in die **Liechtensteinklamm**: Etwa 6 km südlich vom St. Johanner Ortskern bieten die brausenden Wassermassen des Großarlbaches ein überwältigendes Naturschauspiel. Mehrere Parkplätze [N 47° 19′ 2″ E 13° 11′ 30″] sind am Eingang zur Klamm, Camping ist hier allerdings verboten.

WOMO-Wandertipp: Liechtensteinklamm

Die Liechtensteinklamm ist perfekt erschlossen. Bereits seit 1875 begeistert die abenteuerlich-anmutende Klamm die Besucher. Damals wurde sie durch eine Spende des Fürsten von Liechtenstein begehbar gemacht. Festes Schuhwerk und wärmere Kleidung sind je nach Jahreszeit empfehlenswert. In knapp einer Stunde können Sie die Klamm erkunden.

Tief in den Felsen hat der Großarlbach über Jahrtausende seinen Lauf in den Fels eingegraben. Wir laufen auf Holzsteigen, unter Felsvorhängen und durch kleine Tunnel – und haben immer wieder einen Blick hinunter in die Tiefe der Klamm, wo der Gebirgsbach gurgelnd und plätschernd, an steilen Stellen brausend und tobend seinen Weg nimmt. Der Blick nach oben geht mitunter bis zu 300 m hinauf, wo in einem schmalen Spalt der Himmel sichtbar wird.

Am Ende der Klamm öffnet sich die enge Schlucht zu einem kleinen Talkessel. Schroff ragen die Felswände empor, hoch oben ist der blaue Himmel zu sehen. Von der gegenüberliegenden Felsseite fällt der Schleierwasserfall 80 m tief hinunter. Wenn dann noch zur Mittagszeit die Sonne zwischen die Felswände auf den feinen, staubartigen Sprühregen des Schleierfalls leuchtet, bietet sich dem Beschauer ein zauberhaftes Bild in Regenbogenfarben.

Pongauer Heimatmuseum

Etwa 8 km westlich von St Veit liegt auf einem sonnigen Hochplateau über dem Salzachtal der kleine Ort **GOLDEGG** (825 m). Auf einer Bergstraße erreichen wir das charmante Dorf. Über dem Ufer eines kleinen Moorsees thront **Schloss Goldeck**. Es geht auf einen Bau aus dem Jahr 1323 zurück, wurde danach freilich mehrmals umgebaut. Der prachtvolle Rittersaal mit der Holztäfelung und den Fresken (16. Jh.) ist einzigartig. Das Schloss beherbergt das **Pongauer Heimatmuseum**, eine reiche Sammlung von Mobiliar, Hausrat und Gegenständen der regionalen Volkskultur (www.museum-goldegg.at).

(071) WOMO-Stellplatz: Goldegg/Schlossparkplatz
GPS: N 47° 19′ 11″ E 13° 6′ 2″; Hofmark 1.   **max. WOMOs:** 1–2.
Ausstattung/Lage: Öffentliches WC hinter dem Friedhof / Rasengittersteine, Bäume, Moorbadesee mit Badeanstalt, Schlosscafé, Spielplatz beim See, ruhig, Ortsrand.
Zufahrt: Von St. Johann auf der B 311 kommend bei Schwarzach vor dem Tunnel rechts abbiegen, am Ortsende rechts nach Goldegg, weiter auf der L 213 der Ausschilderung zum Schloss folgen.
Sonstiges: weiterer Parkplatz unterhalb des Schlosses an der Eisstockbahn [**072**: N 47° 19′ 7″ E 13° 6′ 2″].

BISCHOFSHOFEN war der Ausgangspunkt für unseren Abstecher auf die Salzburger Sonnenterrasse mit St. Veit und Goldegg. Zurück in Bischofshofen setzen wir unsere Reise gen Norden auf der Salzburger Straße (B 159) fort. In Pfarrwerfen biegen wir rechts ab in Richtung Werfenweng, fahren über die Salzach und unter der Autobahn durch bis WERFENWENG. Dort folgen wir dem Hinweisschild zum Badesee. Auf dem lauschig am Wengerbach gelegenen Parkplatz werden wir am Abend von den Fröschen in den Schlaf gequakt.

(073) WOMO-Badeplatz: Werfenweng/Wengsee

GPS: N 47° 27′ 52″ E 13° 15′ 27″; Sportplatzweg.　　max. WOMOs: 1-2.

Ausstattung/Lage: Abfallbehälter, WC im Kaiserstüberl / Parkplatz am Wengerbach, im Grünen, Schotter und Sand, Spielplatz, Gaststätte Kaiserstüberl und Eisstockbahn nahebei, 100 m zum Naturbadesee, ruhig, idyllisch, außerorts.
Zufahrt: Ausschilderung „P 5 Badesee" folgen und dann die schmale Zufahrt zum Parkplatz beim Kaiserstüberl (Vereinslokal des Eisschützenvereins) nehmen.

Lesertipp: Camping Vierthaler [**074:** N 47° 26′ 44″ E 13° 12′ 42″; Reitsam 8, Pfarrwerfen], netter, kleiner Campinplatz, ebenes Wiesengelände mit Bäumen, idyllische Lage am Salzachufer, Mitte April–Ende Sept, moderater Übernachtungspreis.

WERFENWENG ist ein beliebtes Wintersportzentrum und im Sommer ein guter Ausgangspunkt für Bergwanderungen.

Retour nach Pfarrwerfen lassen wir uns von dem braunen Touristikschild „Burg Hohenwerfen und Eisriesenwelt" leiten. Das 4 km salzachaufwärts gelegene WERFEN hat gleich zwei Touristenattraktionen zu bieten – nämlich ein eiskaltes Höhlenwunder und dazu ein mittelalterliches Burgerlebnis. Werfen selbst ist ein adretter, im 12. Jh. gegründeter Marktflecken.

Beginnen wir gleich mit dem Superlativ: Von Süden kommend stoßen wir kurz vor Werfen auf die Abzweigung zur **Eisriesenwelt**. Hinter dem Namen verbirgt sich nichts Geringeres als die weltweit größte bekannte Eishöhle. Zunächst kommen wir am großen Parkplatz Gries [**075:** N 47° 28′ 35″ E 13° 11′ 36″; Eishöhlenstraße, Werfen] vorbei. Er liegt direkt an der Salzach. Hier gilt an sich Campingverbot, aber für eine Nacht können Sie schon mal stehen bleiben. Auf unsere diesbezügliche Nachfrage beim netten Betreuer am Info-Stand meinte dieser: „Passt scho!". Sie sollten aber campingähnliches Verhalten unterlassen und den Platz wieder sauber verlassen. Ab dem Parkplatz verkehrt ca. alle 25 Minuten ein kleiner Linienbus hoch zur **Eisriesenwelt**. Bergerfahrene Lenker schnecken per eigenem WOMO bergauf (Steigung bis zu 21%, überlange WOMOs schaffen die Bergfahrt auch, aber an schönen Sommerwochenenden können die Parkplätze dort oben schon mal voll belegt sein). Nach 5 km Kurverei haben wir den oberen Parkplatz **[076: N 47° 29′ 49″ E 13° 11′ 37″]** erreicht. Wir gehen zum Eingangsgebäude und kaufen dort die Eintrittskarten (Mai–Okt. tgl. 9–15.30, Juli+Aug. bis 16.30 Uhr, Höhlenführung 9 € ohne, 20 € mit Seilbahn, www.eisriesenwelt.at). Die weitere Annäherung an den Höhleneingang mag Ihnen im Zeitalter des Instant-Sightseeings ein wenig umständlich anmuten: Ein leicht ansteigender Fußweg führt in 15 Minuten zur Seilbahn-Talstation. Es folgt eine ca. 3-minütige Seilbahnfahrt. Sie können auch laufen, das dauert dann aber ca. 90 Minuten. Wir gelangen so zum Berggasthof Dr. Oedl Haus. Von dort ist es nochmals ein viertelstündiger Fußmarsch zum Höhlenportal (1664 m).

WOMO-Ausflugstipp: Eisriesenwelt bei Werfen

Wie das Tor zur Unterwelt erscheint der Höhleneingang. Er ist stolze 20 m breit und 18 m hoch. Vom Tal aus ist er nicht auszumachen.

Das unterirdische Höhlenlabyrinth selbst ist riesig. Insgesamt sollen es ca. 42 km sein, davon ist etwa 1 km mit Eis bedeckt. Dieser Abschnitt ist auch der schönste und als Schauhöhle zu besichtigen.

Ausgestattet mit Hand-Karbidlampen dringen wir in einer Gruppe von etwa 30 Besuchern ins Innere des Bergs vor. Sobald unser Führer die Tür zur Höhle öffnet, bläst uns der eisige Wind so stark entgegen, dass wir kaum eintreten können. Die Luft sucht nämlich den Druckausgleich von der kühleren Luft in der Höhle zur wärmeren Außenluft. Wenn es draußen richtig warm ist, soll der Wind durchaus auch 100 Stundenkilometer erreichen.

Sodann heißt es Stufen steigen: 134 Höhenmeter hinauf durch die riesige „Posselthalle", deren Boden zur Gänze mit Eis bedeckt ist. Säulen, Türme und Wälle aus Eis säumen den Weg. Bis zum Frühsommer tragen die Felswände hier übrigens einen glitzernden Pelz aus Raureifkristallen. Oben angelangt schimmern im Schein von Magnesiumfackeln riesige Gebilde aus Eis in Türkistönen: z. B. die „Hymirburg", die „Burg des Eisriesen", der „Friggaschleier", der „Schleier der Eiskönigin" und gefrorene Wasserfälle.

Unsere Lampen erhellen die Höhle nicht wirklich, aber sie spenden ausreichend Licht, um uns zu orientieren. Ein Japaner aus unserer Gruppe wundert sich, warum denn kein elektrisches Licht verwendet wird. „Aus Tradition", antwortet ihm lapidar unser Führer. An den schönsten Stellen erhellt er die riesigen Räume und die bizarren Eisformationen mit buntem Magnesiumlicht.

In der Tertiärzeit wurde die Höhle durch einen unterirdischen Fluss geschaffen. Noch Ende des 19. Jh. war die Höhle im Tennengebirge bestenfalls Jägern und Wilderern bekannt. Anton Posselt aus Salzburg hat sie dann im Jahre 1879 offiziell entdeckt. Ihm gelang es damals, ca. 200 m in das Höhleninnere vorzudringen. Weiter konnte er nicht mehr. Die

Eisdecke wurde zu steil für ihn; seine Ausrüstung war zu schlecht. Seinen Umkehrpunkt markierte er mit einem schwarzen Kreuz am Felsen, das noch heute zu sehen ist. Nachher wurde die Höhle wieder weitgehend vergessen. Erst Jahrzehnte später hat Alexander von Mörk das Naturwunder gründlich erforscht. Er überwand einen Eiswall nach dem anderen und durchquerte tollkühn das unterhalb eines sturmgepeitschten Sees liegende Gängesystem, um am Ende den riesigen Dom zu finden, der heute seinen Namen trägt und in dem er beigesetzt wurde.

Je nach Außentemperatur befindet sich im Gebirgsinneren eine entweder kühlere oder wärmere Temperatur, die einen Luftzug von oben nach unten oder umgekehrt verursacht. Das führt dazu, dass im Winter, wenn die Luft im Berg wärmer ist als außerhalb, kalte Luft in den Berg einströmt und den unteren Teil der Höhle auf unter 0°C abkühlt. Wenn nun im Frühjahr Schmelzwasser durch die Felsritzen einsickert und in den unterkühlten Bereich der Höhle kommt, gefriert es und bildet die großartigen Eisgebilde im Bergesinneren. Im Sommer erwärmt sich auch das Höhleninnere; 5–10 cm der Bodeneisdecke schmelzen wieder weg. Im darauffolgenden Frühjahr wächst aber alles wieder nach. Insgesamt wird das Eis also nicht weniger – es wird sogar eher etwas mehr.

Weiter führt eine enge Passage, der „Sturmsee", geradewegs in den „Alexander-von-Mörk-Dom", die größte Halle auf der Tour. Spiegelglatt ist das Bodeneis im „Eispalast" etwa 400 m unter der Gebirgsoberfläche. Von hier geht die fantastische Reise vorbei am „Eistor" und durch einen 100 m langen, ins Eis geschlagenen Tunnel zurück zum Portal.

Während des Hinunterfahrens ins Tal genießen wir noch den Blick auf die Festung Hohenwerfen. Da es doch recht spät geworden ist – allein

Die Eisriesenwelt bei Werfen gilt als größte Eishöhle der Welt.

für die Zeit von der Empfangshalle bis zurück sind über drei Stunden vergangen – verzichten wir für heute auf einen Besuch der Burg. Morgen ist ja auch noch ein Tag.
Wichtig: Warme Kleidung und festes Schuhwerk nicht vergessen! Oder wollen Sie in 5300 Jahren als der „Ötzi" von Tenneck Geschichte machen? In der Höhle herrschen Minusgrade und selbst die Treppengeländer sind eiskalt.

Ursprünglich wohl kaum weniger schwer zugänglich als die Höhle ist die zweite große Attraktion dieses Gebiets: **Burg Hohenwerfen**. Sie thront auf einem steilen Felskegel hoch über dem Salzachtal. An ihren Toren rüttelten viele, Einlass wurde den wenigsten gewährt. Heute dürfen Besucher die Burg im Sturm erobern.

Erlebnisburg Hohenwerfen

Unten vom Parkplatz [N 47° 29′ 0″ E 13° 11′ 8″] steigen wir den steilen Weg am Zwinger vorbei, durch die beiden Vorburgen und über die endlosen Stiegen bis in den inneren Burghof empor. Dabei bekommen wir ein Gefühl davon, wie entmutigend dieses mächtige Bollwerk einst auf Eingreifer gewirkt haben muss. Eher lauffaule Eroberer fahren heuer einfach mit dem Schrägaufzug in drei Minuten in den Burghof hinein.

Unser mittelalterlich gewandeter Burgführer führt uns in knapp einer Stunde durch die Burg und erzählt recht spannend über die Burg. Als Erzbischof Gebhard 1076/1077 die Burg errichten ließ, war dies in erster Linie eine Botschaft an den deutschen Kaiser: Das Fürstentum Salzburg steht aufseiten des Papstes! Erweiterungen im 12. und 16. Jh. ließen Hohenwerfen die Gestalt einer Bilderbuchfestung annehmen. Nichtsdestotrotz wurde im Jahre 1525 die Festung während der Bauernkriege angezündet und beschädigt. Als der Fürsterzbischof wieder die Oberhand bekam, mussten die aufständischen Protestanten in mühevoller Sklavenarbeit die Schäden wieder reparieren. Dabei wurde ihnen in der Folterkammer mit Nachdruck der rechte Glaube gelehrt. Mit Gänsehaut blicken wir in das 9 m tiefe Verließ. Wer den Stoß dort hinunter überlebte, den erwartete ein qualvolles und langes Ende ohne Tageslicht hinter den dicken Mauern. In

der Burgkapelle ragt gespenstisch eine Hand, die ein Kruzifix umklammert, aus der Kanzel empor. Interessant ist auch die Pechküche, in der das heiße Harz angerührt wurde, mit dem man Angreifer in die Flucht schlug. Durch den Wehrgang mit Blick auf den Burghof steigen wir hinauf auf den Glockenturm mit der beeindruckenden Glocke, die noch heute an wichtigen kirchlichen Feiertagen geläutet wird: Sie wurde 1568 angefertigt und wiegt über 4.400 kg. In luftiger Höhe treten wir hinaus auf eine winzige Plattform, genießen einen tollen Rundblick in das Tal und hinauf zu den Gipfeln von Hagen- und Tennengebirge. Vorbei am ehrwürdigen Radwerk der alten Turmuhr geht es über knarrende Holzstufen wieder hinunter. Dem Erbauer der Uhr war es gar schlecht ergangen. Damit nur die Herren Bischöfe in den Genuss einer so einzigartigen Uhr kommen sollten und kein anderer, beschlossen sie den Uhrmacher nach Fertigstellung seiner Arbeit zu ermorden.

Die Zeit vergeht wie im Flug und somit sind wir schon bei der beeindruckenden **Greifvogelschau**. Über unseren Köpfen kreisen Adler, Falken, Geier und Eulen. Die Vögel lassen sich von der Thermik hochtragen, um vor der grandiosen Felskulisse ihre eleganten Kreise zu ziehen und sich zuletzt auf Rufkommando in die Tiefe zu stürzen. Ein unvergessliches Erlebnis.

Für die Weiterfahrt wählen wir die parallel zur Autobahn verlaufende B 159. Die Straße schlängelt sich immer der Salzach folgend zwischen Hagen- und Tennengebirge hindurch. Sie folgt einer alten Römerstraße. Am **Pass Lueg** (552 m), der den Übergang vom Pongau in den Tennengau markiert, legen wir einen Zwischenstopp ein. Am Pass steht die **Wallfahrtskirche Maria Brunneck** (1763) und das **Struber Denkmal**. Josef Struber konnte 1809 mit seinen Freiheitskämpfern den Pass gegen eine französisch-bayrische Übermacht erobern und auch halten.

(077) WOMO-Wanderparkplatz: Golling an der Salzach/ Pass Lueg

GPS: N 47° 34′ 33″ E 13° 11′ 42″; Obergau 82.   max. WOMOs: 1.
Ausstattung/Lage: keine / kleiner Parkplatz oberhalb der Wallfahrtskirche Maria Brunneck, am Waldrand, Asphalt, ruhig, außerorts.
Zufahrt: Von Werfen kommend vor dem Tunnel rechts abbiegen (beschildert). Sollten Sie an dieser Einfahrt vorbei gefahren sein, so fahren Sie durch den Tunnel und ca. 160 m weiter gibt es noch eine zweite Zufahrt nach scharf rechts. Außerdem liegt links vor der Tunneleinfahrt noch ein großflächiger Parkplatz [078: N 47° 34′ 31″ E 13° 11′ 40″].
Sonstiges: Gasthaus, Eingang zur Salzachklamm.

Vom Parkplatz sind es nur wenige Schritte bis zur wildromantischen **Schlucht Salzachöfen**. Der Begriff „Ofen" leitet sich vom keltischen Wort „of" (Schlucht, Abgrund) ab. Hier hat sich die Salzach zwischen Tennen- und Hagengebirge auf einer Länge von 1 km bis zu 80 m tief in den Kalk gegraben – ein sagenhaftes Naturschauspiel, das Sie sich nicht entgehen lassen sollten. Im beeindruckenden Dom scheinen sich die Felswände völlig zu schließen. Der Durchbruch ist mit Stiegen gut erschlossen (Gehzeit ca. 30 Minuten).

2 km nördlich liegt inmitten der weiten Ebene des Tennengauer Salzachtales die Tourismusgemeinde GOLLING. Sie eignet sich ideal als Übernachtungsort – als da der Stellplatz am Hallenbad Aqua Salza sich anbietet, hier über Nacht zu bleiben.

> **(079) WOMO-Stellplatz: Golling/Wohnmobilpark Aqua Salza**
> **GPS:** N 47° 35' 44" E 13° 10' 18"; Möslstraße 199.   **max. WOMOs:** >5.
> **Ausstattung/Lage:** V+E (Holiday-Clean), Strom, Restmüllbehälter / Stellplätze direkt am Besucherparkplatz des Aqua Salza, ebener und asphaltierter Untergrund, ruhig, 5 Min. Fußweg ins Ortszentrum.
> **Gebühr:** 10 €, Frischwasser, Strom und Kurtaxe extra, www.aqua-salza.at.
> **Zufahrt:** A 10 Salzburg–Bischofshofen, Ausfahrt 28 Golling, im Ort der Beschilderung zum Aqua Salza folgen.
> **Sonstiges:** Ab S-Bahnhof alle 30 Minuten mit dem „Talent" nach Salzburg – mit dem „Tennengau Ticket" für nur 2 € pro Person.

Nur fünf Gehminuten vom Aqua Salza entfernt liegt der **Egelsee**, ein idyllischer Seerosenteich eingebettet in eine grüne Parklandschaft. Gustav Klimt ließ sich im Jahr 1899 hier zu seinem Bild „Ein Morgen am Teiche" inspirieren.

GOLLING war einst überaus wohlhabend, wovon heute noch die stattlichen Bürgerhäuser zeugen. Zu Fuß sind wir in fünf Minuten im Ortskern. Dort locken die vielen Schanigärten, das sind die Sitzgelegenheiten auf den Gehsteigen vor den Cafés und Restaurants. In Döllerers Wirtshaus (Am Marktplatz 56) komponiert der Drei-Hauben-Koch Andreas Döllerer seine Menüs. Natürlich werden auch die Delikatessen aus der hauseigenen Metzgerei entsprechend genutzt. Diese ist vor allem für ihre saisonalen Würste bekannt: Bärenlauchwürstel, Ganslbrat-, Rehbrat- oder Lammbratwürstel – und Bratwurst hat das ganze Jahr Saison. Zum Familienbetrieb gehört auch noch ein Feinkostladen. Für geistige Nahrung sorgt das Heimatmuseum, das eigentlich eine Burg ist und dessen älteste Teile aus dem 13. Jh. stammen.

Jenseits der Salzach und der Autobahn, im Ortsteil Torren („torren" romanisch: tosender Wildbach), beginnt das Tal, an dessen Ende sich der **Gollinger Wasserfall** 76 m in die Tiefe stürzt. Der Ausgangspunkt dieser kurzen, aber sehr eindrucksvollen Wanderung befindet sich beim Landgasthof Torrener Hof. Campingfreunde kommen hier sicherlich auf ihre Kosten, denn auf dem Wiesenplatz hinter dem stattlichen Gasthof lässt es sich idyllisch übernachten und selbstverständlich dürfen Sie die Räumlichkeiten des Gasthofs benutzen.

(080) WOMO-Campingplatz-Tipp: Golling an der Salzach (OT Torren)/Landgasthof Torrenerhof

GPS: N 47° 36' 6" E 13° 8' 36"; Wasserfallstraße 24.
offen: ganzjährig.
Ausstattung/Lage: 21 € für WOMO + 2 Pers. inkl. Strom, Frischwasser, Dusche, Waschmaschine / kleiner Wiesenplatz direkt hinter dem stattlichen Landgasthof, keine Dauercamper, ruhig, außerorts.
Zufahrt: Die A 10 bei der Anschlussstelle Golling verlassen, dann über einen Bahnübergang und über die Salzach, noch 2 km auf der Wasserfallstraße unter der Autobahn durch bis zum Torrenerhof (Der Wasserfall ist ausgeschildert).

Von Golling folgen wir weiter dem Fluss auf dem Landweg (B 159). 4 km nördlich besitzt der Marktort KUCHL mit der Pfarrkirche St. Maria und St. Pankraz eine dreischiffige spätgotische Staffelkirche. Weiter geht es zum Nachtlager in HALLEIN, wo die Kelten um 400 v. Chr. mit dem Salzabbau und -handel begannen. Wir folgen der Beschilderung „Zentrum" und biegen auf der Stadtbrücke rechts ab. Das Hinweisschild „P Pernerinsel/Keltenmuseum" zeigt uns den Weg zum Großparkplatz am rechten Salzachufer gegenüber der Altstadt. Nach ca. 400 m nehmen wir am Kreisverkehr die 3. Ausfahrt und schon sind wir da.

Parken in Hallein

Beim Parken in Hallein sollten Sie darauf achten, ob es sich um Parkplätze der Stadt oder um private Parkplätze handelt.

Die Stadt bietet eine Anzahl von kostenfreien Parkplätzen auf der **Pernerinsel** an. Von hier kann das Zentrum in wenigen Minuten bequem zu Fuß erreicht werden. Hier gilt eine Kurzparkzonenverordnung: Mo–Fr 8–18 und Sa 8–12 Uhr – zu diesen Zeiten darf nicht länger als 3 Stunden geparkt werden. Außerhalb dieser Zeiten sowie an Sonn- und Feiertagen dann kostenlos und zeitlich unbeschränkt.

Zunächst fährt man von Golling aus Süden kommend über die Salzach auf die Pernerinsel. Nach ca. 150 m erreicht man den **Parkplatz Pfleggarten** [N 47° 41′ 2″ E 13° 5′ 43″]. Aber Vorsicht: Der unmittelbar daneben liegende, gleich aussehende Parkplatz gehört zur Supermarktkette Billa, die rigoros fürs Falschparken 189 € durch einen Rechtsanwalt eintreiben lässt.

Fährt man 140 Meter weiter, gibt es vor dem Eingang zur Alten Saline am **Parkplatz Verdampferturm** [N 47° 41′ 5″ E 13° 5′ 38″] einige Kurzparkzonen-Parkplätze.

Nur 90 m weiter können Sie sich auf den **Großparkplatz Pernerinsel/ Mauttorpromenade [081:** N 47° 41′ 6″ E 13° 5′ 32″] stellen, dessen Zufahrt sich im Kreisverkehr vor der Salzachbrücke befindet. Tagsüber ist nur schwer eine Parklücke zu finden.

Hallein

Vom Parkplatz auf der Pernerinsel sind es nur ein paar Meter zum alten **Salzstadel**. Er ist einer der Spielorte der Salzburger Festspiele. Dort gehen wir über die Pfannhauserbrücke hinüber zum linken Salzachufer, und schon sind wir am Rande der Altstadt, die von Resten der 15 km langen Stadtmauer umschlossen wird.

Im ehemaligen Salinenverwaltungsgebäude an der Salzach ist das **Keltenmuseum** eingezogen, das einen Großteil der kostbaren Funde

Salz machte schon die kriegerischen Kelten reich: Streitwagen im Keltenmuseum Hallein.

vom Dürrnberg (s. S. 76) beherbergt. Gleich im Erdgeschoss stürmt geradewegs ein keltisches Streitwagengespann auf uns zu und zwingt zu einem seitlichen Ausweichmanöver. Während der vornehme Wagenlenker, erkennbar am golden aufleuchtenden mit Koralle eingelegten Bronzehelm und geschützt durch einen Lederpanzer, die Rosse nur mühsam bändigt, schleudert ein zweiter Krieger entschlossen seine Lanze auf einen unsichtbaren Feind. Und dann im 1. Obergeschoss das absolute Highlight: die 2500 Jahre alte, keltische Schnabelkanne. Darüber hinaus sind im 2. Obergeschoss drei Fürstenzimmer (1756) und zahlreiche Objekte zur Geschichte Halleins zu sehen.

Anschließend bummeln wir genussvoll durch hübsche Gassen und Sträßchen durch den pittoresken Altstadtkern, der weitgehend Fußgängerzone ist. Am Oberen Markt, Unteren Markt und Bayrhamerplatz stehen farbenfrohe, in Pastelltönen angestrichene Bürgerhäuser. Ein Must am Unteren Markt ist die stilvoll-klassische **Konditorei** von **Gerd Braun**. Unwiderstehlich sind seine Vitrinen, gefüllt mit Torten- und Kuchenklassikern, Pralinen und sonstigen süßen Kreationen. Auch der Gastgarten lohnt immer für eine süße Mußestunde zwischendurch.

Die **Pfarrkirche St. Antonius Eremit** besticht durch ihren gotischen Chor sowie das frühklassizistische Langhaus. Gleich nebenan finden wir das Grab von Franz Xaver Gruber, dem Komponisten des berühmtesten deutschen Weihnachtsliedes, „Stille Nacht, Heilige Nacht". In seinem ehemaligen Wohnhaus ist das **Stille-Nacht-Museum** eingerichtet.

3 km außerhalb Halleins salzachabwärts in Richtung Salzburg (10 km) liegt mitten im Grünen der kleine **Campingplatz beim Auwirt**. Er ist ein idealer Ausgangspunkt, um für nur 2 € (und Ihrer Tennengauer Gästekarte, Salzburgerland Card oder Salzburg Card) mit dem Bus bequem und sicher in 20 Minuten in die Salzburger Altstadt zum Sightseeing und Shoppen zu fahren. Die Bushaltestelle der Linie 170 befindet sich direkt vor dem Campingplatz.

(082) WOMO-Campingplatz-Tipp: Hallein/Auwirt

GPS: N 47° 42' 13" E 13° 4' 9"; Salzburger Straße 42/B 159.
offen: Ostern–Mitte Oktober, Anfang Dez–Anfang Jan.
Ausstattung/Lage: kleiner Campingplatz direkt hinter dem stattlichen Hotel-Restaurant Auwirt, parkähnliches Wiesengelände mit Bäumen aufgelockert, Kneipp-Bach direkt am Platz.
Richtpreis: ca. 24 € für WOMO + 2 Personen inkl. V+E+Strom+Kurtaxe und Nutzung der modernen Sanitäreinrichtungen.
Kontakt: www.auwirt.com, Telefon 0043/6245/80417.
Zufahrt: Ausfahrt Hallein (Exit 16) von der Autobahn abfahren, über die ersten zwei Kreisverkehr-Kreuzungen geradeaus, an dem 3. Kreisverkehr biegen Sie rechts ab Ri. Salzburg (1. Ausfahrt), an der Ampel geradeaus, Brückenmitte rechts, Kreisverkehr 2. Ausfahrt Ri. Salzburg, nach ca. 3 km (ab dem letzten Kreisverkehr) finden Sie den CP auf der rechten Straßenseite.
Restaurant-Tipp: Etwa 1 km vor dem Campingplatz kommen Sie am **Hofbräu Kaltenhausen** [N 47° 41' 36" E 13° 4' 47"; Salzburgerstraße 67, Hallein-Kaltenhausen], der ältesten Salzburger Brauerei, vorbei. Im Braugasthof, im historischen Ambiente inmitten der Sudpfannen, wird Ihnen das frisch gebraute Bier kredenzt – begleitet von lecker zubereiteten Schmankerln.

Von HALLEIN fahren wir über eine steile Bergstraße auf den **Dürrnberg** (771 m). Dort wollen wir uns eine weitere große Attraktion nicht entgehen lassen – die **Salzwelten Hallein** im inzwischen stillgelegten Salzbergwerk. An sich gilt auf dem Besucherparkplatz **[083:** N 47° 40′ 1″ E 13° 5′ 29″; Ramsaustraße 3, Hallstatt**]** Übernachtungsverbot für WOMOs. Das Schild „Nächster Campingplatz Auwirt ca. 3 km Richtung Salzburg" sagt uns, wo wir nächtigen sollen. An der Kasse haben wir ganz naiv nachgefragt, ob wir hier nicht mal für eine Nacht stehen bleiben dürfen, da wir ja am nächsten Morgen das Bergwerk besichtigen wollen. Konziliant kommt die Antwort „Passt scho", die wir sooft noch in Österreich hören werden.

WOMO-Ausflugstipp: Keltendorf und Salzwelten Hallein

Schon vor über 4500 Jahren haben Menschen die oberhalb von Hallein auf dem Dürrnberg entspringenden Salzquellen genutzt. Und vor 2500 Jahren begannen sie, das Salz unter Tage abzubauen. Wie die keltischen Bergleute lebten, arbeiteten und ihre Toten bestatteten, zeigt das **Keltendorf**: Eine Gehöftgruppe und ein Fürstengrab wurden rekonstruiert, ein Lehrpfad ergänzt die Schau.

Das **Salzbergwerk**, gleich neben dem Keltenmuseum gelegen, wurde über die Jahrhunderte immer wieder ausgebaut und modernisiert. 1989 wurde es zwar endgültig stillgelegt, doch seine Verwalter machten aus der Not eine Tugend, indem es zu der unterhaltsamen, wenn auch nicht ganz billigen Touristenattraktion namens **Faszination Salzwelten Hallein** umgestaltet wurde.

Die Grubenbahn bringt uns in den Bauch des Berges. Warme Kleidung und festes Schuhwerk haben wir an und darüber zusätzlich weiße Knappenanzüge, die die Kleidung schützen und wärmen, denn „unter Tage" hat es nur 12° C. Die Fahrt in das viele Kilometer lange Stollensystem macht nicht nur Riesenspaß, sondern vermittelt auch dank der liebevoll gestalteten Schaustellen erhellende Einblicke in die ehemalige Arbeitswelt unter Tage. Über die glatt polierten hölzernen Rutschen geht es zum magisch illuminierten Salzsee, ein Floß bringt uns hinüber zum anderen Ufer (übrigens auf deutschem Gebiet).

Fürsterzbischof Wolf Dietrich von Raitenau (1559–1617) nutzte das begehrte, lebensnotwendige „Weiße Gold" für erfolgreichen Salzhandel. Er erzielte dabei enorme Profite. Damit machte er Salzburg zu einer prunkvollen, barocken Residenzstadt. Die Figur Wolf Dietrich und sein tollpatschiger Diener Jakobus erzählen uns informativ und unterhaltsam vom Aufstieg und Fall dieses schillernden Fürsten. Wir hören die Geschichte vom „Mann im Salz": Lange vor Ötzi wurden in den Jahren 1573 und 1616 zwei keltische Bergmänner aufgefunden – durch das Salz bestens konserviert, nur die Haut war braun gefärbt. Als Heiden wurden sie außerhalb der Friedhofsmauern verscharrt. Schließlich fahren wir mit Grubenhunten durch lange Stollen wieder zum Ausgang (Öffnungszeiten: Ende Jan.–März und Anfang Nov.–Anfang Jan. 10–15, Apr.–Anfang Nov. 9–17 Uhr, 18 €, ermäßigte Familienkarten, Führungen laufend, Dauer ca. 70 Min., www.salzwelten.at).

Weiter zuckeln wir auf der Dürrnberger Landesstraße den Berg hinauf über die Grenze ins **Berchtesgadener Land**. Der nächste Stellplatz in der Oberau ist nur 4 km entfernt. Aber vorher gönnen wir uns noch die Rundfahrt auf der **Roßfeldpanoramastraße**. In zahlreichen Kurven und mit Steigungen bis zu 13 % führt die – mautpflichtige – 16 km lange Ringstraße bis auf eine Höhe von 1560 m. Eine Reihe von Parkplätzen ermöglicht atemberaubende Ausblicke vor allem auf die Berchtesgadener Alpen, die Dachsteingruppe und ins 1000 m tiefer liegende österreichische Salzachtal. Die Nordauffahrt beginnt in der Oberau in Höhe Wildmoos, führt über die Ortsteile Gmerk, Trattenhäusl, Heißbäck, Madlerlehen und Pechhäusl zur Mautstelle Nord [N 47° 38′ 32″ E 13° 5′ 31″] und von dort über die Roßfeldalm hinauf zum Parkplatz am Hennenköpfl.

(084) WOMO-Wanderparkplatz: Roßfeldpanoramastraße/Hennenköpfl

GPS: N 47° 37′ 42″ E 13° 5′ 36″. **max. WOMOs:** 3-4.
Ausstattung/Lage: keine / schräg.
Zufahrt: Im Text beschrieben.
Sonstiges: In wenigen Gehminuten erreicht man den Aussichtspunkt am Roßfeldkreuz unmittelbar oberhalb der Skilifte.

Die Scheitelstrecke zieht sich fast eben zwischen den Parkplätzen am Hennenköpfl (1550 m) und Ahornbüchsenkopf (1604 m) entlang. Sie verläuft dabei östlich des Hennenkamms, der die beiden Gipfel miteinander verbindet und die Staatsgrenze markiert und damit auf etwa 1,5 km Länge auf österreichischer Seite.

(085) WOMO-Wanderparkplatz: Roßfeldpanoramastraße/Ahornbüchsenkopf

GPS: N 47° 37′ 12″ E 13° 5′ 4″. **max. WOMOs:** 3-4.
Ausstattung/Lage: keine / breiter Längsparkstreifen an der Straße, Asphalt, nachts wenig Verkehr.
Zufahrt: ca. 2 km nach dem Parkplatz am Hennenköpfl.

In OBERAU kurven wir durch enge Gässchen hoch zum naturbelassenen Stellplatz am Waldrand, die letzten Meter auf einer Schotterpiste. Die Zufahrt gestaltet sich etwas schwierig, lassen Sie sich einfach von dem WOMO-Piktogramm leiten und vertrauen Sie nicht unbedingt Ihrem Navi!

(086) WOMO-Stellplatz: Berchtesgaden-Oberau/Fam. Rasp

GPS: N 47° 39′ 1″ E 13° 4′ 14″; Renothenweg 15. **geöffnet:** Ostern–30. Nov.

Ausstattung/Lage: V+E, Strom, WC, auch Hütte mit Aufenthaltsraum und Getränkeverkauf / sonnige und ruhige Hanglage, teils von Bäumen umgeben, Blick auf die Berge, Splitt und Gras, idyllisch, ruhig, Ortsrand.
Gebühr: 12 € inkl. V+E u. Strom, www.reisemobilstellplaetze-berchtesgaden.de.
Zufahrt: Von Hallein über Bad Dürrnberg zur Roßfeldpanoramastraße, weiter ca. 1 km abwärts bis nach Oberau, mitten im Ort Abzweigung nach links in den Weißensteinerweg, links in den Renothenweg (Der Platz ist im Ort ausgeschildert).

Von der Oberau sind es dann noch 8 km bis BERCHTESGADEN: Erst mal geht's kurvenreich für 2 km bergab nach Unterau, dort links ab auf die B 305 Richtung Berchtesgaden. Vorbei kommen wir am Campingplatz Allweglehen **[087: N 47° 38′ 50″ E 13° 2′ 23″; Allweggasse 4]**.

Wer sich über den Salzabbau informieren möchte, der unternimmt eine **Salzzeitreise** durch das mit medialen Installationen aufgemotzte **Salzbergwerk Berchtesgaden**. Dort unten ist es nur 12° C warm! Eingekleidet in Bergmannskluft fahren wir mit einer alten Grubenbahn in den Stollen, sausen auf zwei Rutschen (34 und 40 m) auf aalglatten Holzrinnen hinab in eine Salzkathedrale. Da kann

„Glück auf!" – Grubenfahrt durch das Salzbergwerk Berchtesgaden

es manchem schon mal flau in der Magengrube werden. Die Vorsichtigen gelangen auch über die Treppe in die nächste Etage. Schließlich gleiten wir auf einer Barke über einen Salzsee, eindrucksvoll inszeniert mit Lichtern und Klängen. Nach ungefähr eineinhalb Stunden treten wir wieder ans Tageslicht. Insgesamt eine amüsante Sache, nicht zuletzt durch die Erklärungen des Führers, eines echten Bergmanns übrigens (Parkplatz [N 47° 38′ 22″ E 13° 0′ 55″; Bergwerkstraße 83], www.salzzeitreise.de, Mai–Okt. 9–17, Nov–April 11–15 Uhr, 18,50 € Erw., auch Familienkarte).

Wen es eher in die Höhe zieht, der kann auf dem **Obersalzberg**, einst Hitlers Feriensitz, das sehenswerte **Dokumentationszentrum über das Dritte Reich** besuchen (Parkplatz [N 47° 37′ 51″ E 13° 2′ 31″], April–Okt. Mo–So 9–17, Nov.–März Di–So 10–15 Uhr, 3 €).

Im Übrigen gilt in Berchtesgaden auf den Parkplätzen WOMO-Übernachtungsverbot. Diejenigen unter Ihnen, die in Berchtesgaden und Umgebung ein paar Tage verbringen möchten, müssen wohl oder übel einen Campingplatz aufsuchen.

Zum **Königssee**, dem wohl schönsten unter allen oberbayrischen Seen, sind es von Berchtesgaden nur etwa 4 km. Schon weit vorher werden Autos und WOMOs auf die gebührenpflichtigen Parkplätze geleitet. Zum Übernachten bieten sich die beiden seenahen Campingplätze an.

(088) WOMO-Campingplatz-Tipp: Schönau am Königssee/ CP Mühlleiten

GPS: N 47° 35′ 59″ E 12° 59′ 22″; Königsseer Straße 70.
offen: ganzjährig.
Ausstattung/Lage: ebenes Wiesengelände neben der nachts ruhigen B 20.
Gebühr: ca. 25 € für WOMO + 2 Erw. inkl. Kurtaxe, www.muehlleiten.eu.
Zufahrt: Von Berchtesgaden auf der B 20 ca. 3 km Ri. Königssee, Camping Mühlleiten liegt auf der rechten Seite.

Ein Stück weiter und schon in lockerer Fußentfernung zum Königsee gelegen:

(089) WOMO-Campingplatz-Tipp: Schönau am Königssee/ CP Grafenlehen

GPS: N 47° 35′ 42″ E 12° 59′ 11″; Königsseer Fußweg 71.
offen: ganzjährig.
Ausstattung/Lage: Von hohen Bäumen umsäumte, leicht terrassierte Wiesenstücke.,an der Königssee-Ache, Stellflächen vorwiegend geschottert, Gebirgsblick.
Gebühr: ca. 27 € für WOMO + 2 Erw. inkl. Kurtaxe, www.camping-grafenlehen.de.
Zufahrt: Von Berchtesgaden auf der B 20 Ri. Königssee, direkt gegenüber der ARAL-Tankstelle beschilderter Abzweig nach rechts.

Kurz danach werden wir zum Großparkplatz Königssee [N 47° 35′ 33″ E 12° 59′ 13″] gelotst. WOMO-Verbotsschilder sind hier aufgestellt (19–7 Uhr, Parkscheinautomat). Vor uns ragt in unvergleichlicher Majestät der **Watzmann** auf, mit 2713 m der zweithöchste Gipfel Deutschlands.

WOMO-Ausflugstipp: Watzmann und Königssee

Den schönsten Blick auf den Watzmann genießt man vom Jennergipfel, gleichzeitig ein grandioser Überblick über den Königssee. Für diesen Genuss müssen wir die Jennerbahn besteigen. Vom Parkplatz Königssee sind es bis zur Talstation etwa 300 m. Nach bequemer Auffahrt in Zweierkabinen geht es auf Schusters Rappen zum **Jennergipfel** (1864 m). 15 Minuten Steilweg auf die Spitze sind zu bewältigen. Der Ausblick ist unvergleichlich: auf die steil abfallende Ostflanke des Watzmanns und auf den 8 km langen und bis zu 1,2 km breiten Königssee. Hinterher ist sicher ein Imbiss in Deutschlands höchstgelegenem Marktrestaurant fällig. Hier gibt es Selbstbedienung an verschiedenen Marktständen.

Wieder runter mit der Jennerbahn und ab zum Parkplatz. Zu Fuß laufen wir zur nördlichen Seespitze. Auf dem Weg dorthin kommen wir uns vor wie in einem orientalischen Bazar: vorbei an unzähligen Souvenirgeschäften, die neben Trachten, Schmuck auch so „nützliche" Dinge wie Gartenzwerge, Batikhemden und Filzhüte offerieren.

Einen Fußweg oder gar eine Straße um den fast rundum unberührten See gibt es nicht. Sein smaragdgrünes Wasser ist kristallklar und besitzt Trinkwasserqualität.

Wir haben nun zwei Möglichkeiten: Entweder links noch ein paar 100 Meter

Herrlich liegt die Wallfahrtskirche St. Bartholomä vor den Wänden des Watzmanns.

bis zum so genannten **Malerwinkel** zu laufen. Dort sind Badestege zu sehen. Wasserratten können hier ins feuchte Nass hüpfen, wenn sie die 17° C nicht schrecken.

Wir können Sie aber auch über den See schippern lassen. Die Tour ist gemütlich. Aber zur Hochsaison herrscht starker Andrang. Schon 1909 wurde an die Umwelt gedacht und Elektroboote eingeführt. Zunächst passiert das leise Boot die kleine Insel Christlieger. In der Mitte des Sees wird es lauter. Über den Lautsprecher des Bootes ertönt eine Trompetenmelodie, die als mehrfaches Echo zurückschallt. Dann kommt das Wahrzeichen des Königssees schnell näher, die **Wallfahrtskirche St. Bartholomä** mit ihren zwei Zwiebeltürmen und den roten Kuppeldächern. Wer sein persönliches Foto von St. Bartholomä schießen möchte, sollte bei der Anfahrt einen Fensterplatz auf der rechten Seite wählen. Aussteigen lohnt sich, entlang des Ufers sind gemütliche Rastplätze zu finden, am Ende des Wegs ein großer Kiesstrand für ein weiteres Bad oder ein ausgedehntes Picknick. Oder Sie bleiben zum Essen im früheren Jagdschlösschen neben der Kirche.

Auch an der letzten Station der Königssee-Rundfahrt, Salet-Obersee, empfiehlt sich eine Unterbrechung. Der Weg zum kleinen Obersee dauert 20 Minuten. Unterwegs gibt es Selbstbedienung in der **Saletalm** mit Biergarten. Wer am Obersee weiterwandern will, erreicht nach 45 Minuten über Stock und Stein und Stufen mit Metallseilen die **Fischunkelalm**. Hier werden neben einem tollen Blick auch aus frischer Almmilch zubereitete Milchprodukte geboten: Käse auf dem Brettle mit Bauernbrot, Frisch- und Buttermilch. Das schmeckt!

BERCHTESGADEN verlassen wir auf der B 20 in Richtung Bad Reichenhall. Noch vor BISCHOFSWIESEN machen wir unseren nächsten Stopp am schön gelegenen **Aschauerweiher**. Umrahmt von der grandiosen Kulisse der Berchtesgadener Berge. Hier gibt es ein modernes Naturbad mit Teich- und Uferlandschaft, in dem die Reinigung des Wassers durch Pflanzen und Mikroorganismen erledigt wird: ideal für Kinder und Allergiker. Auf dem kleinen Besucherparkplatz haben wir eine ruhige Nacht verbracht.

(090) WOMO-Badeplatz: Bischofswiesen/Aschauerweiher

GPS: N 47° 38′ 34″ E 12° 59′ 5″; Aschauerweiherstraße 85.
max. WOMOs: 1–2.
Ausstattung/Lage: Trinkwasserbrunnen / direkt an der Straße und am Märchenpfad, leicht schräg, ruhig, idyllisch, außerorts.
Zufahrt: Beschilderte Anfahrt südlich von Bischofswiesen oder vom nördlichen Ortsausgang Berchtesgaden.
Sonstiges: Gaststätte Aschauerweiherwirt.

Wir fahren auf der B 20 nach BISCHOFSWIESEN hinein, wo wir am Ortsausgang den Schildern „Götschen/Loibl" folgen. Die Straße (BGL 17) schlängelt sich kurvenreich und teilweise recht steil bergauf. Nach 3 km erreichen wir den schön gelegenen Parkplatz am **Ski-Weltcupzentrum Götschenalm**. Der Parkplatz ist überwiegend schräg angelegt und von Regenwasserfurchen durchzogen, daher besondere Vorsicht beim Befahren im Dunkeln. Aber dafür ist er auch kostenlos, zumindest im Sommer.

(091) WOMO-Wanderparkplatz: Bischofswiesen-Loipl/ Ski-Weltcupzentrum Götschenalm

GPS: N 47° 38′ 55″ E 12° 56′ 13″; Kollertradte. **max. WOMOs:** 5.

Ausstattung/Lage: keine / abschüssig, Sand und Splitt, durch mit Bäumen bepflanzte Grasstreifen unterteilt, ruhig, idyllisch, außerorts.
Zufahrt: Von Bischofswiesen ist die Götschenalm ausgeschildert.
Sonstiges: Einkehr im Gasthaus erwünscht: leckeres Essen; idealer Ausgangspunkt für Wanderungen und Mountainbike-Touren.

Am Platz befindet sich auch ein Berggasthof. Das Weizenbier am frühen Abend auf der Terrasse war schon lecker.

Zurück auf der B 20 geht es weiter nach BAD REICHENHALL. Seit mehr als 2000 Jahren wird hier das „weiße Gold" gewonnen. Heute ist das bayerische Staatsbad einer der größten Kurorte des Landes. Sehenswert ist die große Freiluftanlage des **Gradierwerks**; hier tropft die Sole langsam über Gestelle voller Reisigbündel herab, verdunstet dabei und erzeugt salzhaltige Luft, die wir beim Vorbeispazieren inhalieren. In den weitläufigen roten Backsteinbauten der **Alten Saline** ist heute ein Salzmuseum untergebracht.

Der offizielle Stellplatz liegt in fußläufiger Nähe zur modernen **Rupertus Therme**, die alles bietet, was sich mit Sole fürs Wohlbefinden tun lässt.

Bad Reichenhall: Rathausplatz im Sommer

(092) WOMO-Stellplatz: Bad Reichenhall/ An der Rupertus Therme

GPS: N 47° 44′ 3″ E 12° 52′ 33″; Hammerschmiedweg. **max. WOMOs:** >5.

Ausstattung/Lage: V+E, Strom / kleiner Platz, direkt am Uferweg der Saalach, Kies, eng parzelliert, abends meist voll belegt, kein Schatten, von hohen Bäumen umgeben, die Therme (200 m) erreicht man durch eine Fußgängerunterführung, Fußgängerzone und Kurpark ca. 15 Min., Ortsrand.
Gebühr: 13 € fürs WOMO + 2 Pers inkl. Gastkarte und Strom, Frischwasser extra.

Zufahrt: Von Süden aus Richtung Bischofswiesen/Lofer/Inzell kommend liegt der Stellplatz fast direkt an der Loferer Straße/B 20 (Ortsumfahrung), man muss nach der Therme unmittelbar vor der Aral-Tankstelle links abbiegen.
Sonstiges: An der Saalach entlang Wander- und Radwege, frische Brötchen gibt es ab 4 Uhr morgens an der Tankstelle.

Allerdings ist an diesem schönen Frühsommerabend der Platz schon voll belegt. Aber 6 km weiter finden wir nahe beim Freibad Marzoll ein lauschiges Plätzchen unter Schatten spendenden Bäumen und mit viel Grün rundherum.

(093) WOMO-Badeplatz: Bad Reichenhall/Freibad Marzoll

GPS: N 47° 45′ 34″ E 12° 55′ 47″; Rainthalstraße 25. **max. WOMOs:** 2-3.
Ausstattung/Lage: keine / Wiesengelände, Schattenbäume, schöner Blick auf die Berge, ruhig, idyllisch, außerorts.

Zufahrt: Vom Stellplatz an der Rupertus-Therme links die Loferer Straße/B 20/B 21 Ri. Salzburg nehmen, nach ca. 5 km vor Schwarzbach von der Bundesstraße rechts auf die Reichenhaller Straße abbiegen, nach ca. 400 m in Schwarzbachs Ortsmitte rechts auf die Rain-

thalstraße Ri. Marzoll abbiegen, nach 500 m befindet sich das Freibad rechts, gleich im Anschluss befinden sich Parkmöglichkeiten, 100 m weiter liegt unser beschaulicher Parkplatz.

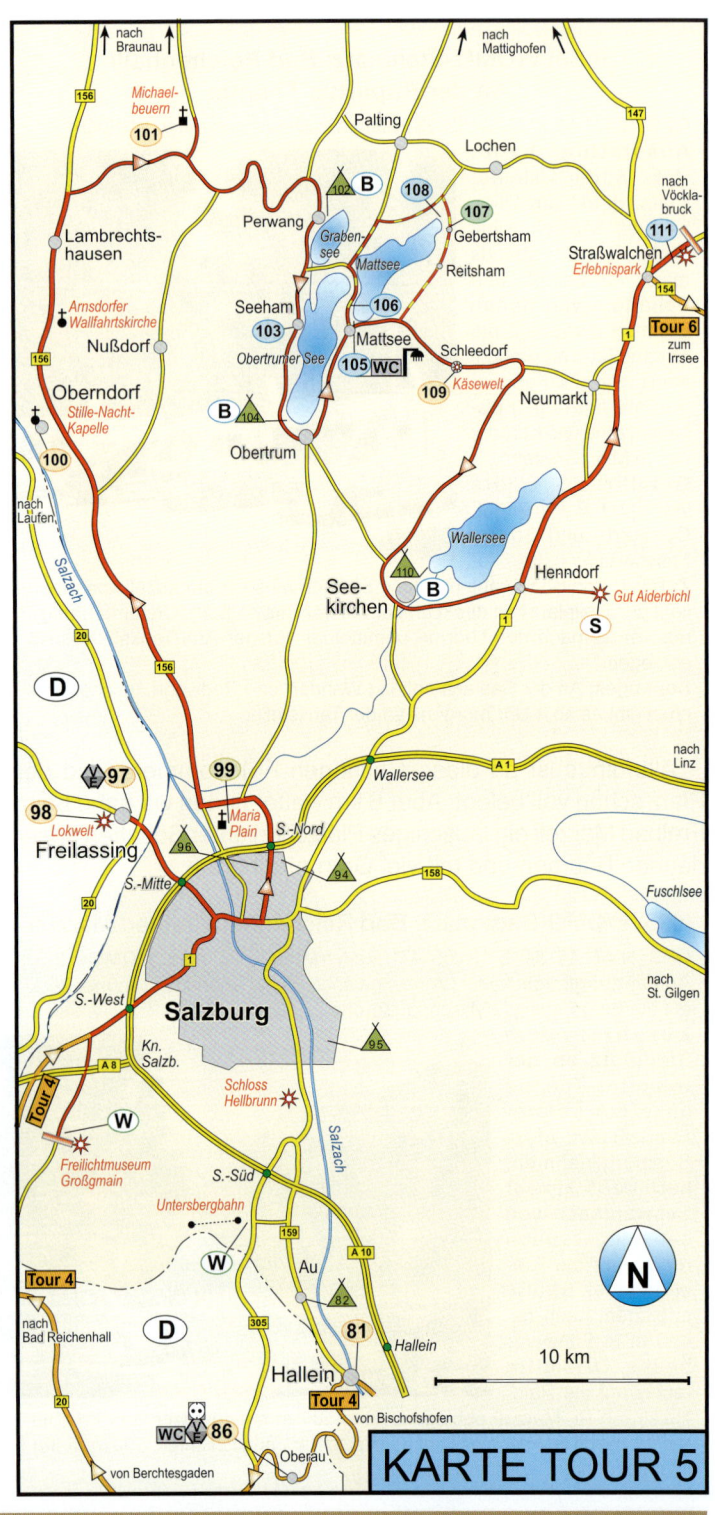

TOUR 5 (ca. 110 km / 4–6 Tage)

Großgmain – Salzburg – Freilassing – Oberndorf – Grabensee – Obertrumer See – Mattsee – Schleedorf – Seekirchen am Wallersee – Henndorf – Straßwalchen

Stellplätze:	Freilassing, Maria Plain, Oberndorf, Michaelbeuern, Mattsee, Schleedorf, Straßwalchen.
Campingplätze:	Salzburg (3x), Perwang am Grabensee, Obertrum, Seekirchen.
Baden:	Grabensee, Obertrumer See, Mattsee, Wallersee.
Besichtigen:	Salzburger Freilichtmuseum Großgmain, Barockstadt Salzburg, Wallfahrtskirche Maria Plain, Lokwelt Freilassing, Stille-Nacht-Gedächniskapelle Oberndorf, Benediktinerkloster Michaelbeuern, Stift Mattsee, Filialkirche Gebertsham, Salzburger Käsewelt, Gut Aiderbichl, Erlebnispark Straßwalchen.
Essen:	Stiftskellnerei Michaelbeuern.

„Ein Stück vom Paradies" – so bezeichnete der Schriftsteller Carl Zuckmayer seine Wahlheimat, das Salzburger Land. Ob Sie sich dieser Meinung anschließen wollen, können Sie auf dieser Tour feststellen – wie etwa auf einem Spaziergang durch die **Stadt Salzburg**, einem Ausflug durch den **Flachgau** sowie bei einem Urlaub im **Salzburger Seenland**.

Das Salzburger Seenland lässt sich auch per Fahrrad erkunden

Wenn Sie mit uns die Tour 4 gefahren sind, so folgen Sie uns jetzt von Bad Reichenhall nach GROSSGMAIN zum **Salzburger Freilichtmuseum**. Landleben wie anno dazumal können Sie hier erleben. Sollten Sie von Norden von den Autobahnen A 1/A 8/A 10 kommen: Das Bauernhofmuseum liegt 10 km südwestlich von Salzburg. Von unserem letzten lauschigen Übernachtungsplatz am Freibad Marzoll (WOMO-Badeplatz 93) ist es gerade mal 2 km Luftlinie entfernt. Wir verlassen Bad Reichenhall auf der Reichenhaller Straße/B 21 nach Norden in Richtung Salzburg, fahren unter der Autobahn A 1 durch, weiter auf der Wiener Straße/B 1, ca. 2 km nach der Grenze biegen wir scharf rechts ab, folgen den braunen Wegweisern zum Freilichtmuseum Großgmain für 3,5 km. Den schön im Grünen gelegenen Parkplatz [N 47° 45′ 7″ E 12 56′ 40″; Hasenweg, Großgmain] wird Ihr WOMO vermutlich eine ganze Weile belegen, denn Salzburgs größtes Museum wird Sie eine längere Zeit beschäftigen: Einen halben Tag sollten Sie schon einplanen.

WOMO-Ausflugstipp: Salzburger Freilichtmuseum

Einen ersten Überblick auf die ausgestellten Bauernhäuser können Sie sich verschaffen, wenn Sie erst mal mit der historischen Museumsbahn durch das Areal fahren. Vom Bahnhof Flachgau beim Museumseingang bis zur Endstation Pongau und retour dauert die Fahrt etwa 30 Minuten. Die Benutzung der Bahn ist im Eintrittspreis enthalten.

Wie die Menschen einst in den Regionen des Salzburger Landes wohnten und arbeiteten, wie sie das Vieh versorgt, das Heu gelagert, die Zäune gebaut, die Wäsche gewaschen haben, was eingekauft wurde – alles das erfahren wir auf unserer Wanderung durch das weitläufige Gelände. Inmitten bunter Bauerngärten wurden mehr als 90 Bauernhöfe, Mühlen, Handwerkerhäuser und Almhütten in eine möglichst originale Umgebung eingefügt.

An Wochenenden kann man nach traditioneller Art arbeitenden Handwerkern über die Schulter schauen (Öffnungszeiten: April–Okt. Di–So, Juli/Aug. tgl. 9–18 Uhr).

Historische Museumsbahn in Großgmain

Weiter fahren wir vom Freilichtmuseum Großgmain Richtung Salzburg (10 km), passieren Wartberg, fahren unter der Autobahn (A 1) durch und biegen dann rechts ab auf die Walser-Bundesstraße.

SALZBURG ist zweifellos eine der sehenswertesten Städte Europas. Es auf ein paar Seiten auch nur andeutungsweise zu beschreiben, ist völlig unmöglich. Viel zu groß ist die Zahl umwerfend schöner Sehenswürdigkeiten, das Angebot an Unterhaltung und Kultur, und nicht zu bewältigen die zahllosen Museen. Man bräuchte ein eigenes Buch, um dieser Stadt gerecht zu werden. Doch das gibt es schon, und zwar gleich dutzendfach.

Der langen Vorrede kurzer Sinn: Die nächsten Tage werden wir in der Mozartstadt verbringen. Aber wo stellen wir unser WOMO ab?

Parken und Übernachten in Salzburg

Wenn wir mit unserem WOMO in eine Stadt kommen, suchen wir nicht nur einen günstigen Stellplatz, sondern versuchen auch nicht zu weit von der Altstadt mit den Sehenswürdigkeiten entfernt zu sein. Für Salzburg jedoch gibt es ein paar Dinge, die Sie beachten sollten. Einen Wohnmobilstellplatz gibt es schon mal nicht. Das Übernachten im eigenen WOMO ist seit den 90er-Jahren in Salzburg auf öffentlichen Plätzen verboten. Dieses Verbot wird – laut aktueller Meldungen aus Radio und Fernsehen – angeblich nicht durchgehend kontrolliert (Wildes Campen voll im Trend – trotz Verbot). Und so ist z. B. der Mirabellplatz [N 47° 48′ 21″ E 13° 2′ 40″; Faberstraße/Schrannengasse] ein Geheimtipp unter Wohnmobilisten. Mitten im Stadtzentrum unter schattenspendenden Bäumen hinter der Andräkirche gelegen, suchen sich viele Urlauber diesen Platz zum Übernachten aus, und das, obwohl bereits bei der Einfahrt darauf hingewiesen wird, dass Camping auf dem Mirabellplatz untersagt ist. Hier gibt es eine öffentliche Toilettenanlage, in vereinzelte Müllbehälter kann man anfallenden Müll entsorgen, und ein kleines Lebensmittelgeschäft gibt es auch noch in der Nähe. Bedenken Sie bitte auch, dass jeden Donnerstag hier die Schranne,

Salzburger Skyline: vorne die Franziskanerkirche, hinten der Dom

ein Wochenmarkt, stattfindet. Ab 4 Uhr morgens kommen die Anbieter mit ihren Verkaufsständen aus den Gegenden rund um Salzburg, um lokale Spezialitäten wie Geselchtes, Obstbrände oder Heumilchkäse anzubieten. Wenn sich um diese morgendliche Uhrzeit noch Fahrzeuge auf dem Platz befinden, werden diese kostenpflichtig abgeschleppt bzw. Camper aus dem Schlaf gerissen.

Wir empfehlen Ihnen, sich einen netten legalen Campingplatz in der Nähe von Salzburg auszusuchen und so einer empfindlichen Strafgebühr zu entgehen. Laut Stadtverordnung können bis zu 360 € fällig werden, wenn Sie in Salzburg öffentlich campieren, ihr WOMO oder ihren Campingbus abstellen.

Eine E-Mail an die Stadt Salzburg, warum man auch auf den grossen P&R-Plätzen Süd und am Messegelände als WOMO-Fahrer – auch tagsüber – abgewiesen wird, ist unbeantwortet geblieben.

Wenn das Campieren sowohl auf dem Mirabellplatz als auch auf den Großparkplätzen nicht erlaubt ist, wo kann der Besucher dann ruhigen Gewissens sein Wohnmobil abstellen? Neben den drei offiziellen Campingplätzen in den Stadtteilen Aigen, Plainbergfuß und Sam können Sie alternativ auch den Stellplatz im nahen oberbayerischen Freilassing ins Auge fassen – dieser ist sogar kostenlos.

(094) WOMO-Campingplatz-Tipp: Salzburg/ Camping Nord-Sam

GPS: N 47° 49′ 38″ E 13° 3′ 44″; Samstr. 22 a.   **offen:** Apr–Mitte Okt.
Ausstattung/Lage: Durch verschiedenartige Bepflanzung in zahlreiche Nischen unterteiltes, leicht geneigtes Gelände, von dichtem Gehölz umgeben, in der Nähe einer Bahnlinie, Salzburg-Stadt ca. 3 km.
Kontakt: www.camping-nord-sam.com, Telefon 0043/662/660494.
Richtpreis: ca. 30 € für WOMO, V+E, Strom u. Ortstaxe inkl. 2 Erw. in HS.
Zufahrt: A 1-Ausfahrt Salzburg-Nord, weiter in Richtung Zentrum, noch ca. 0,7 km (gut beschildert, liegt im Norden der Stadt).
Sonstiges: Bushaltestelle am Platz (Bus 23 bis Mauermannstraße), schöner Radweg vom Platz direkt ins Zentrum.

(095) WOMO-Campingplatz-Tipp: Salzburg/ Camping Schloss Aigen

GPS: N 47° 46′ 47″ E 13° 5′ 28″; Glaserstrasse.   **offen:** 01.05–30.09.

Ausstattung/Lage: Naturbelassenes Wiesengelände mit Pappeln am Rand einer Waldlichtung, leicht abschüssig, keine Dauercamper, freundliche Betreiber, am Tauern-Radweg, Biergarten, Salzburg-Stadt ca. 5 km.
Kontakt: www.campingparadies.at, Telefon 0043/662/622079.
Richtpreis: ca. 19 € für WOMO, V+E, Strom u. Ortstaxe inkl. 2 Erw. in HS.
Zufahrt: A 10-Ausfahrt Salzburg-Süd, weiter über Anif und Glasenbach (beschildert, liegt im Südosten der Stadt).
Sonstiges: Ca. 10 Min. (700 m) zu Fuß bis zur Busstation (Haltestelle Valkenauerstraße), mit der Buslinie 7 alle 10 Min. direkt ins Stadtzentrum (Ferdinand-Hanusch-Platz), das Zentrum ist auch gut mit dem Fahrrad zu erreichen.

(096) WOMO-Campingplatz-Tipp: Salzburg/ Panorama-Camping Stadtblick

GPS: N 47° 49′ 42″ E 13° 3′ 7″; Rauchenbichler Str. 21. **offen:** 20.3.-5.11 (2012).
Ausstattung/Lage: Terrassiertes, überwiegend von hohen Pappelreihen durchzogenes Wiesengelände an einem Hang, in der Nähe von Autobahn und Bahnlinie, Blick auf die Stadt und ins Gebirge, Salzburg-Stadt ca. 2 km.
Kontakt: www.panorama-camping.at, Telefon 0043/662/450652.
Richtpreis: ca. 28 € für WOMO, V+E, Strom u. Ortstaxe inkl. 2 Erw. in HS.
Zufahrt: A 1-Abfahrt Salzburg-Nord, weiter in Richtung Zentrum, gleich rechts einordnen, 1. Ampel rechts, dann noch ca. 400 m (beschildert, liegt im Norden der Stadt).
Sonstiges: 5 Min. zur nächsten Bushaltestelle, die Busse zur Innenstadt (O-Bus 3 bzw. 5) verkehren im 10 Min. Takt.

Wolfgang Amadeus Mozart, Salzburgs berühmtester Sohn

Wollen Sie kostenlos parken und übernachten, dann lassen Sie Ihr WOMO im nahen oberbayerischen FREILASSING stehen und kommen mit dem Bus nach Salzburg. Den offiziellen Wohnmobilstellplatz können Sie kostenlos für bis zu vier Tage benutzen. Besonders im Sommer herrscht hier allerdings starker Andrang, und der Platz kann schon mal voll belegt sein.

(097) WOMO-Stellplatz: Freilassing/ Nähe Hallenbad Badylon

GPS: N 47° 50′ 27″ E 12 59′ 3″; Aumühlweg. **max. WOMOs:** >5.
Ausstattung/Lage: V+E an der Kläranlage [N 47° 50′ 34″ E 12 59′ 19″] in 250 Meter (Mo–Do 7–16, Fr 7–12, Sa 8–9.30 Uhr), Abfallbehälter / ausgewiesener Teil eines Pkw-Parkplatzes, Grünanlage, teils unter Bäumen, asphaltiert, Verkehrsgeräusche, max. Standdauer 4 Tage, Ortsrand.
Zufahrt: A 8 München–Salzburg, Ausfahrt Bad Reichenhall/Freilassing, auf der B 20 bis Freilassing, dort auf die B 304 abbiegen und 500 m Richtung Zentrum, kurz nach dem Ortsschild nach rechts abbiegen (mit WOMO-Piktogramm ausgeschildert).
Leser-Tipp: Wenn der Stellplatz voll ist, fahren Sie Ri. Bad, dann nach der Kläranlage geradeaus weiter in die Sackgasse, dort kann man frei stehen [N 47° 50′ 34″ E 12 59′ 23″].

In weniger als 50 m vom Stellplatz liegt an der Münchener Straße die Bushaltestelle nach Salzburg. Der Stadtbus 24 bringt Sie direkt ins Zentrum von Salzburg (Endstation: Ferdinand-Hanusch-Platz). Er verkehrt quasi als Expresslinie mit nur wenigen Halten entlang der Strecke (Mo–Sa zu den Hauptverkehrszeiten jede halbe Stunde, So stündlich, Fahrzeit: 20 Min.). Sie können bereits an der vorletzten Haltestelle „Mönchsbergaufzug" aussteigen. Von hier sind Sie in 3 Minuten in der berühmten Getreidegasse, um von dort Ihren Besuch in der Altstadt zu beginnen.

Eine etwas abgelegenere Übernachtungsmöglichkeit in Freilassing bietet der Besucherparkplatz der **Lokwelt Freilassing**, die im ehemaligen Bahnbetriebswerk direkt an der Bahnlinie München–Salzburg untergebracht ist.

(098) WOMO-Stellplatz: Freilassing/Lokwelt

GPS: N 47° 50' 17" E 12 57' 51"; Westendstraße 5. **max. WOMOs:** 1-2.
Ausstattung/Lage: keine / Splitt, im Ort.
Zufahrt: Vom Stellplatz 97 auf der Münchener Straße etwa 500 m weiter in die Innenstadt fahren, dann hinter der Pfarrkirche St. Rupert links in die Augustinerstrasse, am Ende dann rechts auf der Rupertusstraße bis zur Lokwelt, diese ist ausgeschildert.

WOMO-Ausflugstipp: Lokwelt Freilassing

In der Lokwelt Freilassing können Sie die Welt der Eisenbahn erleben. Im denkmalgeschützten Rundlokschuppen sind auf 20 Gleisständen seltene Lokomotiven ausgestellt. Das älteste Stück von 1874 ist die Schnellzug-Dampflok BIX „1000" von Maffei. Vor diesem stählernen Meisterwerk versammeln sich ganze Familien in staunender Bewunderung. Besonders interessant ist darüber hinaus die große Drehscheibe: Sie kann sich auf jedes der 22 Gleise ausrichten, dort die entsprechende Lok aufnehmen und sie in einer Drehung zum jeweiligen Anschlussgleis bringen.

(Öffnungszeiten: Mitte Juli–Mitte Sep Di–So sowie Tage vor und eine Woche nach Ostern, Pfingsten und Weihnachten (außer 24./25./31.12) 10–17, in der übrigen Zeit Fr–So 10–17 Uhr, Erw. 5 €, www.lokwelt.freilassing.de)

Für die **Salzburg-Besichtigung** nehmen Sie die Stadtbahnlinie S 3 bzw. den Regionalzug ab dem Bahnhof Freilassing. Vom Parkplatz Lokwelt ist es zu Fuß dorthin eine Viertelstunde: Gehen Sie über die Bahnüberführung. Im Salzburger Hauptbahnhof angekommen, kaufen Sie sich bei der Tourist Info eine Salzburg Card.

Mit dem Fahrrad auf Salzburg-Tour

WOMO-Tipp: Salzburg all-inclusive

Für alle, die in Salzburg Sehenswürdigkeiten besichtigen wollen, können wir wärmstens die **Salzburg Card** empfehlen. Sie erlaubt freien Eintritt in Salzburgs Museen, Fahrt mit dem Salzach-Panoramaschiff, der Festungs- und Untersbergbahn und Nutzung der öffentlichen Verkehrsmittel sowie weitere Vergünstigungen. Erhältlich bei der Tourismus Salzburg GmbH online, an allen Informationsstellen sowie an Hotelrezeptionen und Campingplätzen. Preise für 1, 2 oder 3 Tage im Sommer 26/35/41 € und im Winter 22/30/35 €.

Besorgt haben wir uns die Salzburg Card bei der Tourist Info am Mozartplatz. Die Salzburg Info liegt mitten im Herzen der Altstadt am linken Salzachufer unweit des Salzburger Doms. Lassen Sie sich noch gratis einen Stadtplan geben.

Besitzen Sie bereits eine **SalzburgerLand Card** (S. 276) ist eine Salzburg Card für 24 Stunden integriert. Haben Sie nach 24 Stunden noch immer nicht genug von Salzburg, lassen Sie sich mit einer zusätzlichen Salzburg Card neuerlich Türen und Tore zu den Sehenswürdigkeiten der Mozartstadt öffnen.

In etwa 10 Gehminuten erreichen Sie vom Hauptbahnhof die Innenstadt am Mirabellplatz. Auch zahlreiche Buslinien (1, 2, 3, 5, 6, 25 und 840) fahren ins Zentrum zur Staatsbrücke, zum Mozartsteg bzw. zum Hanuschplatz. Von dort starten Sie Ihre Tour durch Salzburgs Altstadt.

Von Süden kommend grüßt die Salzach ihre schönste Hafenstadt: Salzburg.

Salzburg

„... ist die Stadt, mit der sich an malerischer Schönheit keine andere deutsche Stadt messen kann", schwärmte 1892 der „Baedeker" über Salzburg. Das hat sich mittlerweile weltweit herumgesprochen und so pilgern jedes Jahr 5-7 Millionen Tagesbesucher aus aller Welt durch die Mozartstadt.

Die Lebensader der Stadt ist die Salzach. Der Fluss windet sich, aus Süden kommend, mitten durch die Stadt und teilt sie in zwei Hälften. Mozartsteg, Staatsbrücke, Makartsteg und der Müllner Steg verbinden linke und rechte Altstadt. Zwei Berge rahmen die Stadt ein: Der Mönchsberg, auf dem weithin sichtbar die Festung thront, sowie der mächtige Kapuzinerberg auf dem rechten Flussufer. Auf welchen Stadtberg Sie auch gehen, Postkartenansichten auf die Altstadt sind Ihnen gewiss.

Alle Sehenswürdigkeiten liegen nah beieinander, sodass Sie das historische Zentrum problemlos zu Fuß besichtigen können. Salzburgs barocke Altstadt links der Salzach ist ohnehin Fußgängern vorbehalten, aber auch der Weg vom Mozartplatz zum Schloss Mirabell dauert kaum 20 Minuten. Unterwegs locken viele Museen, für deren Besuch Sie genügend Zeit einplanen sollten. Schloss Hellbrunn liegt etwas außerhalb.

Zwei Tage sollten Sie hier mindestens verbringen, um den Zauber der Stadt zu genießen.

Mozart hin, Dom und Residenz her – die erste Station Ihres Salzburgbesuchs sollte die Festung sein. Hier gibt es einen ersten Überblick, ehe Sie sich ins Getümmel zwischen Residenzviertel und Bürgerstadt stürzen.

Also geht es morgens gleich hinauf auf die **Festung Hohensalzburg**. Man gelangt vom Kapitelplatz mit der Festungsbahn in nur 70 Sekunden zur Hohensalzburg. Wir aber steigen die Treppe neben der Talstation zu Fuß hinauf, erleben wir doch so die Steilheit des Felsens (545 m, 119 m über der Stadt) erst wirklich und können uns von der Wehrhaftigkeit der Anlage überzeugen: Strahlend weiß, breit gelagert, mit Mauern und Türmen, Zinnen und Wehrgängen beherrscht sie das Bild der Stadt. Oben angekommen haben wir einen grandiosen Ausblick auf Stadt und Umland. Doch auch das Innere ist sehenswert. Innerhalb der schützenden Mauern lagen Küchen, eine Schule, Zisterne, Kirche und Handwerkerbetriebe. Ihre Anfänge gehen auf das Jahr 1077 zurück, im Lauf der Jahrhunderte wurde

„Jedermann" schallt es alljährlich bei den Festspielen über den Domplatz.

sie von immer neuen Herrschern zur größten mittelalterlichen Trutzburg Mitteleuropas ausgebaut. In den oberen Gemächern des Palas ließen die Fürsterzbischöfe ihrer Schmucklust freien Lauf: Die Goldene Stube und der Goldene Saal tragen ihre Namen durchaus zu Recht. Eine musikalische Besonderheit ist der **Salzburger Stier**: Die mit 200 Pfeifen bestückte mechanische Freiorgel von 1502 spielt im Sommer um 7, 11 und 18 Uhr Melodien, zum Teil von Mozart.

Mittags bietet sich bei schönem Wetter und guter Kondition an, von der Festung auf dem Oskar-Kokoschka-Weg über den Mönchsberg durch einen schönen Park gleich zum **Museum der Moderne** zu wandern. Auf halbem Weg dorthin gibt es die Stadtalm, ein Gasthaus mit Panorama-Gastgarten.

Wer auf eine Besichtigung des Museums verzichtet und gleich die Festungsbahn zurück in die Altstadt nimmt, kommt noch rechtzeitig zur **mittäglichen Stadttour** (12.15 Uhr ab Salzburg Information am Mozartplatz,

Der prachtvolle Mirabellgarten

60–90 Minuten Fußführung, 9 €, mit Salzburg Card 20% Ermäßigung, Anmeldung ist nicht erforderlich).

Wer sich für das Museum der Moderne (Von dort gelangt man mit dem Aufzug hinunter in die Altstadt) und gegen die Mittagsführung entschieden hat, erkundet nun auf eigene Faust den **Residenzbezirk** zwischen Dom, Residenz und Stift St. Peter.

Anschließend bietet es sich an, zum Sonnenuntergang vom Anton-Neumayr-Platz mit dem modernen Mönchsbergaufzug wieder auf den Mönchsberg zu fahren. Im **Restaurant m32** können Sie dinieren und gleichzeitig den Ausblick genießen. Wesentlich preiswerter und rustikaler ist das **Augustiner Bräu**, ein legendäres Bierlokal mit kastanienbestandenem Biergarten im Stadtteil Mülln an der Nordseite des Mönchsbergs. Hier ist Selbstbedienung angesagt: Zuerst wird gezahlt, dann nimmt man einen Krug (0,5 oder 1 l) aus dem Regal, spült ihn am Brunnen und lässt ihn mit süffigem Augustiner Bier füllen. Das Essen, herzhafte Jausenklassiker, holt man an den Ständen im Schmankerlgang.

Der zweite Tag gehört dem Streifzug durch die beiden Teile der Altstadt rechts und links der Salzach. Den Tag beginnen wir mit einem Bummel über den **Grünmarkt auf dem Universitätsplatz** (tägl. außer So). Danach bietet sich der **Festspielbezirk** an, eventuell mit Führung durch die diversen Bühnengebäude.

Danach wenden wir uns dem Shopping in der berühmten **Getreidegasse** zu. Wir folgen einfach dem Strom der vielen, vielen Touristen und landen vor **Mozarts Geburtshaus**: Hier erblickte Wolfgang Amadeus Mozart am 27. Januar 1756 das Licht der Welt. Das Haus ist als Museum eingerichtet. Am östlichen Ende der Getreidegasse steht das barocke Rathaus. Südöstlich folgt der **Alte Markt**, einer der stimmungsvollsten und ältesten Plätze in Salzburg. In der **Konditorei Fürst** gibt es die echten, die blauen Mozartkugeln. Und das alteingesessene **Café Tomaselli** lockt zur süßen Pause – schließlich war auch Mozart hier schon zu Gast.

Beim Bummeln durch Salzburgs Altstadt sollten Sie die Kunstwerke der Salzburg Foundation nicht übersehen! Wie wär's zur Mittagszeit mit regionalen Schmankerln wie Rindsgulasch, Backhendlsalat oder Spinatknödel serviert in **Zwettler's Stiftskeller** (günstige Preise, Mittagsmenü 7,20 €, Kaigasse 3)? Oder – billiger und deftiger – einer Bosna im **Balkan-Grill**, dem winzigen Kult-Imbissstand im Durchhaus zwischen Getreidegasse und Universitätsplatz? (Bosna ist eine gewürzte Bratwurst umwickelt in einem leicht angebackenen Weißbrotwecken angerichtet mit Zwiebel, gehackter Petersilie, Gewürzen und Senf.)

Schloss Hellbrunn mit den Wasserspielen

Blick auf Mozarts Geburtshaus in der Getreidegasse

Derart gestärkt erkunden wir nun die rechts der Salzach gelegene Altstadt. Unbedingt sehenswert ist **Schloss Mirabell**. Das Schloss mit dem märchenhaften Namen hat eine ebenso märchenhafte Geschichte: Fürsterzbischof Wolf Dietrich von Raitenau ließ es nämlich für seine lebenslange Geliebte und heimliche Gattin Salome Alt errichten. Der **Mirabellgarten** mit den mythologischen Figuren wirkt auf den ersten Blick etwas formell, bis wir dann im Zwerglgarten die Schar kleiner, grobschlächtiger Figürchen aus Sandstein entdecken (17. Jh.), die klug und munter in die Gegend blicken.

Der dritte Tag bietet sich an, Salzburg mal geruhsam aus einem anderen Blickwinkel, nämlich von der Salzach aus, zu sehen – einfach das **Panoramaschiff Amadeus Salzburg** besteigen und sich schippern lassen. Es legt von Mitte April bis Mitte Oktober täglich mehrmals am Makartsteg vor der Altstadt ab (Infos unter Tel.: 0043/662/825858, www.salzburghighlights.at).

Und schließlich sollten Sie die Wasserspiele im ausgedehnten Park von **Schloss Hellbrunn** – leicht mit dem Bus 25 Richtung Grödig/Untersbergbahn erreichbar – keineswegs versäumen. Oder noch besser: Fahren Sie auf dem Ausflugsschiff die Salzach entlang bis zur Anlegestelle Hellbrunn.

Café Tomaselli: Im Jahr 1705 eröffnetes, berühmtes Café am Alten Markt

Die wohl meistfotografierte Gasse Salzburgs – die Getreidegasse.

Dort wartet ein Shuttlebus auf Sie, der Sie in einer 5-minütigen Fahrt zum märchenhaft gelegenen Barockschloss bringt. Übrigens gibt es hier auch mehrere Parkplätze [N 47° 45′ 48″ E 13° 3′ 47″; Fürstenweg], die natürlich von WOMO-Verbotsschildern gesäumt sind.

Einen abschließenden grandiosen Blick auf Stadt und Umgebung genießen wir vom **Untersberg**, dem mythenumrankten Haus- und Skiberg der Salzburger. Die Auffahrt zur 1776 m hoch gelegenen Bergstation bewältigt die Untersberg-Seilbahn ohne Zwischenstütze in einem einzigen Rutsch – das ist trotz der spektakulären Aussicht auf das Rosittental unterhalb und die Bergwelt ringsum für manch einen eine echte Mutprobe. Oben entschädigen das großartige Panorama und eine Jause im Bergrestaurant für alles (Bus 25 ab Hbf. nach Grödig/Untersbergbahn, Besucherparkplatz Talstation [N 47° 43′ 35″ E 13° 2′ 32″; Dr. Ödlweg 2, St. Leonhard bei Salzburg]) .

Wir verlassen SALZBURG zunächst auf der B 156 gen Norden. Linker Hand sehen wir die **Wallfahrtskirche Maria Plain** (Foto S. 98). Ein Abstecher dorthin lohnt sich allemal. Im Film „The Sound of Music" kam Maria Plain zu Filmehren (Der 1965 gedrehte Film erzählt die Lebensgeschichte der singenden Trapp-Familie, über 1,2 Milliarden haben ihn weltweit gesehen, und er prägt noch immer das Österreichbild vieler Menschen in der ganzen Welt). Entsprechend filmreif ist hier auch der atemberaubende Blick auf die Festspielstadt. Was für eine Pracht im Innern der Kirche! Gerne pilgern Wallfahrer und auch kulinarische Wohnmobilisten zum benachbarten 300-jährigen Gasthof Maria Plain mit dem romantischen Kastaniengarten. Zu den Hausspezialitäten gehört hier Moßhammers Original Plainer Bratwurst.

(099) WOMO-freundliche Gaststätte: Bergheim bei Salzburg/Gasthof Maria Plain

GPS: N 47° 50′ 19″ E 13° 2′ 29″; Plainbergweg 41.   **max. WOMOs:** 1.
Ausstattung/Lage: Abfallbehälter / Gästeparkplatz, Sand und Splitt, leicht abschüssig, ruhig, idyllisch, Fußweg zur Wallfahrtskirche ca. 5 Min., außerorts.
Zufahrt: Von der Westautobahn A 1 die Ausfahrt Salzburg-Nord nehmen, weiter auf der B 156 Richtung Bergheim, bei der ersten großen Kreuzung (rechts Intersport Eybl und MGC) links einreihen, dann noch ca. 4 Autominuten durch den Wald.
Sonstiges: Einkehr erwünscht, preiswerte Tagesmenüs.

Nach kurzer Fahrzeit gelangen wir in den **Flachgau**, der völlig zu Recht seinen Namen trägt. Keine hohen Berge ragen da in den Himmel, keine tief eingeschnittenen Täler führen rauschende Bäche zu Tal. Stattdessen Idylle eines saftig-grünen Landstrichs, in dessen sanfte Wellen sich beschauliche Bauerndörfer und schmucke Barockkirchen schmiegen. Immer wieder Badeseen, kleine, große, schilfumstanden, ab und zu ein Boot darauf.

Kostbar ausgestattete Wallfahrtskirche aus dem 17. Jh.: Maria Plain

Rund 15 km nordwestlich der Wallfahrtskirche Maria Plain liegt an der Salzach der Markt OBERNDORF. Stolz ist die Gemeinde noch heute darauf, dass hier das weltweit bekannte Weihnachtslied „Stille Nacht, Heilige Nacht" zum ersten Mal erklang. Uraufgeführt wurde das Lied am 24. Dezember 1818 in der Kirche St. Nikolaus, an deren Stelle heute die **Stille-Nacht-Gedächniskapelle** steht (tgl. 8–18 Uhr).

(100) WOMO-Stellplatz: Oberndorf bei Salzburg/ Stille-Nacht-Gedächniskapelle

GPS: N 47° 56′ 44″ E 12 56′ 7″; Schöffleutgasse 10.   **max. WOMOs:** 1.
Ausstattung/Lage: keine / kleiner Parkplatz von einem alten Kastanienbaum beschattet, Asphalt, ruhig.
Zufahrt: In Oberndorf den braunen Schildern zur Stille-Nacht-Kapelle folgen.

Direkt neben der Kapelle liegt das **Stille-Nacht-Museum** (tgl. 9–16 Uhr), das die Geschichte des besagten Weihnachtsliedes erzählt und zudem an die Bedeutung erinnert, die Oberndorf einst für die Salzach-Schifffahrt besaß. Auf der anderen Seite der Salzach liegt das bayerische Städtchen LAUFEN, das bis 1816 zu Salzburg gehörte.

Nach einer kurzen Stippvisite in der **Arnsdorfer Wallfahrtskirche** [N 47° 58′ 9″ E 12 57′ 12″] fahren wir auf das Waldmoos und das Bürmoos zu, die zusammen mit dem Ibmer Moos die größte Mooslandschaft Österreichs bilden.

Schließlich kommen wir nach DORFBEUERN. Dort besuchen wir das **Benediktinerkloster Michaelbeuern**, das auf eine mehr als 1000-jährige Geschichte zurückblickt. Glanzstück ist neben der Stiftskirche die einzigartige Waltherbibel (www.abtei-michaelbeuern.at, Besichtigung Abtei mit Führung Ostern–Okt. So 14 Uhr, Stiftsmuseum So 15–16 Uhr). Leckere Schmankerl der Region können wir im historischen Stiftskellergebäude der **Stiftskellnerei** genießen. In den Sommermonaten wählen wir den Sitzplatz im schönen Garten unter den alten Kastanienbäumen.

Auf dem stiftseigenen Parkplatz lässt es sich bestimmt mal für eine Nacht stehen.

(101) WOMO-Stellplatz: Dorfbeuern (OT Michaelbeuern)/ Benediktinerkloster

GPS: N 48 1′ 12″ E 13° 1′ 38″; Michaelbeuern 2-7.   **max. WOMOs:** 1.
Ausstattung/Lage: keine / Parkplatz am Rand einer Streuobstwiese, hinter dem Kloster gelegen, Kies und Sand, ruhig, idyllisch, Ortsrand.
Zufahrt: Im Text beschrieben.

Durch die hügelige Berglandschaft des Flachgaus geht es weiter nach PERWANG zum dunklen **Grabensee**. Er ist der kleinste der drei Trumer Seen. Direkt am verträumten See finden wir den gemeindeeigenen Bade- und Campingplatz. Wenige Wanderwege gibt's hier, da die Gegend sumpfig ist. Dafür ist das Moorwasser angenehm mild zum Eintauchen.

(102) WOMO-Bade- und Campingplatz Perwang am Grabensee

GPS: N 47° 59′ 50″ E 13° 5′ 41″; Edt 8.   **offen:** Anf Apr–Ende Okt.
Ausstattung/Lage: Sanitäranlagen im Bad / idyllisch in absoluter Ruhelage direkt am See gelegen, viele Dauercamper, Naturbad mit großer Liegewiese, außerorts.
Kontakt: Karoline Meisriemel, Telefon 0043/676/3668725.
Richtpreis: ca. 19 € für WOMO, V+E, Strom u. Ortstaxe inkl. 2 Erw. in HS.
Zufahrt: Von Salzburg kommend Richtung Trumer Seen und Obertrum, in Obertrum nach links abbiegen und weiter Richtung Seeham, Fraham, Perwang, kurz vor Perwang nach rechts der Beschilderung zum Bade- und Campingplatz folgen.
Leser-Tipp: Vor dem Strandbad gibt's einen Wiesenparkplatz, wo man außerhalb der Freibadsaison auch mal für eine Nacht stehen bleiben kann.

Grabensee

Von hier geht es weiter nach SEEHAM am **Obertrumer See**. Am See lädt das Strandbad zum Plantschen, Schwimmen und süßen Nichtstun ein [**103:** N 47° 58′ 6″ E 13° 4′ 45″].

Das 3 km südlich gelegene OBERTRUM AM SEE ist landesweit als Standort der 1601 gegründeten **Bierbrauerei Sigl** bekannt. Im gestandenen Braugasthof wird herzhafte Hausmannskost serviert (schattiger Gastgarten!).

Der familiäre Obertrumer Campingplatz liegt direkt am Badestrand des Obertrumer Sees, der zu den wärmsten Seen der Nordalpen (bis 27° C) zählt.

> **(104) WOMO-Campingplatz-Tipp: Obertrum/Strandcamping**
> **GPS:** N 47° 56′ 31″ E 13° 4′ 8″; Seestr. 16. **offen:** 1.5-30.9.
> **Ausstattung/Lage:** Ausguss für Chemietoiletten, Strom, kein Frischwasser und keine Grauwasser-Entsorgung / abgestuftes Gelände mit Laubbäumen, am See, in der Nähe des Strandbades Oitner, gegen die Straße Lärmschutzwand, 1 km außerhalb des Ortskerns an der Straße.
> **Kontakt:** www.strandcamping-oitner.at, Telefon 0043/6219/6263.
> **Richtpreis:** ca. 29 € für WOMO, V+E, Strom u. Ortstaxe inkl. 2 Erw. in HS.
> **Zufahrt:** L 102 von Obertrum Richtung Seeham, CP an der Umgehungsstraße beschildert.

Der Ort MATTSEE, auf einer Landzunge zwischen dem Obertrumer See und dem Mattsee gelegen, ist für uns das allerschönste Plätzchen im Flachgau. Zumal das gleichnamige Gewässer eine ganz besondere Beschaulichkeit verströmt. Insbesondere im aus den 1920er-Jahren erhaltenen **Strandbad Mattsee** können Sie die Seele baumeln lassen. Durch liebevolle Renovierung ist es gelungen, den Charme des Bades zu erhalten. Es gilt als eines der schönsten Bäder

Strandbad Mattsee

Österreichs und im Sommer ist es viel besucht. Besonders beliebt sind die ausgedehnten Liegeflächen, die neue Erlebnisrutsche und das 400 m lange Seeufer – inklusive Karibikfeeling mit dem Sandstrand. Sehr schön stehen Sie auf dem Besucherparkplatz.

(105) WOMO-Badeplatz: Mattsee/Strandbad

GPS: N 47° 58′ 24″ E 13° 6′ 22″; Strandbadstraße 16.**max. WOMOs:** 2-3.
Ausstattung/Lage: WC, kalte Duschen und kleine Mengen Frischwasser während der Badesaison, Abfallbehälter / goßer gebührenpflichtiger Strandbad-Parkplatz (Tageskarte 3 €), Asphalt und Splitt, Schattenbäume, ruhig, idyllisch, 5 Gehminuten entlang der Seepromenade ins Zentrum.
Zufahrt: im Ort ausgeschildert.
Sonstiges: Am nördlichen Ortsende direkt an der L 101 Ri. Mattighofen gibt's den übernachtungsgeeigneten P&R-Parkplatz Nord [**106:** N 47° 58′ 35″ E 13° 6′ 17″], ein Fußweg führt zum Strandbad.

Besuchenswert ist freilich auch das **Stift Mattsee** – nicht zuletzt wegen seines mächtigen, hohen Kirchturms, dem „Goliath des Mattiggaus". Auf dem Hügel hinter dem Stift steht das im 12. Jh. erbaute Schloss. Von dort oben werden wir mit einem schönen Ausblick über den See belohnt. Hier lädt zudem das Schlosscafé zum genussvollen Ausruhen ein.

Weiter geht es auf der Köstendorfer Landesstraße/L 206 gen Osten. Nach 2,5 km biegen wir links ab. Über Schalkham und Reitsham geht's nach Gebertsham. Hoch über dem Mattsee erhebt sich auf einer Anhöhe die kleine **Filialkirche Gebertsham** mit dem berühmten Flügelaltar aus der Hand des Meisters Gordian

Mattsee Panorama

Guckh. Diese Filialkirche ist ein beliebter Ort für Hochzeiten – hier kann man sich wirklich der Idee hingeben, die Ehe werde im Himmel geschlossen. Vom Aussichtspunkt hat man eine bezaubernde weite Sicht über die Seenlandschaft. Der nahe gelegene kleine Parkplatz [**107:** N 47° 59′ 19″ E 13° 9′ 3″] (max. WOMOS: 1) lädt zum Verweilen ein. Schön ruhig ist es hier oben.

Unten schmiegt sich am schilfbewachsenen Nordostufer des Mattsees das **Naturstrandbad Gebertsham**. Das Ufer ist unverbaut und eine Oase für Naturfreunde. Das Bad ist etwas ruhiger als jenes in Mattsee, jedoch im Sommer auch von vielen besucht. Es ist ein Naturbadestrand mit sanft abfallendem Uferbereich – ideal für Kinder. Ein Schwimmfloß, ein Kinderspielplatz und eine Steganlage für Sprünge in den See sorgen für einen abwechslungsreichen Badetag. Ein großer Gratisparkplatz [**108:** N 47° 59′ 31″ E 13° 9′ 7″] befindet sich in unmittelbarer Nähe.

Fahren Sie wieder auf die Köstendorfer Landesstraße/L 206 zurück. Knapp 3 km sind es bis nach SCHLEEDORF. In der Ortsmitte können wir die **Salzburger Käsewelt** nicht übersehen. Ausreichend Parkplätze gibt's hinter den Gebäuden der Schaukäserei [**109:** N 47° 57′ 19″ E 13° 8′ 58″; Moos 5]. Im Käseladen duften Natur-Emmentaler, Natur-Bergkäse, Frischkäse, Sennkäse, Tilsiter, Bierkäse, Almkäse, Seekirchner oder Seetaler und Weißer Kaiser – damit hätten Sie schon mal eine zünftige Wegzehrung für eine Radtour etwa um den Wallersee.

Barockfreunde werden in KÖSTENDORF fündig: Die Pfarrkirche beherbergt einen prächtigen Hochaltar (1769).

Gnadenhof für Tiere und Paradies für Tierfreunde: Gut Aiderbichl

Wir erreichen den **Wallersee**. Der größte See des **Salzburger Seenlandes** erweist sich als besonders idyllisch und naturbelassen. Weite Teile seines Nordufers gehören zum Wenger Moor und stehen, wie auch die vielen Schilfflächen rund um den See, unter Naturschutz. Badefreuden genießen kann man in den Strandbädern der Gemeinden Seekirchen, Henndorf und Neumarkt. In den Orten geht es noch geruhsam zu.

Nahe dem Südufer des Wallersees verteilen sich die Häuser von SEEKIRCHEN. Der größte Ort des Flachgaus ist nicht besonders interessant. Vom Parkplatz [N 47° 53′ 42″ E 13° 7′ 31″] in der Ortsmitte fahren wir entlang den Gleisen – vorbei am Schloss Seeburg – zum Strandbad und Campingplatz.

(110) WOMO-Campingplatz-Tipp: Seekirchen

GPS: N 47° 54′ 9″ E 13° 8′ 32″; Seestraße 2.   **offen:** 1.4.–31.10.
Ausstattung/Lage: Wiese mit Birken und Buchen auf zwei Geländestufen, durch hohe Hecken in Standplatzfelder gegliedert, in einem Naturschutzgebiet, angrenzend Parkplätze und Strandbad, von Dauercampern geprägt, in der Nähe einer Bahnlinie (nachts kein Zugverkehr), ca. 15 Fußminuten zur Ortsmitte.   **Zufahrt:** Im Text beschrieben.

Nach HENNDORF am Wallersee, kaum 6 km von Seekirchen entfernt, zog es in den 1920er-Jahren Carl Zuckmayer. Er spendierte der Region mit seiner Biografie „Als wär's ein Stück von mir" eine verliebte Hommage. In der gemütlichen holzvertäfelten Gaststube des uralten **Caspar-Moser-Bräus** (Hauptstraße 61) hat er manches Stündchen verbracht. Noch heute können Sie sich eine deftige Zuckmayer-Jause servieren lassen, bestehend aus Speck, Schweinernem, doppeltem Obstler, Mondseer Käse und Bier.

Bekannter ist Henndorf heute allerdings für **Gut Aiderbichl**, in dem alte und kranke Tiere aufgenommen werden, was durchaus werbewirksam vermarktet wird (tgl. 9–18 Uhr, 9 €). Aber der ebene Besucherparkplatz [N 47° 53′ 27″ E 13° 13′ 5″; Berg 20]

Erlebnispark Fantasiana in Straßwalchen

gefällt uns. Vielleicht wird Ihnen als „Aiderbichler", also wenn Sie Pate für ein Tier werden, das Übernachten hier erlaubt?

Weiter rollen wir auf der Wiener Straße (B 1), vorbei an der Gemeinde Neumarkt, nach STRASSWALCHEN. Highlight ist der am östlichen Ortsende in Richtung Vöcklabruck gelegene **Erlebnispark Fantasiana**. Auf dem idyllisch gelegenen Gästeparkplatz [N 47° 59' 8" E 13° 16' 22"; Märchenweg 1] besteht allerdings ein Nachtparkverbot. Aber nebenan auf dem **Freibadparkplatz** [**111**: N 47° 59' 4" E 13° 16' 13"], der etwas unterhalb der Straße liegt, lässt es sich gut ruhen.

WOMO-Ausflugtipp: Erlebnispark Straßwalchen

Wo glückliche Kinderaugen leuchten, da befindet sich Österreichs größter Familien-, Märchen- und Erlebnispark. Die jungen Abenteurer unternehmen Fahrten mit dem Piratenschiff oder mit der Eisenbahn aus dem Wilden Westen, mit der Schneckenbahn oder Formel-1-Rennbahn. Oder wie wär's mit einer Safari-Floßfahrt zum Elefantenfelsen, mit dem Besuch einer orientalischen Stadt und im 3D-Kino? Und dazu noch viele bezaubernde Shows mit Clowns, Akrobaten und Zauberern (Öffnungszeiten: 31. 3–28. 10 tgl. 10–18 Uhr, Erwachsene 15 €).

Wir verlassen das Salzburger Seenland auf der B 154 gen Süden in Richtung Irr- und Mondsee. Auf dem Weg liegt in Irrsdorf die kostbar ausgestattete **Filialkirche Mariä Himmelfahrt** [N 47° 58' 2" E 13° 16' 56"]. Ein Juwel stellen die geschnitzten Eichentürflügel dar. Sie zeigen die Begegnung zwischen Maria und Elisabeth, beide tragen ihre ungeborenen Kinder sichtbar im Leib.

Wen die Götter lieben, so heißt es, den schicken sie ins **Salzkammergut**. Tauchen Sie auf der nächsten Tour mit uns in eine wundervolle Welt ein: Atter- und Traunsee, Mond- und Wolfgangsee werden von beeindruckenden Bergkulissen umrahmt. Geadelt wurde die Gegend schließlich durch den Sommersitz von Kaiser Franz Joseph in Bad Ischl.

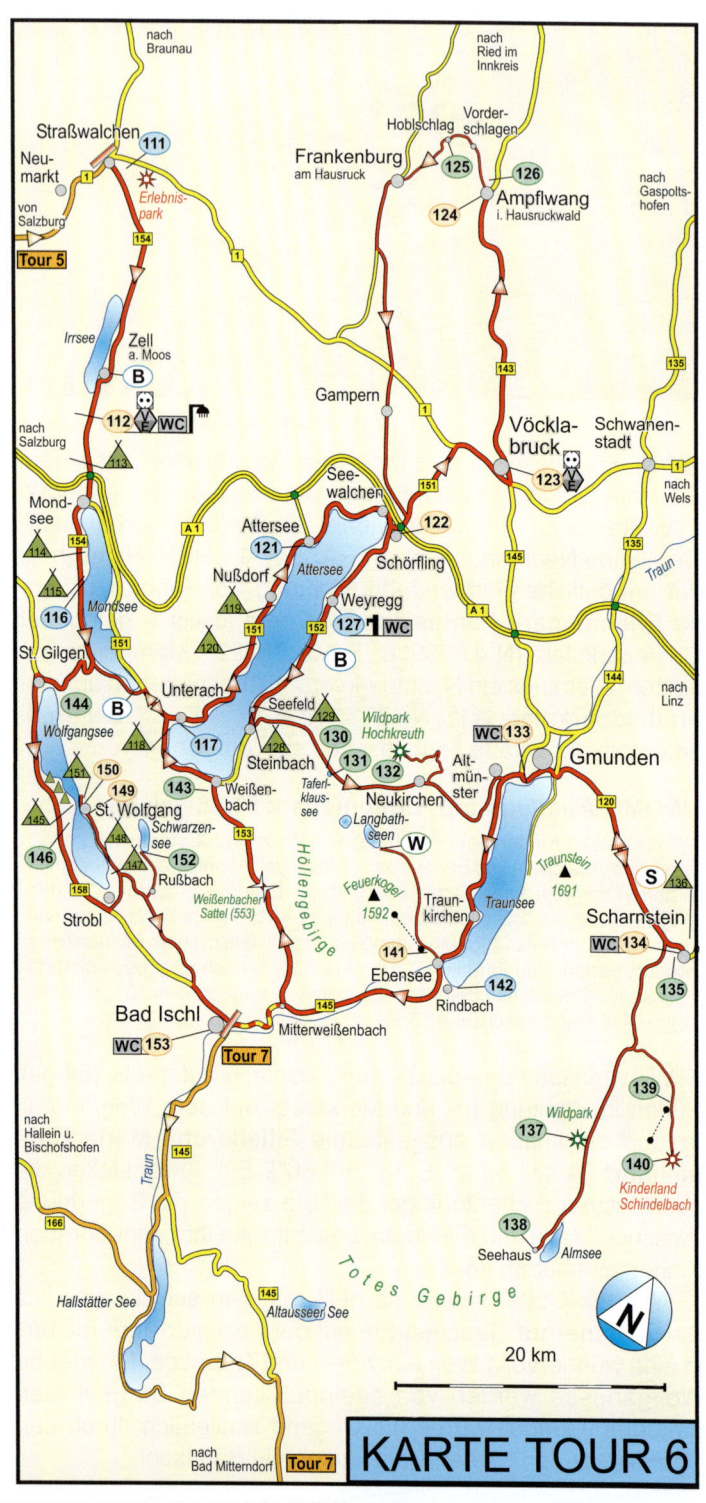

TOUR 6 (ca. 280 km / 3–5 Tage)

Straßwalchen – Mondsee – Unterach am Attersee – Seewalchen – Vöcklabruck – Ampflwang im Hausruckwald – Weyregg – Steinbach – Altmünster am Traunsee – Gmunden – Scharnstein – Grünau im Almtal – Ebensee am Traunsee – Weißenbach am Attersee – St. Gilgen – St. Wolfgang – Bad Ischl

Stellplätze:	Mondsee, Vöcklabruck, Ampflwang, Frankenburg am Hausruck, Weyregg am Attersee, Gmunden, Scharnstein, Grünau im Almtal, Ebensee am Traunsee, St. Wolfgang, Schwarzensee, Bad Ischl.
Campingplätze:	Mondsee, Nußdorf, Steinbach, Abersee, St. Wolfgang.
Baden:	Strandbad Zell am Moos, Alpenseebad Mondsee, Strandbäder am Attersee, Badeanlage Litzlberg, Parkbad Vöcklabruck, Freizeitanlage Ebensee am Traunsee.
Besichtigen:	Schloss Kammer, Gustav-Mahler-Komponierhäuschen in Steinbach, Keramikstadt Gmunden, Lokpark Ampflwang, Mozartdorf St. Gilgen, Wallfahrtsort St. Wolfgang, Kaiserstadt Bad Ischl.
Wandern:	Langbathseen, Cumberland Wildpark Grünau, Über Brunnwinkl in die Fürbergbucht, Aufs Zwölferhorn, Um den Schwarzensee.
Schiffsausflüge:	Wolfgangsee, Attersee, Traunsee.

Über dem Mondsee erhebt sich als markanter Fels die Drachenwand.

Salzkammergut – Seen-Sucht und Berge

„Im Salzkammergut, da kann man gut lustig sein", erschallte es 1930 in Berlin, wo Ralph Benatzkys Operette „Im Weißen Rößl" uraufgeführt wurde. Sie verhalf dieser Bilderbuchlandschaft zu weltweiter Popularität. Mit seinen tiefblauen Seen, umrahmt von dunkelgrünen Wäldern und überragt von markanten Berggipfeln gilt das Salzkammergut vielen als schönste Ferienregion Österreichs. Schon im 19. Jh. war diese romantische Alpen- und Seenwelt ein begehrtes Urlaubsziel, spätestens als Kaiser Franz Joseph und seine wunderschöne Gemahlin Sisi das Heilbad Bad Ischl zur Sommerresidenz erwählten und die Kaiservilla bezogen.

Von STRASSWALCHEN führt die Bundesstraße B 154 in südlicher Richtung aus dem Salzburger Seenland heraus. Ein erster Stopp lohnt sich am **Irrsee**. Herrlich kann man hier baden und relaxen, beispielsweise im **Strandbad Zell am Moos** [N 47° 54′ 16″ E 13° 18′ 54″]. In manchen Sommern wird das Wasser 28° C warm.

Etwa auf halber Strecke zum Mondsee bietet sich auf dem Ferienbauernhof der Familie Schweighofer schon die erste Übernachtungsmöglichkeit an. Der Hof liegt auf einer sonnigen Anhöhe mit Blick zum Schafberg. Im Stall stehen Kühe und auf dem Hof tummeln sich Kleintiere.

(112) WOMO-Stellplatz: Mondsee (OT Tiefgraben)/ Friedlbauernhof

GPS: N 47° 52′ 55″ E 13° 18′ 42″; Schwand 10. **offen:** Mai–Okt.
Ausstattung/Lage: Frischwasser und Entsorgung von Grauwasser, Strom, Dusche / mit Obstbäumen bepflanzte Wiese, die Abstände zwischen den Bäumen sind eng, Vorsicht bei nassem Wetter, außerorts.
Richtpreis: ca. 12 € für WOMO + 2 Erw. inkl. Kurabgabe.
Zufahrt: Von Zell am Moos auf Mondseestraße/B 154 nach Süden, nach 2,5 km nach rechts abbiegen, noch 1,2 km bis zum Hof in Schwand.

Wintermorgen am Mondsee

Ein Barockjuwel: Basilika in Mondsee

Wenige Kilometer südlich vom Irrsee erstreckt sich der **Mondsee**. Die Gegend ist sehr kulturträchtig – bereits vor über 4000 Jahren errichteten Menschen ihre Pfahlbauten am Seeufer.

5 km nördlich des Mondsees liegt der sehr gut ausgestattete Campingplatz Camp Mond-See-Land: idyllische Ruhe, Wiesen, Wälder und Berge so weit das Auge reicht.

(113) WOMO-Campingplatz-Tipp: Mondsee (OT Tiefgraben)/ Camp Mond-See-Land

GPS: N 47° 51′ 59″ E 13° 18′ 23″; Punz Au 21. **offen:** April–Mitte Okt.

Ausstattung/Lage: WOMO-Standplätze im leicht geneigten, teils auch gestuften Platzteil mit einzelnen hohen Laubbäumen und zahlreichen jungen Anpflanzungen, in ländlicher und hügeliger Umgebung, Blick auf den nördlichen Alpenrand, überdachtes Schwimmbad, sehr ruhig, Ortsrand.
Kontakt: www.campmondsee.at, Telefon 0043/6232/2600.
Richtpreis: ca. 25 € für WOMO + 2 Erw. inkl. Strom u. Kurabgabe in der HS.
Zufahrt: Von Zell am Moos (Irrsee) auf Mondseestraße/B 154 nach Süden, nach knapp 4 km beschilderter Abzweig nach rechts, noch ca. 2 km.

Wir erreichen den Mondsee bei der gleichnamigen Ortschaft am Nordende des Sees. Beherrscht wird der Ort von der ehemaligen Stiftskirche und den Klostergebäuden. Im Pfahlbaumuseum werden einige der ältesten Spuren menschlicher Besiedlung im Alpenraum aufbewahrt.

In MONDSEE gibt es genügend Parkmöglichkeiten, auch kostenlose Parkplätze. Schön steht man auf dem Parkplatz der Mondsee Schifffahrt [N 47° 51′ 6″ E 13° 20′ 57″]: Von der Atterseestraße B 15 biegt man zum See ab, folgt dem Schild Mondsee-Schifffahrt. Dort befindet sich auch das Alpenseebad. Zum Übernachten wäre der Platz bestens geeignet, aber leider steht hier ein Schild mit durchgestrichenem Wohnmobil-Piktogramm. Ein weiterer Parkplatz, derjenige an der Seepromenade, ist eher zum Übernachten nicht geeignet; er liegt direkt an der B 15 und außerdem ist hier auch ein WOMO-Verbotsschild aufgestellt, was manchen Wohnmobilisten nicht daran hindert, trotzdem hier über Nacht zu parken. Weitere Parkmöglichkeit: Parkplatz Zentrum nördlich vom Schloss, hier parken auch Busse.

Am Mondsee-Südufer entlang führt die B 154 Richtung Bad Ischl/St.Gilgen. Die Straße führt mit einigem Abstand am See entlang, sodass man ihn nicht sehen kann. Wir passieren die Gemeinde ST. LORENZ – mit weit verstreuten Häusern ohne Zentrum. Sehenswert ist die barocke Laurentiuskirche am Fuß der steil aufragenden Drachenwand. Das flache, grüne Gelände am Seeufer nutzen zwei Campingplätze: **Austria Camp Mondsee [114: N 47° 49′ 47″ E 13° 21′ 55″]** liegt zwar schöner, aber dafür ist Camping Nussbaumer preiswerter.

Ein Anblick zum Träumen: der Attersee

(115) WOMO-Campingplatz-Tipp: St. Lorenz/ Camping Nussbaumer

GPS: N 47° 49' 4" E 13° 21' 48"; Gries 1. **offen:** Mai–Mitte Okt.
Ausstattung/Lage: Extra WOMO-Plätze zwischen der Straße und dem eigentlichen Dauercamperplatz, Rasengittersteine, kleine Gaststätte, eigene Badewiese, Ortsrand.
Kontakt: www.nussbaumer-mondsee.at, Telefon 0043/6232/2938.
Richtpreis: ca. 20 € für WOMO + 2 Erw. inkl. Kurabgabe.
Zufahrt: Im Text beschrieben.

Die Straße verläuft jetzt wieder direkt am Mondsee entlang. Im kleinen Weiler PLOMBERG entdecken wie eine lauschige Naturbadestelle. Auf dem kleinen Parkplatz [116: N 47° 48' 57" E 13° 21' 55"; Plomberg, St. Lorenz] davor gilt nur während der Badesaison ein nächtliches Parkverbot (15.6.–15.9. von 20–8 Uhr, max. WOMOs: 1, Schild „Campieren und Zelten verboten").

An der Uferstraße gibt es immer wieder Rastplätze und Parkbuchten direkt am See, teilweise mit WC, Abfalleimer und Sitzbänken. Die Uferstraße ist im Sommer recht befahren, und die Parkmöglichkeiten in der Nähe der Badeplätze sind dann rar.

Nach 2 km biegen wir hinter Scharfling von der B 154 links ab in Richtung Attersee und fahren auf der L 217 weiter am Mondsee-Südufer entlang. Der nun folgende einst wildromantische Straßenabschnitt unterhalb der 400 m hohen, steil in den See fallenden Kienbergwand wurde nach zahlreichen Felsstürzen durch den 1 km langen **Kienbergwandtunnel** (7,5 t, 3,5 m Höhe)

Salzkammergut – Seen-Sucht und Berge

ersetzt und hat damit seinen früheren Reiz verloren. Nur auf dem Geh- und Radweg, der ufernah in 7 eigenen kleineren Tunneln und Galerien angelegt wurde, lässt er sich noch erahnen. Hinter dem östlichen Tunnelportal ragt der Kreuzstein, ein markanter, mit Kreuz versehener Felsklotz aus dem Wasser. Gleich dahinter liegt der **Freibadeplatz** der Gemeinde St.Gilgen. Hier sollten Sie eine erfrischende Badepause einlegen. Es ist ein schöner Badeplatz mit Picknickbänken, Birken, Wiesengelände, Toilettengebäude; auf dem kleinen Parkplatz [N 47° 48′ 2″ E 13° 25′ 45″] gilt nachts absolutes Halteverbot (22–6 Uhr).

Weiter fahren wir am östlichen schmalen Seeende entlang, überqueren die Seeache, die den Mondsee mit dem nur 2 km entfernten **Attersee** verbindet. So groß wie der Attersee ist kein anderer See in den österreichischen Alpen. Das leuchtend türkisfarbene Wasser ist einfach ein Gedicht. Der Attersee hat etliche schöne Badestellen und gilt dank gleichmäßiger Windverhältnisse auch als Dorado für Segler und Surfer.

UNTERACH, an der weiten, südwestlichen Bucht gelegen, ist vielleicht das schönste Dorf am Attersee. Die steilen Felswände des Höllengebirges liegen direkt gegenüber, und im milden Klima gedeihen sogar Edelkastanien. Der Wiener

Waldabhang in Unterach am Attersee (Gustav Klimt, 1917)

Gustav Klimt (1862–1918), verewigt in Bronze

Jugendstilmaler Gustav Klimt schuf hier Dutzende Gemälde mit Motiven der Region. Am Seeufer unterhalb der Kirche mit dem barocken Zwiebelturm treffen wir auf eine bronzene **Gustav-Klimt-Büste** (2003).

Am südlichen Ortsrand liegt das moderne **Strandbad Unterach** mit einem großen, schattenlosen Schotterparkplatz [**117:** N 47° 48′ 11″ E 13° 29′ 9″; Badgasse]. Einen Trinkbrunnen und eine öffentliche Toilette haben wir am Gemeindeamt entdeckt [N 47° 48′ 15″ E 13° 29′ 15″; Hauptstraße 9]. Die Dame in der Tourist-Info hat uns folgenden Tipp gegeben: In der Nebensaison kann man auf den öffentlichen Strandparkplätzen mal für eine Nacht stehen bleiben, aber in der Hauptsaison kann es auch ein Knöllchen geben. Also in den Sommermonaten sollten Sie besser den **Campingplatz Inselcamp** [**118:** N 47° 48′ 3″ E 13° 28′ 55″] (Mai–Mitte Sep.) aufsuchen. Der schön angelegte Platz mit vielen Schatten spendenden Bäumen liegt an der Mündung der Seeache.

Weiter fahren wir entlang am westlichen Ufer. Wenig spektakulär ist die Landschaft hier von wiesen- und waldbedeckten Hügeln geprägt. Alte Dorfkirchen und Sommerfrischevillen aus der Zeit der Jahrhundertwende sind die sehenswertesten Baudenkmäler in dieser Region. Von den zahlreichen frei zugänglichen Badeplätzen sind jene die besten, wo die Uferstraße nicht dicht am Wasser verläuft. Jeder Ferienort hat sein eigenes Strandbad.

Das 10 km nördlich von Unterach gelegene NUSSDORF konnte sich seinen ländlichen Charme bis heute bewahren. Nur im Sommer ist der Ort mit Leben erfüllt – es herrscht eine Atmosphäre wie an der Adria: flache Strände, Musikpavillon, Wassersport, Lokale, Unterkünfte und drei Campingplätze.

Segelregatta auf dem Attersee

Einer davon ist der am südlichen Ortsrand von Nußdorf zwischen Uferstraße und See gelegene **Seecamping Gruber** [**119:** N 47° 52′ 49″ E 13° 31′ 34″] (Mitte April–Mitte Okt.). 3 km südlich von Nußdorf liegt im Ortsteil Dexelbach der **Campingplatz Bruckbacher** [**120:** N 47° 51′ 32″ E 13° 31′ 28″] mit 8(!) Touristenplätzen auf einem Wiesengelände unter Obstbäumen.

Der Ort ATTERSEE ist das Seglerzentrum Österreichs. Er liegt 5 km nördlich von Nußdorf zwischen Seeufer und den sanften, bewaldeten Hängen des 808 m hohen Buchbergs. Der Kirchberg des Ortes trug einst eine frühmittelalterliche Kaiserpfalz. Als diese aufgegeben wurde und verfiel, wurde die Burgkapelle zur barocken Pfarr- und Wallfahrtskirche Maria Himmelfahrt umgebaut. Sie grüßt seitdem als weiß leuchtendes Wahrzeichen über dem See. Spätestens hier sollten Sie halten und im **Erlebnisbad Attersee** in den See tauchen: [**121:** N 47° 54′ 48″ E 13° 32′ 3″; Nußdorferstraß E 13°, Attersee am Attersee].

Das am Nordende des Sees in sanfter Hanglage gelegene SEEWALCHEN gilt als das „Tor zum Attersee". Die südlich gelegene Badeanlage Litzlberg [N 47° 56′ 18″ E 13° 33′ 45″] und das tolle Strandbad [N 47° 57′ 4″ E 13° 35′ 26″] mitten in Seewalchen trösten darüber hinweg, dass die hiesigen Ufer dicht verbaut wurden.

Über die Agerbrücke fahren wir in den östlich folgenden Ort SCHÖRFLING hinein (Die Ager ist der Abfluss des Attersees in Richtung Traun und Donau). Gleich nach der Agerbrücke links hat's den großen **Schotterparkplatz Kammer** [**122:** N 47° 56′

54″ E 13° 35′ 45″]. Der **See-Imbiss**, seit 30 Jahren Treffpunkt am Parkplatz, ist bekannt für die besten Bosna in der Region (Bosna ist eine würzige Bratwurst, ähnlich dem amerikanischen Hot Dog, jedoch wesentlich schärfer).

Kunstfreunden könnte die oberösterreichische Marktgemeinde vertraut erscheinen: Immerhin verewigte Gustav Klimt während seiner Sommer hier am See (1900–1916) das am Ufer stehende **Schloss Kammer** (17./18. Jh.) mehrmals als Motiv. So entstand etwa 1912 sein berühmtes Werk „Allee im Park von Schloss Kammer". Direkt am Eingang zu dieser Allee eröffnete – pünktlich zum 150. Geburtstag des Malers – am 14.Juli.2012 in einem modernen, rot gestrichenen Bau das multimediale **Gustav-Klimt-Zentrum** (tgl. 10–18 Uhr, 4 €).

Wir verlassen den Attersee gen Norden. Von Seewalchen fahren wir auf der Attersee Straße B 151 und dann auf der B 1 für ca. 10 km nach VÖCKLABRUCK, das einen schön gelegenen offiziellen kostenlosen Wohnmobilstellplatz anzubieten hat. Dieser liegt am Rand des Stadtparks. Drei Stege führen über die Vöckla direkt in die Innenstadt. Viele historisch interessante Bauwerke und der bezaubernde Stadtplatz bilden den Kern einer heute durch und durch modernen Stadt, der es gelungen ist, Tradition und Moderne harmonisch verschmelzen zu lassen. Die zwei Stadttürme sind die einzigen noch erhaltenen Wappentürme Kaiser Maximilians I.

Gustav Klimt-Zentrum in Kammer am Attersee

(123) WOMO-Stellplatz: Vöcklabruck/Am Freizeitpark und Parkbad

GPS: N 48 0′ 41″ E 13° 39′ 9″; Hausruckstraße. **max. WOMOs:** >5
Ausstattung/Lage: V+E von April–Okt., Strom, Mülltonne / asphaltierte Stellfläche am Rande eines Großparkplatzes, Hallen- und Freibad 200 m, zum historischen Ortskern ca. 1 km.
Zufahrt: Aus allen Richtungen Beschilderung Parkbad folgen.

In Vöcklabruck beginnt der lohnenswerte Abstecher nach AMPFLWANG im Hausruckwald, wo der beeindruckende **Lokpark** Eisenbahnfans anzieht. „**Kohle und Dampf**" hieß die Oberösterreichische Landesausstellung im Jahre 2006. Die dafür renovierten ehemaligen Montageanlagen sind heute als Oberösterreichisches Eisenbahn- und Bergbaumuseum zu besichtigen. Herzstück ist der große Ringlokschuppen mit den mächtigen Dampflokomotiven mit bis zu 3000 PS und 130 km/h Höchstgeschwindigkeit. Die Führerstände sowie einige Waggons sind frei zugänglich (Mai–Ende Okt. Mi–So+Fei 10–17 Uhr, 7 €).

(124) WOMO-Stellplatz: Ampflwang im Hausruckwald/ Lokpark (Eisenbahn- und Bergbaumuseum)

GPS: N 48 5′ 13″ E 13° 33′ 48″; Scharermühlenstraße. **max. WOMOs:** 5.
Ausstattung/Lage: keine / Museumsparkplatz hinter den Hallen gelegen, Asphalt, monoton, ruhig, Ortsrand.
Zufahrt: Von Vöcklabruck über die B 143 nach Ampflwang (der Museumsparkplatz ist ausgeschildert).

Von Ampflwang empfiehlt sich ein Abstecher zum **Aussichtsturm Göblberg**. Hinter Ampflwang führt die Straße nord-

Brecher Buchleiten in Ampflwang, ein eindrucksvolles Industriedenkmal aus der Zeit des Kohleabbaus

westlich zum Weiler Vorderschlagen, vorbei am Robinsonclub und dann auf einem ramponierten Asphaltsträßchen durch den Wald zum Wanderparkplatz in Hoblschlag. Dort stellt sich nun die Frage: Gleich beim nahe gelegenen Wirtshaus z'Hoblschlag sich stärken oder doch erst eine Wanderung zum 35 m hohen Aussichtsturm (790 m, 210 Stufen) machen? Der Blick von der auch architektonisch interessanten Holzkonstruktion entschädigt für den Anmarsch: Der Dachstein, obwohl 69 km Luftlinie entfernt, scheint zum Greifen nahe.

(125) WOMO-Wanderparkplatz: Frankenburg am Hausruck/Aussichtsturm Göblberg

GPS: N 48 6′ 5″ E 13° 31′ 4″; Hoblschlag. **max. WOMOs:** 2.
Ausstattung/Lage: keine / Längsstreifen an der Straße, Schotter, leicht abschüssig, am Rand einer Wiese, idyllisch.
Zufahrt: Von Ampflwang über Vorderschlagen durch den Wald fahren (der Aussichtsturm ist ausgeschildert).
Sonstiges: ca. 20 Min. zu Fuß zum Aussichtsturm, Wirtshaus z'Hoblschlag (tgl. außer Do) 100 m.

Zurück in Ampflwang führt der Weg in den Ortsteil Buchleiten. Wir folgen dem Hinweisschild „P Brecher". Gemeint ist der Parkplatz beim **Kohlebrecher Buchleiten**, der ein eindrucksvolles Industriedenkmal aus der Zeit des Kohleabbaus ist. Imposant steht er über dem Ort Ampflwang, ist bestens erhalten und wird weiter für kulturelle Veranstaltungen genutzt. Über Nacht bleiben wir auf dem Parkplatz direkt neben dem Kohlebrecher stehen, der von einer verzauberten Parkanlage mit keltischem Baumkreis umgeben ist.

(126) WOMO-Wanderparkplatz: Ampflwang/ Kohlebrecher Buchleiten

GPS: N 48 5′ 44″ E 13° 33′ 46″; Hüblstraße. **max. WOMOs:** 1–2
Ausstattung/Lage: keine / ebener Parkplatz am Waldrand, Splitt, ruhig, idyllisch, außerorts.
Zufahrt: Von der B 143 (Hausruckstraße) nach rechts in die Hüblstraße einbiegen, dann noch ca. 300 m bis der Parkplatz beschildert ist.

Am nächsten Tag geht es wieder über Vöcklabruck zurück an den Attersee. Von Schörfling führt uns die B 152 am Ostufer entlang nach WEYREGG. Der von Bauernwiesen und Hügeln umgebene Badeort liegt auf einem breiten Schwemmkegel, den der Weyregger Bach weit in den See geschoben hat. In Weyregg machen wir den ersten und einzigen Halt an diesem Tag. Wir parken beim **Strandbad**, wo wir auf der sonnigen Liegewiese oder gleich direkt auf der Steganlage die Zeit vertrödeln. Am Abend genießen wir den atemberaubenden Sonnenuntergang und verbringen eine geruhsame Nacht auf dem Wiesenparkplatz.

(127) WOMO-Badeplatz: Weyregg am Attersee/Strandbad
GPS: N 47° 54' 9" E 13° 34' 1"; Seedorf. **max. WOMOs:** 3-4. **Ausstattung/Lage:** WC, Wasserhahn, Mülltrennung, Strandcafé, Parkgebühr 3 € von 8-16 Uhr (nur während der Badesaison) / Asphalt- und Wiesenparkplatz, im Grünen, ruhig, idyllisch, Ortsrand. **Zufahrt:** In Weyregg den Schildern zum Strandbad folgen.

STEINBACH, das beschauliche Bergsteigerdorf 9 km südlich von Weyregg, liegt malerisch auf grünen Wiesen, die vom Fuß der schroffen Felsflanken des Höllengebirges sanft zum See hin abfallen. Die Orientierung in Steinbach ist simpel: Im Ortsteil Seefeld, auf dem in den See geschobenen Schwemmkegel des Kienbachs liegen die Campingplätze **Camping Grabner [128: N 47° 50' 15" E 13° 32' 44"]** und **Camping Seefeld [129: N 47° 50' 24" E 13° 32' 45"]** und das Solar-Strandbad.

Auch Gustav Mahler verschlug es – wie viele andere Künstler auch – zur Sommerfrische an den Attersee. Der Komponist verbrachte mehrere Sommer beim Föttinger in Seefeld. Hinter dem nach wie vor existierenden Gasthof steht direkt am See das **Gustav-Mahler-Komponierhäuschen**. An der Rezeption lassen wir uns den Schlüssel für das Komponierhäuschen aushändigen. Mahler ließ es sich bauen, weil er sich

vom Lärm der Logiergäste beim Komponieren gestört fühlte. Wie durch ein Wunder ist es erhalten geblieben, vielleicht auch nur deswegen, weil man es über Jahrzehnte ignoriert hatte?

Heute steht es in alter Schönheit und Schlichtheit da, außen weiß getüncht, drinnen ein Flügel und ein Stuhl, an den Wänden einige Photos, Noten und Erklärungen. Mit den Klängen von Mahlers gewaltiger Musik empfängt dieses Refugium die Besucher heute. Der Raum hat spürbar eine besondere Aura. Freilich direkt neben dem Häuschen befindet sich der Campingplatz, was Mahler kaum gefallen hätte. Zu deutlich ist der Kontrast zwischen dem schlichten Häuschen und den Wohnmobilen und Zelten.

In STEINBACH zweigt von der B 152 die 21 km lange Großalmstraße ab, die entlang der schroffen Nordseite des Höllengebirges vom Attersee bis zum Traunsee führt. Nach rund 7 km Fahrt auf der kurvigen und steilen Panoramastraße erreichen wir das kleine **Skigebiet Hochlecken** mit dem mitten im Wald gelegenen leicht abschüssigen Großparkplatz [**130:** N 47° 50′ 40″ E 13° 37′ 12″;Taferl, Kienklause]. Und kurz darauf folgt der **Taferlklaussee** mit Wanderparkplatz [**131:** N 47° 50′ 36″ E 13° 37′ 46″]. Der kleine Waldsee mit Jausenstation wird großartig von den Gipfeln des Höllengebirges überragt. In rund 20 Minuten lässt er sich zu Fuß umrunden. Der See steht unter Naturschutz – seine Ufer sind von einem Hochmoor umgeben.

13 km geht es weiter auf der Großalmstraße (12% Gefälle) nach Neukirchen bei Altmünster. Suchen Sie für die Nacht ein idyllisch gelegenes Plätzchen, dann fahren Sie von Neukirchen durch das Aurachtal zum **Wildpark Hochkreut**, der schön auf einer Bergkuppe (960 m) zwischen Traunsee und Attersee gelegen ist. Der Wildpark selbst ist allerdings seit dem Frühjahr 2011 auf unbestimmte Zeit geschlossen.

Schaufelraddampfer „Gisela" im Hafen von Gmunden

(132) WOMO-Wanderparkplatz: Altmünster am Traunsee/ Wildpark Hochkreut

GPS: N 47° 52' 28" E 13° 40' 54"; Aurachberg 60. **max. WOMOs:** 2–3.
Ausstattung/Lage: keine / schräger Asphaltparkplatz, idyllisch, einsam, mitten im Wald gelegen, außerorts.
Zufahrt: In Neukirchen bei Altmünster von der Großalm Landesstraße L 544 links abbiegen, dem Hinweisschild „Aurachtal Ri. Gmunderberg 8 km" folgen, die Straße quert etliche Male die Aurach, nach 1,1 km links abbiegen: die schmale Straße schlängelt sich für 4,5 km kurvenreich den Aurachberg hoch.

Zurück kurven wir bergab ins Aurachtal. Vor uns liegt ALTMÜNSTER am Westufer des malerischen **Traunsees**. Der Ort schmiegt sich in eine weite, nach Südwesten offene Bucht mit herrlichem Blick auf den **Traunstein**. Der „Wächter des Salzkammerguts" prägt mit seinen schroffen Felswänden das Ostufer. Wir folgen der B 145 in nördlicher Richtung und kommen entlang dem Westufer an der Nordspitze des Sees nach GMUNDEN, wo wir unser Quartier aufschlagen. Wir dürfen nämlich kostenlos auf dem großen Parkplatz am Toscanapark stehen.

(133) WOMO-Stellplatz: Gmunden/Parkplatz Toscanapark

GPS: N 47° 54' 41" E 13° 47' 13"; Dr.-Franz-Thomas-Str. **max. WOMOs:** 5.
Ausstattung/Lage: öffentliches WC / ausgewiesene Plätze auf einem Großparkplatz, aber auch an anderen Stellen ist das Stehen über Nacht geduldet, jedoch ist Campieren verboten; ebener, asphaltierter Untergrund, Stadtinfo direkt am Platz, zum Strandbad (Architekturjuwel aus den 1920ern) 5 Min., Fußweg entlang der Strandpromenade zur Altstadt ca. 30 Min., zum Seeschloss ca. 10 Min.
Zufahrt: B 145 nach Gmunden und dort der Beschilderung zum Toscanapark und Seeschloss Ort folgen.

Noch romantischer als im Fernsehen: Schloss Ort im Traunsee

Gmunden

Am Abend spazieren wir vom Parkplatz Toscanapark aus auf der 2 km langen, von Kastanien gesäumten Strandpromenade, am Jachtclub vorbei, zur Altstadt. Wir genießen den berückenden Blick auf den See, auf das Seeschloss Ort und zum Traunstein, sehen Schiffe und Boote anlegen und Schwäne vorbeiziehen. Durch den Franz-Josef-Park, der von einer Portraitbüste des Namensgebers Kaiser Franz Joseph und der Brunnenfigur „Der Gnom mit dem Bergkristall" geziert wird, kommen wir zum **Rathausplatz**. Der zum See hin offene untere Stadtplatz wird dominiert vom prachtvollen Rathaus. „Guten Abend, gute Nacht" spielt ein Glockenspiel vom Giebel des Rathauses. Die Glocken, die dort seit 1959 hängen, sind zwar aus Meißener Porzellan, aber sie sind im grüngeflammten Keramikdekor, für das Gmunden berühmt ist.

Malerisch ist der Blick vom Rathausplatz in die mittelalterliche Kirchengasse, die Richtung Norden bergauf führt. Getrübt wird er leider durch den unablässigen Verkehr, der das historische Ensemble von Rathausplatz und restlicher Altstadt durchschneidet.

Schon im 19. Jh. lockte das mediterrane Flair der Traunseelandschaft den Hochadel und Prominenz aus Kunst und Kultur in das anmutige Städtchen. Ob sie ihren Tee aus dem berühmten Gmundner Keramikgeschirr tranken? Die grün geflammten oder mit springenden roten Hirschen versehenen Teller und Tassen sind der Inbegriff österreichischer Tischkultur. Von Hand gefertigt und aufwendig bemalt ist jedes Stück ein Unikat. Im Werksverkauf der **Gmundner Keramik Manufaktur** können Sie die schönen Stücke erstehen, aber billig sind sie nicht (Keramikstraße 24, Mo–Fr 9–18, Sa 9–17 Uhr, Werksführung Mo–Do 9.15 und 12.15, Fr 9.15 Uhr).

Gmundens Wahrzeichen, das auf einer Felseninsel gelegene und nur über eine lange Holzbrücke erreichbare **Seeschloss Ort**, war lange der Star der beliebten TV-Serie „Schlosshotel Orth". Aber das Schloss ist gar kein Hotel. Es ist im Besitz der Stadt, beherbergt ein Restaurant und ist ein begehrter Platz für Trauungen. Im malerischen Arkadenhof befinden sich ein stilvoller Andenkenladen und die spätgotische Schlosskapelle. Schöne Ausblicke bietet der Promenadenweg rund um das Schloss.

Schloss Ort im Winter

Weiter geht es über die Traunbrücke – der Traunstein grüßt noch einmal herüber – auf der B 120 nach SCHARNSTEIN.

(134) WOMO-Stellplatz: Scharnstein/ P 2 Schlossplatz

GPS: N 47° 54′ 21″ E 13° 57′ 53″; Museumsstraße. **max. WOMOs:** 2–3.
Ausstattung/Lage: öffentliches WC neben dem Gemeindeamt, Abfallbehälter / großer Parkplatz hinter dem Schloss, direkt an der Straße, Splitt und Sand, kein Schatten, Ortsrand.
Zufahrt: Beschilderung „Schloss Scharnstein P 2" folgen.

Im örtlichen Renaissanceschloss sind mehrere Museen eingerichtet, wie das schaurige Kriminalmuseum oder das Museum für Zeitgeschichte. Lohnenswerter ist der Besuch des **Sensenmuseums Geyerhammer** direkt am Almfluss. Die 400 Jahre alte Sensenschmiede wurde erst 1987 stillgelegt und verfügt noch über drei originale wasserbetriebene Hämmer und Essen (1. Mai–31. Okt. Sa, So, Fei 10–12/14–16 Uhr, Grubbachstraße 10). Etwa 250 m von der Schmiede entfernt liegt der übernachtungsgeeignete Parkplatz P 3 [**135:** N 47° 53′ 57″ E 13° 57′ 40″; Tießenbach, Scharnstein]. Von hier führt ein ausgeschilderter Fußweg zur Ruine Scharnstein.

Etwas außerhalb von Scharnstein gibt's einen WOMO-Übernachtungsplatz beim Campingplatz Schatzlmühle.

(136) WOMO-Stellplatz: Scharnstein (OT Viechtwang)/ Camping Schatzlmühle

GPS: N 47° 54′ 59″ E 13° 58′ 19″; Viechtwang 1a.
offen: Mitte März–Ende Okt. **Aufenthalt:** 18–9 Uhr
Ausstattung/Lage: 5 Wohnmobil-Übernachtungsplätze im Außenbereich der Campinganlage, die zwischen dem Fluss Alm und bewaldeten Berghängen liegt, Wiesengelände, Nähe Bahnlinie, außerorts.
Kontakt: www.almcamp.at, Telefon 0043/7615/20269.
Richtpreis: 9 € für WOMO + 2 Erw., Dusche und Strom extra.
Zufahrt: Etwa 1 km nördlich von Scharnstein von der B 120/Richtung Pettenbach nach Viechtwang abzweigen, noch etwa 900 m (beschildert).

Unser nächstes Ziel ist das **Almtal**. Mit seiner verträumten stillen Landschaft zählt es zu den Perlen des Salzkammerguts. Also zurück wie gekommen, und kurz hinter Scharnstein biegen wir von der B 120/Richtung Gmunden links ins Almtal ab. 6 km weiter taleinwärts folgt mit dem Bergsteigerdorf GRÜNAU der Hauptort des Almtals. Hier teilt sich die Straße: Rechts (Richtung Almsee) folgt sie der kristallklaren Alm durch dichte

Der Almsee, ein farbenprächtig schillernder, romantisch gelegener Natursee

Wälder weiter flussaufwärts, passiert nach 6 km den **Cumberland Wildpark Grünau**. Dort können Sie in dem entlang dem Almfluss gelegenen, weitläufigen Areal einheimische Tiere in freier Wildbahn hautnah erleben und beobachten, darunter Steinböcke, Rothirsche, Wisente, Luchse, Braunbären oder auch Wölfe. Als besonders beeindruckend gelten die frei lebenden Scharen von Graugänsen, Raben und Waldrappen.

(137) WOMO-Wanderparkplatz: Grünau im Almtal/Cumberland Wildpark

GPS: N 47° 48′ 25″ E 13° 57′ 4″; Fischerau 12.
max. WOMOs: 2–3.
Ausstattung/Lage: Müllbehälter, Sitzbänke / großer Schotterparkplatz, idyllisch im Wald gelegen, eben, ruhig, außerorts.
Zufahrt: Von Scharnstein durch den Ort Grünau und dann noch etwa 6 km weiter (ist ausgeschildert).

Und nach weiteren 3 km kommt der schmucke Gasthof Jagersimmerl, wo links eine 6 km lange, schmale Straße in die wildromantische Hetzau zum Almtalerhaus und den smaragdgrünen Ödseen abzweigt. Schließlich treffen wir nach weiteren 4 km auf den **Almsee** am Talende. Am Westufer entlang führt die Straße bis zum großen Parkplatz beim Ausflugsgasthof Seehaus.

(138) WOMO-Wanderparkplatz: Grünau im Almtal/ Seehaus am Almsee

GPS: N 47° 44′ 38″ E 13° 57′ 7″; Almsee 6.   **max. WOMOs:** 2–3.
Ausstattung/Lage: WC, Müllbehälter / großer Parkplatz, durch niedrige Bäume aufgelockert, nahebei GH Seehaus und Imbissbude, Untergrund Splitt und Gras, leicht abschüssig, ruhig, idyllisch, außerorts.
Zufahrt: Im Text beschrieben.
Sonstiges: Schild „Campieren und Zelten verboten"; entlang der Almseestraße gibt es etliche kleine Parkplätze.

Salzkammergut – Seen-Sucht und Berge

„Hier hält die Stille", sagte Adalbert Stifter vor 150 Jahren über den Almsee, der bis heute mit seinem kristallklaren Wasser und seiner pittoresken Lage am Fuße majestätischer Felsgipfel des Toten Gebirges verzaubert. Und das gilt vom Frühjahr, wenn die Narzissen blühen und die Berge noch weiß sind, bis in den goldenen Herbst mit angezuckerten Gipfeln.

Nimmt man in GRÜNAU die Straße nach links (Richtung Schindelbach), kommt man in das breitere **Tal des Grünaubaches**. Nach 3 km beginnt rechts die kurvenreiche Mautstraße Farrenau zum Hochberghaus (1747 m), das Ausgangspunkt schöner Wanderungen im Gebiet des Kasbergs ist. Dieser Gebirgsstock ist ein Vorposten des Toten Gebirges und im Winter ein beliebtes Familienskigebiet.

(139) WOMO-Wanderparkplatz: Grünau im Almtal/ Skigebiet Kasberg

GPS: N 47° 50′ 53″ E 14 0′ 27″; Schindlbach 8. **max. WOMOs:** 5.
Ausstattung/Lage: keine / große Schotterparkplätze, idyllisch im Wald und an einem Bach gelegen, eben, einsam, außerorts.
Zufahrt: Im Text beschrieben.

Nach 3 km, am Ende der Talstraße, bietet das **Kinderland Schindlbach** Familienunterhaltung.

(140) WOMO-Wanderparkplatz: Grünau im Almtal/ Kinderland Schindlbach

GPS: N 47° 49′ 45″ E 14 1′ 31″; Schindlbach 27. **max. WOMOs:** 5.
Ausstattung/Lage: keine / großer Schotterparkplatz mitten im Wald gelegen, von Bäumen umgeben, leicht uneben, ruhig, einsam, außerorts.
Zufahrt: Die Straße bis zum Talschluss durchfahren (Kinderland Schindlbach ist überall ausgeschildert).

Zurück fahren wir an den malerischen Traunsee. Von Gmunden der Romantikstraße (B 145) folgend, geht es am Westufer gen Süden nach TRAUNKIRCHEN. Dort schieben sich die Häuser und die Kirche (berühmte Fischerkanzel!) weit auf einer Halbinsel in den See vor. Blickfang ist das Johanneskirchlein, das auf einem bewaldeten Fels über dem Ort steht. Entlang der Straße nach Ebensee lenken Badeplätze mit WC die Aufmerksamkeit auf sich, allerdings sind hier Übernachtungsverbotsschilder aufgestellt.

Johanneskirchlein in Traunkirchen

In EBENSEE beginnt der überaus lohnenswerte Abstecher nach Nordwesten zu den Langbathseen (ca. 8 km). Vorbei kommen wir an der Seilbahn, die hoch auf den Feuerkogel führt.

(141) WOMO-Stellplatz: Ebensee (OT Oberlangbath)/ Feuerkogelbahn

GPS: N 47° 48′ 49″ E 13° 45′ 38″; Langbathstraße 41-43.**max. WOMOs:** 2.
Ausstattung/Lage: WC bei Seilbahn-Talstation / Parkplatz an der Straße, ca. 100 m vor der Seilbahnstation, Asphalt, leicht schräg, Ortsmitte.
Zufahrt: In Ebensee den Hinweisschildern zu den Langbathseen folgen.

Die kurvenreiche, holprige Langbathseestraße endet beim großen Wanderparkplatz [N 47° 50′ 3″ E 13° 41′ 20″] (WOMO-Übernachtungsverbot) vor dem **Vorderen Langbathsee**. Gleich von seinem Ostufer hat man vor allem vormittags einen atemberaubenden Blick über das von tiefgrünen Wäldern gesäumte Gewässer, in dem sich die felsige Umgebung spiegelt. Das einzige Gebäude im Blickfeld ist das frühere Jagdschloss von Kaiser Franz Joseph in einer sattgrünen Seewiese am gegenüberliegenden Ufer. Lohnenswert ist die etwa 8 km lange Umwanderung (2 Std.) beider Langbathseen.

WOMO-Wandertipp: Langbathseen

Vom Sporthotel aus wandern wir am rechten Ufer des **Vorderen Langbathsees** entlang. Das glasklare Wasser schimmert durch die schräg einfallende Vormittagssonne im schönsten Türkisgrün. Der beschilderte Spazierweg führt auf einer geschotterten Forststraße um die Seen herum. Wenn Sie sich dafür entscheiden nur um den vorderen See zu wandern, müssen Sie am Westufer nach links abbiegen und am Südufer zurück gehen.

Auf dem Weg zum **Hinteren Langbathsee** überwinden wir auf dem stetig ansteigenden Weg eine Geländestufe. Vorbei an einer Bergsturzlandschaft, in welcher der Abfluss des Sees versiegt, erreichen wir das Ufer des hinteren Sees, an dem einige Sitzbänke zum Ausruhen einladen. Der See, in dem sich der Mischwald spiegelt, und die Felsabstürze des Höllengebirges bieten ein eindrucksvolles Motiv. Nach einer Runde um den hinteren See wandern wir zum Vorderen Langbathsee zurück. Das letzte Stück führt am anderen Seeufer zum Ausgangspunkt zurück.
Gehzeit rund um beide Seen: 2 h; rund um den Vorderen Langbathsee: 40 Minuten.

In EBENSEE am Südende des Traunsees wird seit 1595 Salz gewonnen. Daher sind Industrie- und Gewerbebauten Teile des Ortsbilds. Hingegen präsentiert sich Ebensee im Ortsteil RINDBACH an der südöstlichen Traunseebucht als Sommerfrischeort mit historischen Villen, Bootshäusern und einer großen Freizeitanlage mit Wohnmobil-Stellplatz.

(142) WOMO-Badeplatz: Ebensee am Traunsee/ Freizeitzentrum Rindbach

GPS: N 47° 48′ 33″ E 13° 47′ 24″; Strandbadstraße 46.**max. WOMOs:** >5.
Ausstattung/Lage: Müllcontainer, Picknickbänke, Grillplatz, Kiosk und Restaurant am Platz, Supermarkt 500 m / 12 € pro angefangenen 24 Stdn., unebener Strandparkplatz, Gras, Splitt, direkt am See, ruhig, idyllisch, Ortszentrum von Ebensee 1,5 km.
Zufahrt: B 145 nach Ebensee, dort zum OT Rindbach abbiegen, etwas enge Zufahrtsstraße, Hinweisschild „Freizeit- und Erholungszentrum".
Leser-Tipp: Am Busparkplatz [N 47° 48′ 46″ E 13° 46′ 38″] haben wir schon übernachtet. Der Platz befindet sich an der Anlegestation der Traunsee-Schiffe. In den Ort selber sind es wenige Gehminuten.

Zurück in Ebensee geht's durch das Trauntal nach MITTER-WEISSENBACH. Von dort fahren wir auf der Weißenbachtal-Bundesstraße B 153 durch lichte Laubwälder, begleitet von murmelnden Gebirgsbächen einerseits und dem schroffen **Höllengebirge** andererseits, an den Attersee nach WEISSENBACH. Die Straße ist auch eine beliebte Motorradstrecke.

Schöne Wander-und Picknickplätze (wir haben noch keine WOMO-Verbotsschilder entdeckt) gibt es entlang der Straße. Am Ende des Weißenbachtals gleich am Ortseingang von WEISSENBACH biegen wir links von der B 153 ab, fahren über den Bach (Fachbergbrücke), und ein paar Meter weiter finden wir in idyllischer Lage einen Wanderparkplatz.

(143) WOMO-Wanderparkplatz: Weißenbach am Attersee/Waldsiedlung

GPS: N 47° 47′ 38″ E 13° 32′ 18″; Waldsiedlung. **max. WOMOs:** 2.
Ausstattung/Lage: Dixi-Klo, Abfall- und Wertstoffbehälter / von Bäumen umgeben, idyllisch am Weißenbach gelegen, Splitt, Ortsrand.
Zufahrt: Im Text beschrieben.
Sonstiges: Ausgangspunkt einiger Wanderwege, darunter Wanderung zum Schoberstein und Nixenfall.

Weiter am Südufer des Attersees entlang geht es westlich wieder zum Mondsee. Und von hier sind es auf der B 154 über die Scharflinger Höhe (607 m) nur 5 km bis nach ST. GILGEN am **Wolfgangsee**. „Mozartdorf" nennt sich der viel besuchte Ort am Westende des Wolfgangsees. Mozart war zwar nie hier, aber seine Mutter wurde hier geboren und seine Schwester Nannerl lebte nach ihrer Heirat 17 Jahre hier. Der schmucke Ortskern ist für den Durchgangsverkehr gesperrt, so kann man da nett bummeln. Parken können wir in der Nähe des Strand- und Hallenbads.

(144) WOMO-Wanderparkplatz: St. Gilgen/Nähe Strandbad

GPS: N 47° 46′ 10″ E 13° 22′ 4″; Mondseestraße. **max. WOMOs:** 5.
Ausstattung/Lage: Abfallbehälter, 9 € für 24 h / Parkplatz ca. 100 m vom Hallen- und Strandbad entfernt, Rasen-Gittersteine, von Bäumen umgeben, ruhig, Ortsrand.
Zufahrt: Im Text beschrieben.
Sonstiges: Linienschiffe Mai–Okt. 9–17 Uhr 5–10x tägl. via St Wolfgang nach Strobl.

Nach einem Bummel durch den malerischen Ort lockt ein Schiffsausflug nach St. Wolfgang oder eine Wanderung in die Fürbergbucht. Anschließend kehrt man nach St. Gilgen ins Nachtquartier zurück.

WOMO-Wandertipp: Über Brunnwinkl in die Fürbergbucht

Stets wechselnde Seeansichten verspricht dieser Gilgener Spazierwegklassiker: Vom Kirchenplatz gehen wir bis zur alten Mondseestraße, folgen dieser und passieren bald schöne Sommerfrischevillen. Das Hotel Billroth links oberhalb (Schautafel) erinnert an den Musiker und Brahms-Freund Theodor Billroth, der sich hier ein repräsentatives Anwesen bauen ließ. Dann erreichen wir die romantische Brunnwinkl-Bucht mit einer Handvoll malerischer Bauernhäuser und Blumengärten. Zwischen steiler Felswand

(Steinschlaggefahr, daher öfter gesperrt) und Seeufer geht es nun auf der 1,2 km langen, schönen Promenade bis zum **Gasthof Fürberg**. Saibling & Co. sind die Spezialitäten des Hauses – köstlich zubereitet von der Chefin. Der Kastaniengarten liegt idyllisch am See. In der Hauptsaison können Sie mit dem Schiff nach St. Gilgen zurückfahren. Wir aber folgen weiter dem Ufer und kommen in 5 Minuten zur Einmündung der Zufahrtsstraße von der B 154, und zum **Waldbad** in der Fürbergbucht. Mit dem WOMO gelangt man von der B 154 in Winkl durch ein Waldstück steil bergab hierher. Auf den zwei gebührenpflichtigen, nicht allzu großen Parkplätzen [N 47° 46′ 0″ E 13° 23′ 25″] und [N 47° 45′ 55″ E 13° 23′ 30″] können Sie das WOMO abstellen, falls Sie im Sommer noch einen freien Platz finden.

Unweit vom Waldbad biegt links der Wallfahrerweg nach St. Wolfgang ab, die Schotterstraße geradeaus, von der man zum Ochsen- und Hochzeitskreuz abzweigt, endet nach 1 km.

Das **Ochsenkreuz**, ein weißer Bildstock auf einem Felsen im karibisch blauen Wolfgangsee ist auf vielen Ansichtskarten zu sehen. Ein Metzger soll ihn errichtet haben, nachdem ihm ein Ochse in den See entwischt war und ihn, der das Tier nicht losgelassen hatte, schwimmend über den See zog. Vom Waldbad Fürberg (s.o.) folgt man der Schotterstraße bis rechts der beschilderte Weg Nr. 19 zu dem Kreuz abzweigt. Er verläuft knapp am Ufer und ist stellenweise schmal, verwachsen und abschüssig (feste Schuhe!). Am Ende mündet er wieder auf die Forststraße, auf der man zum Badeplatz zurückkehrt.

Am nächsten Morgen wandern wir von St. Gilgen aus auf einen wunderschönen Aussichtsberg hoch:

WOMO-Wandertipp: Zwölferhorn

Morgens geht's zeitig aufs Zwölferhorn. Wer den Gipfel aus eigener Kraft erwandern will, braucht ca. 3 Stunden. Von dort reicht der Blick weit über die Landschaft des Salzkammerguts. Den Abstieg übernehmen die kleinen knallroten oder quietschgelben Kabinen der Seilbahn, damit Sie nach dem Bad im See noch die Sonne genießen können.

Weiter führt die B 158 in Richtung Bad Ischl am Wolfgangsee-Südufer entlang. Zunächst geht es auf einem schmalen Uferstreifen unter steilen Bergflanken dahin. 4 km weiter weicht der Abhang zurück und wir erreichen den flachen Schwemmkegel des Zinkenbachs, der sich als Halbinsel in den See geschoben hat und diesem seine markante Form verleiht, einer Sonnenbrille vergleichbar. Auf der Halbinsel befinden sich Streusiedlungen mit schönen, alten Bauerngehöften und auch **vier Campingplätze**. Hintereinander liegen die Plätze Birkenstrand, Lindenstrand, Primus und Wolfgangblick direkt am Seeufer.

Auf der Höhe von ABERSEE ist der Wolfgangsee nur mehr 240 m breit. Genau an dieser Engstelle liegt der Campingplatz Wolfgangblick. Von hier aus hat man einen schönen Blick auf die Kulisse von St. Wolfgang am Ufer gegenüber.

> **(145) WOMO-Campingplatz-Tipp: Abersee bei St. Gilgen/ Seecamping Wolfgangblick**
>
> **GPS:** N 47° 44' 7" E 13° 25' 52"; Seestr. 115. **offen:** Ende April–Ende Sep.
> **Ausstattung/Lage:** Ebenes Wiesengelände mit vereinzelten Laubbäumen, im seenahen Bereich (15 Stellplätze) dichterer Baumbestand, beiderseits einer öffentlichen Straße zum Strand, Blick auf See und Berge.
> **Kontakt:** www.wolfgangblick.at, Telefon 0043/6227/3475.
>
>
>
> **Richtpreis:** ca. 16 € für WOMO + 2 Erw. inkl. Kurtaxe in der Nebensaison.
> **Zufahrt:** Auf der B 158 in Richtung Abersee 6 km nach St. Gilgen bei Straßenkilometer 34,2 beim Ortsschild Abersee seewärts abfahren, noch 1,4 km geradeaus.

Wer einen Tagesausflug nach ST. WOLFGANG plant, sollte hier parken, denn wenige Meter daneben bringt Sie die Rad- und Personenfähre (Überfuhr Greinz) ans gegenüberliegende Ufer, sie landet 1 km westlich der Ortsmitte von St. Wolfgang (Mai–Sept. tägl. 9.30–11.55/12.30–17 Uhr nach Bedarf, Knopfdruck!).

Zurück auf der B 158 zweigt schon nach 700 m die Straße zur **Schiffsanlegestelle Gschwendt** ab. Von hier aus verkehren die Passagierschiffe in dichtem Linienverkehr zu den Orten St. Wolfgang, Strobl und St. Gilgen (April–Sep. 9.30–17 Uhr, Okt.–März nach Aushang). Das Beste ist, dass

Sie auf dem großen Asphaltparkplatz [**146:** N 47° 43′ 35″ E 13° 26′ 17″] unter hohen Schattenbäumen kostenlos stehen können. Ein unscheinbares WOMO-Verbotsschild (21–7 Uhr) ist uns aufgefallen, jedoch meinte der Imbissbuden-Pächter: „Für eine Nacht passt des scho!". Wer sich nicht traut, sucht besser einen der vielen Campingplätze auf. Rund um den See sollen sich 13 Campingplätze reihen.

Nun aber ans andere Ufer – nach ST. WOLFGANG. Wenn Sie das Schiff von Abersee oder Gschwendt nach St. Wolfgang nehmen, haben Sie 10 km Wegersparnis, vermeiden den alltäglichen Stau am jenseitigen Ufer, haben keine Parkplatzsorgen und die schönste Art der Anreise – so ist der Besuch der Ikone des Salzkammerguts am angenehmsten.

Das Allererste, was einem zu ST. WOLFGANG einfällt, ist wohl das **Weiße Rössl**. Die Wurzeln dieses Operettenmythos sind längst Legende: 1930 regte der Schauspieler Emil Jannings, der sommers am Wolfgangsee logierte, den Komponisten Ralph Benatzky zur musikalischen Umsetzung eines harmlosen Schwankes an. Ein Welterfolg war geboren. Der Gasthof, der die Autoren inspirierte, steht noch heute idyllisch am Seeufer und ist zu einem großen Romantikhotel angewachsen. Vom See hat man hier wenig, es sei denn, man macht eine Tret-Bootfahrt oder kehrt auf der Seeterrasse ein. Einen Häuserblock weiter östlich legen die Linienschiffe an. Gleich neben dem Weißen Rössl erhebt sich auf einer Aussichtsterrasse die **Wallfahrtskirche**, die freilich die größeren Schätze birgt. Etwa den prächtigen Schnitzaltar mit der Krönung Mariens oder den barocken Doppelaltar. Der Ort selbst ist ein

Die Schafbergbahn

beliebtes Ziel für Tagestouristen. In der Hochsaison herrscht in den engen Gassen arges Gedränge. Souvenir-Ramsch grüßt aus allen Ecken.

Und jetzt wollen Sie bestimmt noch wissen, wo man mit dem WOMO direkt in St. Wolfgang parken und übernachten kann? Einen Parkplatz und drei Campingplätze können wir Ihnen anbieten.

Auf dem Landweg erreicht man den Wallfahrtsort über Strobl am Ostende des Sees. In Strobl zweigt die Straße nach links ab, führt an Schwarzenbach und Au vorbei nach St. Wolfgang. An der Zufahrtsstraße gibt's 2 Campingplätze. Ca. 2 km östlich des Ortes liegt der **Campingplatz Berau** [**147:** N 47° 43′ 49″ E 13° 28′ 41″; Schwarzenbach 16] inmitten einer Privatbucht mit flachem Strand; er ist ein topp ausgestatteter Ganzjahresplatz. 1 km weiter kommt **Seecamping Appesbach** [**148:** N 47° 43′ 56″ E 13° 27′ 48″; Au 99] mit teils gestuftem Wiesengelände, das durch Laubbäume und Büsche aufgelockert ist; man hat einen schönen Blick auf See und Berge.

Seit Eröffnung des Umfahrungstunnels ist St. Wolfgang tagsüber für den Autoverkehr gesperrt. Man kann, wie schon beschrieben, von St. Gilgen, Abersee sowie Gschwendt aus mit dem Schiff übersetzen oder am Ortseingang parken: Kurz vor dem Umfahrungstunnel biegen Sie links in die Michael Pacher Straße Richtung Ortszentrum ab, dann liegt gleich rechts der **Parkplatz Zentrum/P 3** [**149:** N 47° 44′ 13″ E 13° 27′ 6″; Michael Pacher Straße]. Auf dem gebührenpflichtigen Platz (9 €) dürfen sie tags und nachts stehen; alle anderen Parkplätze sind für WOMOs gesperrt.

„Kaiser Franz Josef I." – der Schaufelraddampfer auf dem Wolfgangsee

Bei der Schafbergbahn hat es einen großen Parkplatz. Sie sollten aber bei der Betreiberin des Kiosks nachfragen, ob Sie hier mal für eine Nacht stehen bleiben dürfen, und Sie versichern ihr glaubhaft, dass Sie jedwedes campingähnliches Verhalten unterlassen, nicht grillen, den Platz sauber verlassen werden und vor allem Ihren Müll wieder mitnehmen. Dann passt das schon.

(150) WOMO-Stellplatz: St. Wolfgang/ Talstation Schafbergbahn

GPS: N 47° 44' 21" E 13° 26' 21"; Robert-Stolz-Straße.**max. WOMOs:** 3.
Ausstattung/Lage: keine / gebührenpflichtiger Parkplatz P 7 mit Schranke, im Grünen, Kiosk mit Imbiss, Minigolf, Kinderspielplatz, Ortsrand.
Zufahrt: Vor dem Ortszentrum durch den Tunnel und dann noch ca. 1 km am See entlang.

Empfehlen können wir Ihnen auch den kleinen, feinen Campingplatz in der Ortschaft Ried, der ca. 800 m westlich von der Schafbergbahn gelegen ist. Durch neu angelegte Terrassen hat man einen Seeblick von allen Plätzen.

(151) WOMO-Campingplatz-Tipp: St. Wolfgang/ Seeterrassencamping Ried

GPS: N 47° 44' 33" E 13° 26' 0"; Ried 18.

offen: Ostern–Ende Okt.
Ausstattung/Lage: Geneigtes Wiesengelände mit teils geebneten Stellflächen, durch einige mittelhohe Obstbäume aufgelockert und von Hecken umgeben, Badeplatz und Anlegestelle in der Nähe, am westlichen Ortsrand, 10 Fußminuten ins Ortszentrum.
Kontakt: http://members.aon.at/camping-ried, Telefon 0043/6138/3201.
Richtpreis: ca. 23 € für WOMO + 2 Erw. inkl. Kurtaxe in der Hauptsaison.
Zufahrt: Vor dem Ortszentrum durch den Tunnel und dann ca. 2 km am See entlang, beschildert.

Nachdem wir ein Plätzchen für die Nacht gefunden haben, können wir uns entspannt im Ort umsehen.

WOMO-Ausflugstipp: Auf den Schafberggipfel

Wird uns das Gedränge unten in St. Wolfgang gar zu dicht, fahren wir mit der Zahnradbahn auf den Schafberg. An Bord der über 100 Jahre alten Dampfeisenbahn ruckeln und zuckeln wir dann in 45 Min. zur Bergstation hoch.

Auf dem knapp 1800 m hohen Gipfel atmen wir kräftig durch. Der Blick schweift von dort oben über den Mond- und Attersee weithin ins Alpenvorland. Und in der Gegenrichtung begrenzt der imposante Bergkranz der Hohen Tauern den Horizont. Wobei Schwindelfreiheit empfohlen ist. Denn der Gipfelgrat, der nach Norden hin senkrecht abbricht, heißt nicht ohne Grund doppeldeutig Himmelspforte (Betrieb der Zahnradbahn: ca. Ende April–Ende Okt. tgl. stdl. 9–18 Uhr).

Nach dem Frühstück befragen wir die Wanderkarte nach einem passenden Ausflugsziel für den heutigen Tag. Wir entdecken den kleinen **Schwarzensee** ganz in der Nähe. Von St. Wolfgang fahren wir zurück in Richtung Bad Ischl und biegen diesmal nicht rechts nach Strobl ab, sondern fahren bei der Gabelung für 2 km geradeaus nach Rußbach. Dort biegen wir links ab, rollen gemütlich durch den lichten Buchenwald, und nach 3 km haben wir den geräumigen Parkplatz am Schwarzensee erreicht. Am Morgen ist es hier noch still und einsam. Was man dort macht? Den schönen Gebirgssee umrunden – zu Fuß oder per Rad, sich in einem der zwei Gasthäuser stärken oder an heißen Sommertagen ein erfrischendes Bad nehmen.

(152) WOMO-Wanderparkplatz: Schwarzensee
GPS: N 47° 44′ 50″ E 13° 30′ 12″; Bezirksstraße.   **max. WOMOs:** 3-4.
Ausstattung/Lage: keine / großer ebener Schotterparkplatz im vorderen Bereich, im Sommer gebührenpflichtig, rechts weiter hinein ist eine kleine Parknische mit Blick auf den See, saisonal geöffnete Einkehrmöglichkeit am See, ruhig, idyllisch, entlegen.
Zufahrt: Von Strobl 4,5 km nordöstlich nach Rußbach, dann noch ca. 3 km zum See.

Hierher verirren sich in der Nebensaison nur wenige Touristen. WOMO-Verbotsschilder haben wir keine entdeckt. Wir schwingen uns fröhlich auf unsere Drahtesel, und in einer halben Stunde haben wir den See umradelt.

Etwas versteckt zwischen Bad Ischl und St. Wolfgang liegt der Schwarzensee.

Nach einer lauschigen Nacht geht es retour nach Rußbach und weiter zum Kurort für Kaiser und Könige – nach BAD ISCHL. Da der Autoverkehr in Einbahnstraßen um die Innenstadt geleitet wird, sollten Sie das WOMO auf dem Großparkplatz in der Nähe der Kaiservilla abstellen.

(153) WOMO-Stellplatz: Bad Ischl/Kaiservilla

GPS: N 47° 42′ 53″ E 13° 37′ 26″; Götzstraße. **max. WOMOs:** >5.
Ausstattung/Lage: WC / markierte Flächen auf einem öffentlichen Parkplatz mit Schranke, der hinter einer Ladenzeile (Billa, Spar) liegt, kurzer Fußweg zur Kaiservilla, ebener und asphaltierter Untergrund, schattige Lage am Flussufer, Freibad nahebei, im Ort.
Gebühr: 2 €/Std. (max. 8 €) von Mo–Fr 7–19 Uhr.
Zufahrt: B 158 St. Wolfgang–Bad Ischl, 2. Abfahrt zum Stadtzentrum, danach im Kreisverkehr die 1. Ausfahrt nehmen und wenige Meter weiter nach rechts zum Parkplatz fahren (mit WOMO-Piktogramm ausgeschildert).

BAD ISCHL verdankt seinen Aufstieg dem Salz. Es brachte den Ischlern erst Wohlstand, dann Weltruhm. Begonnen hat es mit den drei Salzprinzen. So jedenfalls wurden sie genannt, denn sie kamen zur Welt, nachdem die Eltern, eine Prinzessin und ein Erzherzog, in Bad Ischl gekurt hatten. Zwei dieser drei Söhne wurden später Kaiser – der Erstgeborene Kaiser von Österreich-Ungarn, der Zweitgeborene Kaiser von Mexiko. Maximilian sollte als Kaiser in der Neuen Welt nicht eben glücklich werden, er wurde hingerichtet. Der ältere Bruder Franz Josef hingegen, der zwei Jahre nach der ersten Kur der Eltern in Bad Ischl zur Welt kam, sollte so lange wie kaum ein anderer auf einem kaiserlichen Thron sitzen. Und vielleicht aus Dankbarkeit wählte er Bad Ischl zu seiner Sommerresidenz und hielt diesem Ort sein Leben lang die Treue.

1853 lernte er hier die Bayernprinzessin Elisabeth kennen und lieben. Zur Hochzeit erhielten Franz Joseph und Sisi die Kaiservilla. Quasi obligatorisch ist die Besichtigung der Kaiservilla.

Esplanade in Bad Ischl

Kaiservilla in Bad Ischl

Die klassizistische schönbrunnergelbe Kaiservilla thront am unteren Ende eines riesigen englischen Landschaftsparks etwas über der Altstadt. Sie ist ein Hochzeitsgeschenk der Kaiserinmutter Sophie an ihren ersten Sohn und dessen Ausgewählte Sisi. Bis 1880 ließ Franz Joseph die Villa um zwei Seitenflügel erweitert. Der Grundriss in Form eines „E" soll auf den Brautnamen Elisabeth hinweisen.

Die Besucher drängen sich zur Führung durch die kaiserlichen Räume, die gar nicht so prunkvoll sind, wie wir es sonst von herrschaftlichen Häusern gewöhnt sind. Fast alles ist original erhalten: die eher spartanisch möblierten Gemächer, das einfache Kasernenbett des Kaisers. Auch das Arbeitszimmer des Kaisers wurde so belassen, als wäre er gerade eben zur Tür hinausgegangen. Der Schreibtisch erinnert an die bitterste Stunde des Kaisers: An ihm unterschrieb er 1914 die Kriegserklärung an Serbien. Er musste den schmerzhaften Ausgang dieser Völkerschlacht nicht mehr miterleben, denn er starb zwei Jahre vor Kriegsende. Von der Lieblingsbeschäftigung Franz Josephs zeugt die enorme Zahl von Jagdtrophäen an den Wänden. Er ließ jedes Geweih mit Tag und Ort des Abschusses beschriften.

Sisi hasste Küchengerüche über alles. Deshalb werden Sie eine Kochgelegenheit im Hause vergeblich suchen. Wie aber kochen ohne Küche? Ganz einfach gar nicht! Ein Tunnel zum Haus ist des Rätsels Lösung. Die fertigen Speisen wurden durch den Tunnel in fest verschlossenen Gefäßen angekarrt. Das Kuriose an der Sache – die Kaiserin hat nur wenig gegessen. Sie war stets auf 50 cm Taillienumfang bedacht und hielt eisern ihr Gewicht. Die Gastronomie in Bad Ischl soll damals große Umsätze gemacht haben, denn die Gäste verließen meist die Villa mit leerem Magen.

Für die jedem steifen Zeremoniell abholden Sisi wurde im Kaiserpark hügelaufwärts ein luxuriös ausgestattetes, verspieltes Gartenschlösschen aus rosa Marmor errichtet. Sisi sammelte gerne Fotografien und so passt es gut, dass in den prächtigen Räumen des **Marmorschlössls** heute ein Fotomuseum residiert.
(Öffnungszeiten: Mai–Sep. tägl. 9.30–17 Uhr, Führungen laufend, April/Okt. tägl. 10–16 Uhr, Führungen stdl., Jan.–März Mi, Sa/So im Advent 10–16 Uhr, Führungen stdl., Eintritt inkl. Führung und Park 13 €).

Weiter fahren wir von Bad Ischl durch das Trauntal nach Süden und gelangen ins **Innere Salzkammergut** (auch Dachstein-Salzkammergut genannt) und von dort ins **Ausseerland** (Tour 7).

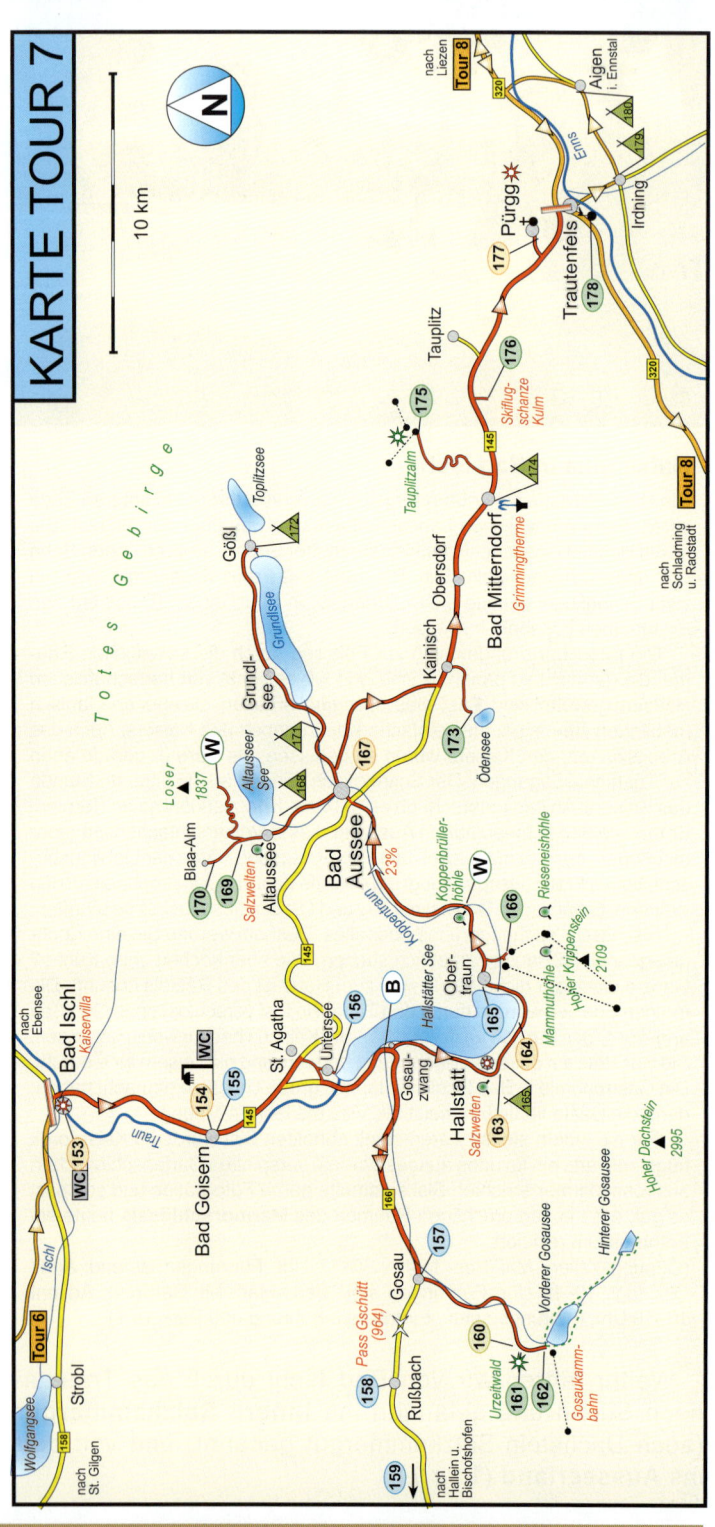

TOUR 7 (ca. 140 km / 2–3 Tage)

Bad Ischl –Bad Goisern – Gosau – Hallstatt – Obertraun – Bad Aussee – Altaussee – Gössl am Grundlsee – Bad Mitterndorf – Pürgg – Trautenfels

Stellplätze:	Bad Goisern, Gosau, Hallstatt, Obertraun, Blaa-Alm, Pürgg, Tauplitzalm, Kulm, Trautenfels.
Campingplätze:	Hallstatt, Altaussee, Grundlsee, Bad Mitterndorf, .
Baden:	Hallstätter See, Grundlsee, Grimmingtherme.
Besichtigen:	UNESCO Welterbeort Hallstatt, Dachsteinhöhlen, Bad Aussee, Salzbergwerk Altaussee, Pürgg, Schloss Trautenfels.
Wandern:	Gosauseen, Rund um den Altausseer See, Ödensee.

Der Hallstätter See und das Ausseerland gehören zu den Höhepunkten unserer Fahrt durch das Salzkammergut.

Welch eine Tourouvertüre: Eingezwängt in ein Tal und von hohen, steilen Hängen umgeben ist der **Hallstätter See**, der für uns eindrucksvollste See des Salzkammerguts.

Pittoresk schmiegen sich die Häuser von Hallstatt zwischen See und Felsen aneinander.

Am Hallstätter See und im Ausseerland

Greifbares, Brauchbares und Schönes findet man im Hand.Werk.Haus mitten im Zentrum von Bad Goisern.

Von Bad Ischl aus fahren wir auf die B 145, die einen landschaftlich besonders schönen Abschnitt des Trauntals erschließt. Nach etwa 12 Min. erreichen wir BAD GOISERN, das verstreut auf weitem Talboden inmitten eines Wandergebiets mit Fernblick auf die Dachsteingletscher liegt. Ein gebürtiger Goiserer ist der unkonventionelle Weltmusiker Hubert Achleitner alias Hubert von Goisern, der echte Volksmusik in rockige Rhythmen packt. Der Kur- und Wintersportort ist ein idealer Stützpunkt inmitten des Salzkammerguts, zumal er gute Übernachtungsmöglichkeiten bietet. Unmittelbar vor dem historischen Zentrum liegt der etwas abschüssige kleine Parkplatz Mitte [**154:** N 47° 38′ 32″ E 13° 37′ 4″; Rudolf-von-Alt-Weg 7a] (ca. 200 m vor dem Kreisverkehr von der B 145 abfahren). Eine Gehminute vom Parkplatz entfernt befindet sich die Tourist-Info. Dort gibt es im Kellergeschoss Toiletten und kostenlose Duschen (Schlüssel in der Tourist-Info). Sehr schön steht man auch am Rand des Kurparks auf dem Freibadparkplatz [**155:** N 47° 38′ 31″ E 13° 36′ 45″; Auskei-Weg 1].

Anfang Jänner schweben am Gosauer Himmel die Heißluftballone.

Von Bad Goisern sind noch rund 10 km bis zum Nordende des malerischen **Hallstätter Sees** zurückzulegen. Auf der B 145 in Richtung Bad Aussee kommen wir nach St. Agatha, dort biegen wir in der Ortsmitte rechts Richtung Untersee ab und folgen der Ausschilderung „Strandbad" (Durchfahrtshöhe 4 m, schmale Zufahrt). Eine sonnige, saftig grüne Liegewiese mit zahlreichen Bäumen als Schattenspender lädt zum Verweilen ein. Für uns ist der Wiesenparkplatz direkt vor dem Strandbad der schönste Übernachtungsplatz ringsum.

(156) WOMO-Badeplatz: Bad Goisern (OT Untersee)/ Strandbad

GPS: N 47° 36′ 33″ E 13° 38′ 43″; Untersee.   **max. WOMOs:** 3.

Ausstattung/Lage: Abfallbehälter, Außendusche, WC / unebener Wiesenparkplatz (bei Regen matschig), direkt am See, ruhig, idyllisch, Ortsrand.
Zufahrt: Den Hinweisschildern „Strandbad" folgen.
Sonstiges: Das Strandbad ist frei zugänglich und kostenlos, getrennter FKK-Badeplatz, Schiffsanlegestelle, Strandbuffet.

Direkt am östlichen Seeufer verläuft die Salzkammergutbahn, am engen Westufer die kurvenreiche Straße (B 166). Auf ihr gelangen wir zunächst nach GOSAUZWANG an der Mündung des Gosaubaches und kommen zu einem großen Parkplatz [N 47° 35′ 37″ E 13° 39′ 3″] mit Imbiss und Badestelle, wo allerdings Campieren und Zelten verboten sind.

Von hier sollten Sie unbedingt noch einen Ausflug ins **Gosautal** machen. Die beiden Gosauseen an dessen Ende, insbesondere der nur zu Fuß erreichbare Hintere, bilden mit dem gletscherbedeckten Dreitausend-Gipfel des Dachsteins als Kulisse eines der romantischsten und beliebtesten Postkartenmotive der ganzen Ostalpen (Foto S. 141). Vom Gosauzwang geht es unter der Soleleitungsbrücke hindurch auf der Pass Gschütt Straße B 166 rund 7 km kurvig durch eine dunkle Schlucht bergauf, bis sie sich plötzlich zu einem breiten, sonnigen Hochtal weitet, das im Südwesten von den imposanten Zacken des Gosaukamms überragt wird. Vorbei am kleinen Stausee in Vordertal erreichen wir das Dorf GOSAU, das sich mit seinen drei Kirchen und den weit verstreuten

Häusern an einen Wiesenhang lehnt. Unweit der evangelischen Kirche bietet das **Gosauer Hallenbad** auch bei Regenwetter Badespaß. Die große Glasfront gibt einen besonders schönen Ausblick auf das Bergpanorama frei.

(157) WOMO-Badeplatz: Gosau/Hallenbad
GPS: N 47° 35' 2" E 13° 31' 43"; Gosau 620.   **max. WOMOs:** 3.

Ausstattung/Lage: Ein paar Meter vor dem Besucherparkplatz befindet sich ein Picknickplatz mit Aussichtshütte und daneben die Pumpstation mit der Hornquelle zum Nachfüllen von Frischwasser / kleiner Asphaltparkplatz, schön gelegen, Blick übers Tal, leicht abschüssig, Ortsrand.
Zufahrt: Im Ort von der Pass Gschütt Straße/B166 links und dann nach 120 m rechts abbiegen, und nach 200 m liegen rechts Hallenbad und Kulturzentrum.

In Gosau teilt sich die Straße: Die B 166 führt rechts weiter auf den 3 km entfernten Pass Gschütt (957 m) und hinüber ins Salzburgische. Dort können Sie bestimmt mal für eine Nacht am Wasserpark und Naturbad Rußbach [**158:** N 47° 35' 27" E 13° 28' 1"] und am Freibad Abtenau [**159:** N 47° 34' 8" E 13° 20' 34"] mit dem WOMO stehen bleiben.

Wir jedoch fahren von Gosau geradeaus weiter zu den Gosauseen am Ende des Tals. Die Straße passiert das Mitter- und Hintertal, wo alte Bauernhäuser und Fremdenverkehrsbauten das Bild prägen. Zu Letzteren zählt auch das Hotel Gosauschmied [**160:** N 47° 33' 3" E 13° 30' 58"], das WOMO-Stellplätze auf dem ebenen Parkplatz direkt an der Straße oder auf der Stellplatzwiese hinter dem Haus anbietet.

600 m weiter liegt rechts der Straße beim Freilichtmuseum und beim **Familien-Erlebnispark Urzeitwald** ein größerer Schotterparkplatz [**161:** N 47° 32' 49" E 13° 30' 37"].

Weiter auf dem Weg zu den Gosauseen fahren wir an etlichen Großparkplätzen (gebührenfrei) vorbei, die wie Perlen auf einer Schnur hintereinander aufgereiht sind und allesamt zum Übernachten geeignet sind. Irgendwo steht auch mal ein verrostetes Verbotsschild „Campieren und Zelten verboten": einfach ignorieren! Nach kurzem Anstieg endet die Straße in großen Parkplätzen am Nordrand des Vorderen Gosausees (937 m), des wohl bekanntesten österreichischen Gebirgssees. Dort befindet sich auch die Talstation der Gosaukammseilbahn, die uns im Sommer zu einem traumhaften Aussichtsbalkon bringt.

(162) WOMO-Wanderparkplatz: Gosau/ Vorderer Gosausee

GPS: N 47° 32' 2" E 13° 29' 46". **max. WOMOs:** 3.
Ausstattung/Lage: WC / länglicher Asphaltparkplatz, abschüssig, ruhig, außerorts.
Zufahrt: In Bad Goisern die B 166 Richtung Golling/Hallstatt/Gosau nehmen und bis Gosau fahren, in Gosau-Vordertal Richtung Gosaukamm/Gosauseen abbiegen, Wegweiser „Gosausee" bis zum Ende der Straße folgen.

WOMO-Wandertipp: Gosauseen

Das „Auge Gottes" nannte der Weltreisende Alexander von Humbold den von dunklen Wäldern umstandenen Vorderen Gosausee. Wen wundert's, der Blick von seinem Ufer auf die mächtigen Mauern und Türmen des Dachsteins mit dem Gletscher ist überwältigend.

Vom obersten Parkplatz sind es keine 200 m bis zum Wasser, wo Ausflügler bestens bedient werden: ein Gasthof mit großem Gastgarten, Bootsverleih, Postkartenständer, Eis am Stiel und Souvenirs. Für die Urlaubsfotos sind nachmittags die Lichtverhältnisse am besten.

Der Spaziergang rund um den Vorderen See dauert 1 Stunde. Die Objekte entlang des Wegs gehören zum Themenweg „Was(s)erleben" und stellen interessante Details zum Thema Wasser vor. Für eine längere Wanderung gehen Sie vom hinteren Seeende die Forststraße weiter taleinwärts zur bewirtschafteten Niederen Holzmeisteralm (973 m) und über die Gosaulacke und einen kurzen Steilanstieg zum Hinteren Gosausee (1154 m), der in einem großartigen Talkessel gelegen ist (ab Parkplatz 2 Std). An seinem von Lawinenabgängen gezeichneten Südufer liegt die gemütliche Hintere Seealm (Hohe Holzmeisteralm, Mitte Mai–Anfang Okt., warme Hausmannskost).

Majestätisch erhebt sich der Dachstein hinter dem Gosausee.

Meist der erste Blick für viele Besucher, die nach Hallstatt kommen

Wieder zurück am Hallstätter See reisen wir weiter nach HALLSTATT. Der Ort beeindruckt schon wegen seiner Lage – eingezwängt zwischen steilen Felsen und See. Der Forschungsreisende Alexander v. Humboldt bezeichnete Hallstatt als den „wohl schönsten Seeort der Welt", und er musste es ja schließlich wissen. Und sogar in China steht ein Hallstatt-Double! Wie das? In der Stadt Boluo in der subtropischen Provinz Guangdong wurde das österreichische Alpendorf komplett nachgebaut. Im Juni 2012 ist die Kopie der Tourismusgemeinde mit Unesco-Welterbetitel eröffnet worden – inklusive Kirche und See. Keine Frage in Hallstatt müssen wir Station machen. Platz ist hier Mangelware. Das betrifft vor allem Parkplätze. Das Ortszentrum ist daher verkehrsberuhigt und für den Tagesverkehr gesperrt. Vor Hallstatt wird die Umgehungsstraße in einem Tunnel an dem Ortskern vorbeigeführt. Mitten im Tunnel ist links eine Ausfahrt zu einer kleinen Parkterrasse [N 47° 33' 43" E 13° 38' 52"]. Von hier oben schaut es wirklich pittoresk aus, wie der Ort auf der kleinen Landzunge zwischen Fels und See eingeklemmt ist, die Häuser, Kirchen und der Friedhof wie Schwalbennester am Berg kleben. Es sieht aus wie einer Heimatfilmkulisse entsprungen. Wie nicht anders zu erwarten, ist der Parkplatz jedoch voll belegt. Ob das WOMO, das hier steht, auch übernachtet hat?

Hinter dem südlichen Tunnelportal landen wir im Ortsteil Lahn. Dort gibt es mehrere Park- und Übernachtungsmöglichkeiten. Eine wäre auf dem Parkplatz P 2 [**163:** N 47° 33' 19"

E 13° 38′ 43″] (teuer!) nahe der Talstation der Salzbergbahn. Eine weitere Möglichkeit ist auf dem ca. 1,5 km entfernten Reisebusparkplatz P 3 [**164:** **N 47° 32′ 44″ E 13° 39′ 42″**] in Richtung Obertraun. Von dort führt ein Fußweg zwischen Straße und See zurück nach Hallstatt. Holen Sie sich vorher unbedingt eine Parkkarte (9 €) an der OMV-Tankstelle (Lahnstraße 169), da der Parkplatz mit einer Schranke versehen ist. Alternativ können Sie auch – so wie wir – auf dem familiär geführten Campingplatz, der direkt hinter der Tankstelle liegt, übernachten.

(165) WOMO-Campingplatz-Tipp: Hallstatt (OT Lahn)/ Camping Klausner-Höll

GPS: N 47° 33′ 9″ E 13° 38′ 52″; Lahnstraße 201.
offen: 15.Apr–15.Okt.
Ausstattung/Lage: Naturbelassene Wiese mit vereinzelten Bäumen, unterhalb eines bewaldeten Berghanges, in Nähe der Straße, Ortsrand.
Zufahrt: Südlich des Umgehungstunnels, beschildert.
Sonstiges: Badestrand ca. 300 m, Wanderwege (z.B. zum Salzberg). Hallstatt ist nur zu Fuß zu besichtigen.

Hallstatt

Hallstatt war bis 1890 nur per Schiff und auf Saumpfaden erreichbar, innerhalb des Marktes kam man oft nur über die obersten Stockwerke und Dachstühle von einem Haus zum nächsten. Doch schon in der Eisenzeit

Am Marktplatz in Hallstatt

Am Hallstätter See und im Ausseerland

wurde am hiesigen Salzberg nach Salz gegraben. 1846 wurden in einem schwer zugänglichen Hochtal oberhalb von Hallstatt etwa 2000 mit Schmuck und Waffen reich ausgestattete Gräber entdeckt. Damit war bewiesen, dass sich bereits vor etwa 2500 Jahren eine hochstehende Kultur entwickelt hatte, die Salz abbaute und damit europaweit Handel trieb.

Beginnen wollen wir den Ortsrundgang im südlich gelegenen Ortsteil Lahn. Für den Bummel durch den Ort sollten Sie ein bisschen Kondition mitbringen, denn es geht ständig treppauf, treppab. Wir schlendern am Seeufer entlang durch die mit Souvenirläden gesäumte Seestraße und kommen zum **Marktplatz**, der von blumenverzierten Bürgerhäusern und Gastgärten umstanden ist. Die zierliche barocke Dreifaltigkeitssäule am Platz stammt von 1744, vor ihr fotografieren sich gern die japanischen Touristen gegenseitig. An der Nordostecke erhebt sich der spitze Turm der neugotischen Christuskirche.

Im Museum Hallstatt machen Sie eine Zeitreise von der Steinzeit bis in die Gegenwart.

Die katholische **Pfarrkirche Maria Himmelfahrt** auf der kleinen Anhöhe zieht wegen des eigenartigen Pagodendachs ihres Turms unsere Blicke auf sich. Über verwinkelte Gässchen und die „Bedeckte Stiege" erreichen wir das gotische Gotteshaus. Unbedingt besichtigen sollten Sie die Michaelskapelle an der Nordseite der Kirche. Sie birgt im Untergeschoss das berühmte **Beinhaus**. In diesem Karner liegen 1200 Schädel, davon sind 610 bemalt, nach Familien geordnet und mit dem Sterbedatum versehen. Der jüngste Schädel kam 1995 ins Beinhaus. Er liegt rechts neben dem Kreuz. Diese Frau starb 1983. Es war ihr persönlicher Wunsch, ins Beinhaus gelegt zu werden.

Zum Gruseln: das Hallstätter Beinhaus

Das wenige Schritte südlich des Marktplatzes gelegene **Museum Hallstatt** lädt zu einer attraktiv gestalteten Reise in die 7000-jährige Hallstätter Geschichte ein: ganz klassisch in Vitrinen, mit 3D-Animation oder auf Touchscreens und in Kurzfilmen – beginnend mit dem prähistorischen Salzabbau bis hin zur Aufnahme ins Weltkulturerbe 1997.

Zurück geht es zu unserem Übernachtungsplatz in Lahn. Dazu nehmen wir nicht die Seestraße, sondern den zwischen den alten Häusern hindurch führenden Oberen Weg (Dr.-Friedrich-Morton-Weg), früher der einzige Zugang zum Ort.

Wie das Salz einst gefördert wurde, erfahren wir im Bergwerk **Salzwelten Hallstatt**, zu dem eine Standseilbahn hinaufführt. Die Talstation liegt ca. 7 Fußminuten vom Campingplatz entfernt.

Strandbad Obertraun (WOMO-Badeplatz 165)

Am nächsten Tag starten wir zeitig zum östlich gelegenen OBERTRAUN. 5 km von Hallstatt entfernt, breitet sich das lang gezogene Straßendorf auf einem sonnigen Talboden aus, der im Westen bis an das Seeufer reicht, im Norden von den steilen Flanken des Sarsteins (1975 m) und im Süden von den Felsen des Dachsteinplateaus eingegrenzt wird. Die Traun quetscht sich regelrecht durch das Tal.

Auf dem Weg nach Obertraun geht es zunächst am Badeplatz Winkl [N 47° 32′ 50″ E 13° 40′ 27″] vorbei. Er ist frei zugänglich und bietet kostenlose Parkplätze, Duschen, Liegewiese und Hallstattblick. Aber noch besser steht man am **Strandbad Obertraun**. Für uns ist es der beste Badeplatz am Hallstätter See. Er punktet dabei gleich mehrfach: Er ist frei zugänglich und bietet eine große Liegewiese, ein Seecafé, einen Spielplatz, ein Sonnenfloß, sogar Grillstellen – und kostenlose Parkplätze [**165:** N 47° 32′ 57″ E 13° 40′ 39″]. Hier macht Baden einfach Spaß: Sommer, Sonne, Salzkammergut! Die Pächterin des Seecafés erzählte uns, dass das Übernachten toleriert wird und dass öfters Wohnmobilisten – manche gleich für mehrere Tage – die Idylle hier genießen.

Ein absolutes Muss ist der Besuch der Dachsteinhöhlen und der Aussichtsplattformen auf dem Dachstein-Krippenstein-Plateau! In Obertraun zweigt eine Stichstraße zur Dachsteinseilbahn ab. Wir folgen dem Wegweiser „Höhlenwelt" und an der Talstation angekommen, warten große gebührenfreie Parkplätze auf uns.

(166) WOMO-Wanderparkplatz: Obertraun/ Talstation Krippenstein-Seilbahn

GPS: N 47° 32′ 53″ E 13° 42′ 22″; Dachsteinhöhlenstraße. **max. WOMOs:** 3-4.
Ausstattung/Lage: WC während Gondelbetrieb / Asphaltparkplatz, leicht schräg, im Wald, ruhig, entlegen.
Zufahrt: Den Wegweisern „Skigebiet Krippenstein" und „Höhlenwelt" folgen.
Sonstiges: Seilbahn zu den Dachsteinhöhlen und zum Krippenstein, Gaststätte 500 m entfernt.

WOMO-Ausflugstipp: Dachsteinhöhlen und Krippenstein

Die Dachsteinbahn bringt uns zur Mittelstation (1350 m) auf der Schönbergalm (1. Teilstrecke). Von dort sind es jeweils gut 15 Minuten Fußmarsch zur Rieseneis- und zur Mammuthöhle, die neben der Eisriesenwelt bei Werfen (siehe S. xx) die großartigsten Höhlen der Ostalpen sind.

In der **Rieseneishöhle** legen wir rund 800 m Weg zurück und überwinden dabei insgesamt etwa 120 m Höhenunterschied. Doch der Anblick der Tropfsteinhöhle und der Eisfälle, Eispaläste und Eisdome, entstanden aus eingesickertem und wieder gefrorenem Schmelzwasser und benannt nach Gestalten aus der Artus- und der Nibelungensage, entschädigt für alle Strapazen.

Wieder zurück an der Schönbergalm gönnen wir uns erst einmal eine Pause im Self-Service-Restaurant und besuchen dann das **Höhlenmuseum**. Dort erfahren wir u.a., wie die Höhlen entstanden sind und wie die ersten Menschen ausgerüstet waren, die sich in die Dunkelheit vorwagten.

Anschließend laufen wir in 15 Minuten zur **Mammuthöhle**, die aufgrund ihrer immensen Größe ihren Namen bekam: Sie soll 66 km lang sein. Im Rahmen der Führung (1 Std.) durchwandern wir gigantische Hallen mit schaurig-schönen Namen wie „Reich der Schatten" und „Halle der Vergessenheit".
(Führungen Höhlen: Anfang Mai–Ende Okt. tgl. ab 9.20, die letzte um 15 Uhr, festes Schuhwerk und warme Kleidung nicht vergessen!).

Die 2. Teilstrecke der Dachsteinseilbahn führt von der Mittelstation über steile Felswände hoch zur Bergstation (2079 m) auf dem **Hohen Krippenstein** (2108 m). Dieser am Nordrand des Dachsteinmassivs gelegene Gipfel bietet eine überwältigende Aussicht auf die weite Karsthochfläche des Dachsteins und die anschließenden Gletscher, die von einer Reihe schroffer Gipfel überragt werden. Am besten lässt sich das Traumpanorama von der oberhalb der Krippenstein Lodge gelegenen Aussichtsplattform **Welterbespirale** genießen.

Absoluter Höhepunkt sind die **„5fingers"** (nichts für schwache Nerven), die man von der Krippenstein-Bergstation in rund 20 Gehminuten erreicht. Nomen est omen: Wie eine Hand ragen die begehbaren Stege in einen 400 m tiefen Abgrund. Und eine Besonderheit: So können wir auf

Fotoplatz über dem Abgrund: die „5fingers"

Seltenes Naturschauspiel: die Rieseneishöhle

einem Steg ein Erinnerungsfoto in einem barocken Bilderrahmen machen, auf einem anderen durch einen Glasboden in den Abgrund blicken, beim nächsten durch ein kostenloses Fernrohr blicken.

Von der Krippenstein Bergstation geht es auf der 3. Teilstrecke mit einer weiteren Schwebebahn hinab zur **Gjaidalm** (1695 m), die man auch direkt mit der Kabinenbahn von Obertraun aus erreichen kann.

In Obertraun wendet sich die Straße nach Nordosten. Nach 3,5 km erreichen wir im Tal vor dem Anstieg der Koppenpassstraße den Wanderparkplatz Koppenwinkel [N 47° 33′ 50″ E 13° 43′ 21″] ein paar Meter nach dem Gasthaus Koppenrast. Von hier laufen wir in 10 Minuten auf flachem Waldweg entlang der Koppentraun zur **Koppenbrüllerhöhle**. Die Schauhöhle ist eine aktive Wasserhöhle, in der ein unterirdischer Wildbach

Wanderweg am Krippenstein mit Sicht auf das Dachstein Plateau

Am Hallstätter See und im Ausseerland

Koppenbrüllerhöhle – besonders attraktiv bei Regenwetter

durch eine Felskluft rauscht bzw. „brüllt". Im Rahmen der Führung (50 Min.) dringen wir 400 m in die Höhle vor – bis zu einem Wasserfall und einem Höhlensee (Führungen Mai–Ende Sept. 9–16 Uhr, warme Kleidung und feste Schuhe sind ratsam).

Mit 23 % Steigung schlängelt sich die Straße hoch zum **Koppenpass** (690 m). Jetzt sind wir in der Steiermark. Die Grenze ist durch die Symbole des Landes, dem grünen Herz und dem Feuer speienden Panther, gekennzeichnet.

Vom Pass sind es bis nach BAD AUSSEE ca. 6 km. Das altehrwürdige Solekurbad ist allerdings viel weniger mondän als das tags zuvor angesteuerte Bad Ischl. Bekanntheit erlangte Bad Aussee im 19. Jh. durch Erzherzog Johann, den Bruder des Kaisers und dessen Liebe zur Ausseerin Anna Plochl. Der verkehrsreiche Kurhausplatz bildet die Ortsmitte von Bad Aussee. An ihm kommt jeder vorbei: Hier münden Ischler Straße (von der B 145 her), Bahnhofstraße, Hauptstraße (Richtung Grundlsee) und Kammerhofgasse ineinander. Man trifft sich hier beim „Lewan", dem traditionellen Kurhauscafé, auf einen Kaffee, das Hotel Erzherzog Johann und das Kurhaus stehen sich hier gegenüber. Im angrenzenden Kurpark steht das 1935 errichtete Denkmal für Erzherzog Johann, das ihn lebensgroß in Jagdausrüstung zeigt. Wenige Schritte weiter markiert der marmorne Mittelpunktstein die geografische Mitte Österreichs. Doch trotz aller inneren Bereitschaft, gelingt es uns nicht, magische Strömungen zu empfangen. An der Südostecke des Kurparks wurde über dem Zusammenfluss der Altausseer und der Grundlseer Traun der größte Mercedes-Stern der Welt (27 m) als begehbare Brücke errichtet. Wer da wohl Sponsor war?

Am besten stellen Sie das WOMO auf einen dieser ausgeschilderten Parkplätzen ab (Parkscheinautomat): P 3 Altausseer Straße [N 47° 36′ 39″ E 13° 46′ 51″] und P 4 altes Vitalbad [**167:** N 47° 36′ 41″ E 13° 46′ 56″; Gartengasse].

In BAD AUSSEE verzweigen sich die Wege und folgen doch stets der Traun – entlang der Altausseer Traun zum 5 km nördlich gelegenen **Altausseer See** am Bergfuß des Loser oder 4 km Richtung Osten entlang der Grundlseer Traun zum **Grundlsee** mit dem nahen, geheimnisvollen Toplitzsee. Beide Seen sind eingebettet in eine Bilderbuchlandschaft mit stillen Plätzchen, Narzissenwiesen im Frühjahr, weit verstreuten Dörfern und schönen Ufer-, Themen- und Wanderwegen.

Als Erstes machen wir uns an diesem schönen Herbsttag auf den Weg zum **Altausseer See**, wo die reine Idylle herrscht. Am flachen Westufer stehen verstreut die Holzhäuser im typischen Ausseer Stil mit Holzveranden und geschnitztem Gitterwerk. Ein Platz für Dichter, Maler und Komponisten. Und die kamen mit Freuden jeden Sommer. Die Via Artis, ein 4 km langer Rundweg, führt auf den Spuren dieser prominenten Gäste durch die herrlich-schöpferische Landschaft des Ausseerlandes. Start ist im Ort Altaussee beim Literaturmuseum vis-à-vis dem großen Kurhausparkplatz P 3 [N 47° 38′ 26″ E 13° 45′ 59″]. Für WOMOs besteht ein Nachtparkverbot. Wir werden auf den dafür vorgesehenen Campingplatz verwiesen.

(168) WOMO-Campingplatz-Tipp: Altaussee/ Bauernhofcamping Temel

GPS: N 47° 37′ 44″ E 13° 46′ 26″; Puchen 137.   **offen:** 1. Mai–30. Sep.
Ausstattung/Lage: Ebenes Wiesengelände am ehemaligen Bauernhof, eingebettet zwischen weiten Wiesen zu Füßen des Toten Gebirges, kein Schatten, Ortszentrum ca. 1,5 km, Fußweg zum See ca. 10 Min.
Kontakt: www.camping-altaussee.com, Telefon 0043/3622/71968.
Richtpreis: ca. 15 € für WOMO + 2 Erw. inkl. V+E, Dusche und Kurabgabe.
Zufahrt: Im Ort beim Hotel Kohlbacherhof der Beschilderung folgen.

Der Rundweg um den Altausseer See ist einer der schönsten Seeuferwege Österreichs (Gehzeit 1,5 Std.). Die Landschaft ist nahezu perfekt: die hinter dem See senkrecht aufragende Trisselwand (1754 m), die idyllische Seewiese mit dem malerischen Jagdhaus (heute Jausenstation), der grandiose Fernblick auf den vergletscherten Dachstein, die Kiesbuchten, die Spiegelungen im klaren Wasser und, über allem thronend, die Felskrone des Loser.

Blick von der Seewiese am Altausseer See zum Dachsteingletscher

WOMO-Wandertipp: Rund um den Altausseer See

Der Ausgangspunkt liegt unmittelbar in Altaussee beim Kurpark (Info-Büro und Parkplatz). Für den Weg zum See empfiehlt sich die Via Artis. Zunächst auf der Hauptstraße in westlicher Richtung bis zum Cafe Fischer, dann links ab Richtung See bis zur Via Artis Station 2 „ehemalige Königsgarten-Villa". Friedrich Torberg lebte und arbeitete zeitweise in diesem Haus. Nach weiteren 200 m vorbei an der Gradieranlage erreichen wir beim Hotel Seevilla die Station 3 „Johannes Brahms". Ab hier haben wir schon den ersten prächtigen Seeblick. Der Weg führt jetzt am Tennisplatz vorbei nach Norden (Brahmsweg) bis zur sehenswerten Kirche. Links am Restaurant Seeblick vorbei folgen wir nun der Seepromenade (Adrian Werburg Promenade) bis zur Station 4 „Christl Kerry". Nun folgen wir der Seepromenade bis zum Badeplatz „Kalßeneck", genießen die schöne Aussicht, wundern uns beim Fischhäusl über die Wasserstandsmarkierungen bei Hochwasser und wandern genüsslich am Waldpfad knapp oberhalb des Sees bis zum Felspfad. Der gut befestigte Weg führt über eine vorspringende Felsnase mit altem Marterl. Von hier ist der Blick zum Dachstein besonders attraktiv. Kaum haben wir den Felsen umrundet, wird schon die Seewiese sichtbar, die wir nach wenigen Minuten im Wald erreichen. Es ist ein Platz wie aus dem Märchen: eine sattgrüne Wiese, Moortümpel, Lärchenwald, Libellensummen, Vogelgezwitscher, eine kleine Almwirtschaft mit Speckbroten, Strudel, Apfelsaft – all das eingerahmt von mächtigen Felswänden. Und dann dieser Blick: vom Holzsteg über das Wasser auf den vergletscherten Dachstein. Der weitere Weg liegt jetzt großteils im Wald, wenige Meter oberhalb des Sees und führt an der Anlegestelle des kleinen Dampfers vorbei. Am südlichen Ufer ändert sich der Blick und der Loser kommt ins Blickfeld. Am Strandcafé vorbei erreichen wir den Seeabfluss und folgen ab dem Hotel Seevilla der Straße zum Kurpark.

Wie in Hallstatt, so können Sie auch in Altaussee das historische, längst aufgelassene **Salzbergwerk** erkunden. Kostenlose Parkplätze [N 47° 39′ 6″ E 13° 44′ 21″; Lichtersberg 25] stehen Ihnen direkt am Eingang zum Stollen zur Verfügung.

Einen herrlichen Blick auf den Altausseer See bietet der Gipfel des Loser nördlich von Altaussee. Eine 9 km lange Mautstraße (Mai–Okt.) führt in 15 Kehren vorbei an der Loserhütte (1540 m) hinauf zur Loseralm (1600 m, Bergrestaurant) – von dort geht's in einer knappen Stunde Fußmarsch zum markanten Losergipfel (1838 m). Die **Loser-Panoramastraße** ist leicht zu finden: Von Altaussee stehen Wegweiser, die zum Loser Lift zeigen. Am Liftparkplatz der Loser Bergbahn [**169:** N 47° 39′ 41″ E 13° 44′ 37″] (nur Winterbetrieb) beginnt die Mautstraße.

Fährt man an der Mautstelle der Loser-Panoramastraße links vorbei, gelangt man nach mautfreien 1,5 km zum Parkplatz am Rand der weiten, in der Senke zwischen Loser und Sandling eingebetteten **Blaa-Alm**. Ihre schöne Lage und das Almgasthaus machen sie zu einem beliebten Ausflugsziel.

(170) WOMO-Wanderparkplatz: Altaussee/Blaa-Alm

GPS: N 47° 40′ 22″ E 13° 44′ 42; Lichtersberg 73a.   **max. WOMOs:** 2.
Ausstattung/Lage: keine / Schotterparkplatz, im Wald, ruhig, idyllisch.
Zufahrt: Von Altaussee Ri. Loser-Seilbahn, dann durch den Wald auf Schotterstraße bis zum Ende durchfahren.
Sonstiges: Almgasthof mit riesigem Garten, Spielplatz, Wanderwege.

Reizvoll ist ein Ausflug zum **Grundlsee**. Er bietet kilometerlange Naturstrände für ein erfrischendes Bad. Von Bad Aussee kommend stoßen wir nach 4 km auf den Gasthof Staud´nwirt. Dort gibt es einen kleinen, gut ausgestatteten Wiesen-Campingplatz direkt am Flussufer [**171:** N 47° 36′ 59″ E 13° 48′ 43″; Grundlseerstraße 21, Bad Aussee] (WOMO + 2 Pers. inkl. Taxe und Strom ca. 20 €). An der Seeklause beim Abfluss der Grundlseer Traun erreichen wir das Seeufer. Entlang der Uferstraße folgt nun ein Dutzend kostenloser Bade- und gebührenpflichtiger Parkplätze (Übernachtungsverbot!). Links ragen steil die Felswände des Toten Gebirges in den klaren Herbsthimmel. Der Ort Gössl am Ostende des Sees hat eine Schiffsstation, einen großen Badeplatz – und zwei Campingplätze.

(172) WOMO-Campingplatz-Tipp: Grundlsee/CP Gössl

GPS: N 47° 38′ 19″ E 13° 54′ 7″; Gössl 201. **offen:** 1.5–31.10.
Ausstattung/Lage: Lang gestrecktes, ebenes Wiesengelände ohne Bepflanzung, Blick auf die umliegenden Berge, stellenweise auch auf den See.
Kontakt: Fam. Bischof, www.campinggoessl.com, Telefon 0043/3622/8181-0.
Richtpreis: ca. 17 € für WOMO + 2 Erw. inkl. Kurabgabe.
Zufahrt: Am Ende der Norduferstraße, Zufahrt durch den Kreisverkehr und durch den Nachbarplatz Veit-Gössl (ausgeschildert).

Wollen Sie hier nicht übernachten, stellen Sie das WOMO ein paar Meter weiter auf dem gebührenpflichtigen Parkplatz hinter dem Gasthaus Rostiger Anker und dem großen Badestrand [N 47° 38′ 14″ E 13° 54′ 9″] ab und wandern, vorbei an der steilen Gößlerwand, durch den lichten Laubwald, in dem die Traun plätschert, bis hin zum Toplitzsee.

WOMO-Ausflugstipp: 3-Seen-Tour

Zur 3-Seen-Tour wird der Besuch von Toplitz- und Kammersee, wenn man mit dem Motorschiff vom Ort Grundlsee anreist – ein empfehlenswerter Halbtagesausflug. Stellen Sie das WOMO im Ort auf dem Parkplatz Fischersteg ca. 200 m vor dem See ab.

Die Tour startet vom Anleger Seehotel-Seeklause. Hier nehmen Sie die „Rudolf" oder „Traun" und lassen sich über den größten See des Ausseerlandes bis zu seinem nördlichen Ende schippern. Genießen Sie links den Blick auf den Ort Grundlsee und rundherum auf die Berge, die grün und grau in den Himmel ragen. An der Anlegestelle in Gössl gehen Sie weiter zu Fuß; vorbei an der steilen Gößlerwand, durch den Wald, in dem die Traun plätschert, sind Sie in gut 20 Minuten am **Toplitzsee**. Der dunkle, geheimnisvolle Bergsee ist seit Kriegsende Gegenstand wilder Gerüchte: Hier sollen die Nazis einen sagenhaften Goldschatz versenkt haben. Bei mehreren Tauchexpeditionen wurden Waffen und Bomben gefunden, außerdem jede Menge gefälschte Pfundnoten, mit denen der englische Geldmarkt überschwemmt werden sollte. Bei der letzten Expedition im Jahr 2000 wurde tatsächlich eine Blechkiste geborgen, in der Kronkorken und abgenagte Knochen mit der Aufschrift „Leider nicht!" lagen. Eine fröhliche Stammtischrunde aus Bad Aussee soll sie versenkt haben, um die Schatzsucher zu necken.

Am Toplitzsee steigen Sie in eine Plätte. Das kiellose, kastenförmige Holzboot bringt Sie gemächlich ans andere Ufer, wo Sie auf einem Pfad in 5 Minuten zum nahezu unberührten **Kammersee** gehen. Die einsame Bank mit Blick auf den See ist ein ausgewählter Glücksplatz. Wenn Sie den spiegelglatten See umrunden, stoßen Sie schließlich auf einen kleinen Wasserfall, der als Ursprung des Flusses Traun gilt.

Ein Holzboot bringt uns über den Toplitzsee.

Nach der Rückfahrt mit dem Motorboot kehren Sie am Toplitzsee in der Ausflugsgaststätte Fischerhütte ein, wo man nicht nur gut speist – kosten Sie einmal gebratenen Saibling –, sondern auch Fotos und Fundstücke von den Tauchgängen zu sehen bekommt (Mi Ruhetag). Nach dem Spaziergang zurück an den Grundlsee können Sie in Gössl das nächste Schiff zum Ausgangspunkt zurücknehmen. Oder Sie breiten Ihr Badetuch auf der großen Liegewiese aus und fahren später zurück (nur bei Schönwetter, Mai–Okt. 10.30, 11.45, 13.35, 14.45, 16.25 Uhr nach Gößl, Plätten am Toplitzsee nach Bedarf, Dauer ca. 3 Std., komplette Tour 18 €, www.3-seen-tour.at).

Vom Grundlsee tuckern wir auf einer Nebenstrecke (L 731) über Pichl-Kainisch zum **Ödensee**: Wir folgen dem Wegweiser an der B 145, dann sind es noch 2 km zum gebührenfreien Parkplatz beim See **[173: N 47° 33' 51" E 13° 49' 21"]**. Allerdings steht hier ein Schild „Campieren von 19–7 Uhr verboten". Der idyllische Moorsee liegt eingebettet in einem dichten Wald. Bis 1940 wurde hier Torf für die Feuerung der Altausseer Saline gewonnen. Im Sommer ist er ein beliebter, sehr erfrischender Badesee. Empfehlenswert ist die einfache Wanderung rund um den See, die stets ufernah durch ein Naturschutzgebiet führt und schöne Ausblicke auf Grimming und Tauplitzalm bietet (Gehzeit 45 Min.).

Auf dem Weg ins Ennstal liegt an der Salzkammergutstraße B 145 der Kurort BAD MITTERNDORF, in dem sich nur wenige alte Gebäude erhalten haben. Rund um den Ort erinnern große Appartmentanlagen an den touristischen Bauboom der 1970er-Jahre. Am südlichen Ortsrand liegt die **Grimmingtherme**, der neueste Wellnessstempel der Steiermark; davor befindet sich ein großer, langweiliger Asphaltparkplatz [N 47° 32' 45" E 13° 55' 38"; Neuhofen 182] (20 Gehminuten). In zentrumsnaher, schöner Lage ist der kleine, gut ausgestattete Campingplatz gelegen.

(174) WOMO-Campingplatz-Tipp: Bad Mitterndorf/ Kur-Camping Grimmingsicht

GPS: N 47° 33' 18" E 13° 55' 20"; Bad Mitterndorf 338.**offen:** ganzjährig.
Ausstattung/Lage: Ebene Wiese mit einigen Nadelbäumen, in ländlicher Umgebung, Bergblick, 27 Touristenplätze, ca. 500 m vom Ort.
Kontakt: Fam. Bakker, www.grimmingsicht.at, Telefon 0043/3623/2985
Richtpreis: ca. 20 € für WOMO + 2 Erw. inkl. Kurabgabe in HS.
Zufahrt: Von Bad Ischl auf der B 145 kommend nach der Avanti-Tankstelle rechts, dann noch ca. 200 m, beschildert.

Einen lauschigen Übernachtungsplatz – erzählt uns ein Wohnmobilisten-Ehepaar, das wir unterwegs treffen – soll es auf der **Tauplitzalm** geben. Also weiter in Richtung Liezen. Am östlichen Ortsrand von Bad Mitterndorf beginnt die 10 km lange Alpenstraße hoch zur Tauplitzalm. Beim Mauthäuschen erkundigen wir uns vorsichtshalber nach einem Übernachtungsverbot auf der Alm. Davon hat der freundliche Mann an der Kassa noch nie gehört und wir bezahlen beruhigt die Maut. Allein schon die Fahrt hinauf lohnt sich: Über 10 Kehren geht es mit herrlichem Dachsteinblick bis zum Großparkplatz auf rund 1600 m. Wir parken hinter den Garagen der Pistenraupen.

(175) WOMO-Wanderparkplatz: Tauplitzalm

GPS: N 47° 35' 36" E 13° 59' 3"; Tauplitzalmstraße. **max. WOMOs:** 2-3.
Ausstattung/Lage: keine / Wander- und Wintersportgebiet, entlegen.
Zufahrt: Von Bad Mitterndorf über mautpflichtige Alpenstraße.

Auf der Tauplitzalm

Auf der lang gestreckten Almhochfläche, die im Norden von der Kalkwüste des Toten Gebirges begrenzt wird, haben sich in den Senken sechs Seen aufgefüllt. Bekannt ist die Alm auch für ihre üppige Alpenflora. Im Hochsommer blühen königsblaue Enzianarten und die roten Alpenrosen. Orchideen und Lilien sind im September dran, im Oktober vergolden die verfärbten Lärchen das Bild. Gleich nach der Schneeschmelze stehen die Schneerosen in Blüte. Das aussichtsreiche Almplateau wird schon lange touristisch genutzt. Im Sommer ist die Seenwanderung sehr beliebt, zumal allerorten Hütten zur Einkehr einladen. Im Winter frönt man dem Skisport auf Pisten und Loipen.

Die weltweit größte natürliche Skiflugschanze liegt bei Kulm.

Am nächsten Morgen verlassen wir die Tauplitzalm und folgen der B 145 in Richtung Liezen. Vorbei kommen wir am legendären **Kulm**, wo seit 1950 skigesprungen wird. Die Anlage ist die größte natürliche Skiflugschanze der Welt, denn sie ist direkt der Geländeform angepasst. 2016 findet hier wieder eine Skiflug-Weltmeisterschaft statt, die Schanze wird dafür ab 2013 umgebaut. Eine Stichstraße führt zu den übernachtungstauglichen, ruhigen Parkplätzen [**176:** N 47° 32′ 58″ E 13° 59′ 34″] direkt unterhalb der Schanze.

Am Ausgang des Ausseerlands liegt 6 km östlich von Tauplitz wie auf einem Adlerhorst das **Bilderbuchdorf PÜRGG** über der Enns. Pürgg ist erfreulicherweise für den Autoverkehr gesperrt, doch am westlichen Ortsrand gibt es ausreichend Parkmöglichkeiten.

Kirche von Pürgg vor dem mächtigen Grimming (2351 m)

(177) WOMO-Stellplatz: Pürgg
GPS: N 47° 31′ 54″ E 14 3′ 55″.
max. WOMOs: 1-2.
Ausstattung/Lage: WC, Müllcontainer / schmaler Parkstreifen an der Ortseinfahrt, im Grünen, Bäume, Ortsrand.
Zufahrt: Aus Ri. Bad Ischl kommend links von der B 145 abzweigen.
Sonstiges: Wanderwege, schön gelegenes Freibad; das Gasthaus Krenn bietet Steirische Schmankerln.

Mit Häusern, deren Obergeschosse meist holzverschalt und deren Dächer schindelgedeckt sind, wirkt das Dorf ein wenig wie aus der Zeit gefallen. In der wuchtigen **Pfarrkirche St. Georg** wurden im oberen Turmgeschoss, das wir über einen Seiteneingang erreichen, Fresken von 1300 freigelegt. 400 m weiter östlich auf einer Anhöhe, von der wir einen weiten Blick auf den Grimming, auf das Ennstal und Pürgg haben, erhebt sich die kleine **Johanneskapelle**. Sie ist gänzlich mit Fresken aus dem 12. Jh. ausgeschmückt. Die Fresken sind zwar teils nur schwach erkennbar, jedoch fast vollständig erhalten. Ungewöhnlich ist der Katzen-Mäuse-Krieg an der hinteren Südseite. Mit Pfeil und Bogen verteidigen sich die Mäuse auf ihrer Burg gegen die angreifenden Katzen.

In der Johanneskapelle bei Pürgg sind romanische Fresken erhalten.

Beeindruckende Architektur in malerischer Umgebung: Schloss Trautenfels

Fast genau gegenüber von Pürgg überragt markant der imposante Bau von **Schloss Trautenfels** den Talboden. Hier kreuzte sich einst die Salzstraße mit der Strecke durch das Ennstal; der Ennsübergang und die steirische Landesgrenze, die wenige Kilometer westlich lag, mussten gesichert werden. Beeindruckend sind der prächtig ausgemalte Festsaal und die barocke Schlosskapelle. Heute ist hier das Landschaftsmuseum angesiedelt, das v.a. ländliches Leben dokumentiert (Palmsonntag–31. Okt. tgl. 10–17 Uhr).

(178) WOMO-Stellplatz: Schloss Trautenfels

GPS: N 47° 31' 6" E 14 4' 46"; Trautenfels 1. **max. WOMOs:** 1.
Ausstattung/Lage: keine / Besucherparkplatz direkt vor dem Schloss, im Grünen, Splitt, Schattenbäume, Gaststätte, außerorts.
Zufahrt: Von Pürgg 3 km weiter auf der Salzkammergutstraße B 145 bis zur Kreuzung in Trautenfels, an der 2. Ausfahrt rechts auf die B 75 Ri. Irdning/Aigen abbiegen und nach 200 m (an den Fischteichen vorbei) rechts den Schlosshügel hinauf zum Parkplatz.

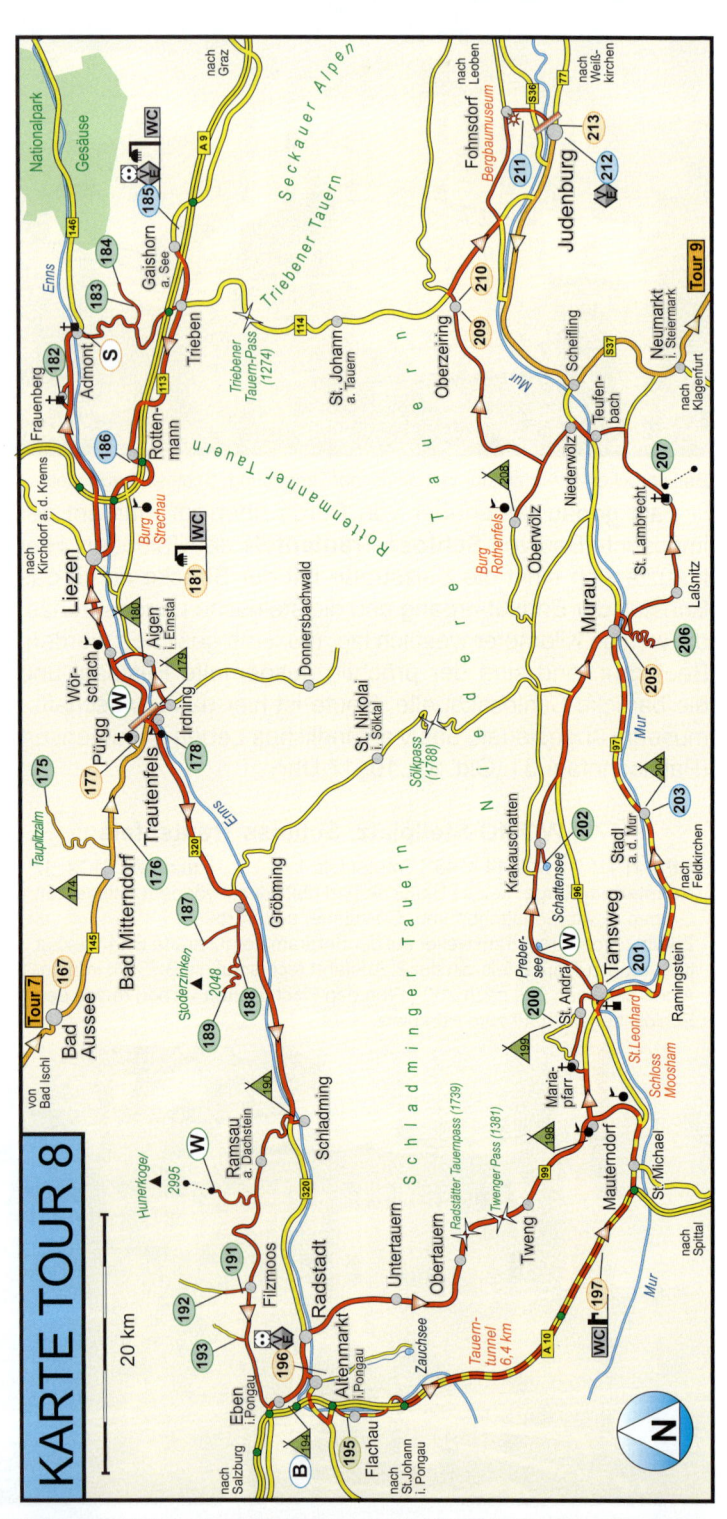

TOUR 8 (ca. 360 km / 3–4 Tage)

Trautenfels – Aigen im Ennstal – Wörschach – Liezen – Admont – Gaishorn – Rottenmann – Gröbming – Schladming – Ramsau – Filzmoos – Eben im Pongau – Flachau – Altenmarkt – Radstadt – Mauterndorf – WSankt Andrä – Tamsweg – Stadl an der Mur – Murau – St. Lambrecht – Oberwölz – Oberzeiring – Fohnsdorf – Judenburg

Stellplätze:	Liezen, Skilifte Kaiserau, Gaishorn, Rottenmann, Gröbming, Filzmoos, Flachau, Altenmarkt, Tamsweg, Schattensee, Murau, Frauenalpe, St. Lambrecht, Oberzeiring, Fohnsdorf, Judenburg.
Campingplätze:	Irdning, Aigen, Schladming, Mauterndorf, Sankt Andrä, Stadl an der Mur, Oberwölz.
Baden:	Badesee Gaishorn, Therme Amadé in Altenmarkt, Prebersee, Schattensee, Aqualux-Therme Fohnsdorf.
Besichtigen:	Wallfahrtskirche Frauenberg, Benediktinerstift Admont, Burg Strechau, Burg Mauterndorf, Schloss Moosham, Bergbaumuseum Fohnsdorf.
Ausflüge:	Dachsteingebirge im Sonnenaufgang, Panoramastraße auf den Stoderzinken.
Wandern:	Durch die Wörschachklamm zur Ruine Wolkenstein, Erlebnisberg Großeck-Speichereck.

Von TRAUTENFELS setzen wir unsere Fahrt durchs Ennstal auf der B 75 Richtung Irdning fort. Wir überqueren die Enns und erreichen IRDNING. Am Ortsrand liegt die Ferienanlage „Im Dörfl Anno 1873". Alle Gebäude sind im bäuerlichen Stil des 19. Jh. erbaut, im Gelände stehen attraktive Kunstwerke aus Holz und Stein.

(179) WOMO-Campingplatz-Tipp Falkenburg bei Irdning/ Im Dörfl Anno 1873

GPS: N 47° 30′ 34″ E 14° 5′ 49″; Dörfl 273.
offen: 1.1.–31.3., 1.5.–31.10., 1.12.–31.12.
Ausstattung/Lage: Ebenes Wiesengelände bei einem kleinen Hüttendorf, vom angrenzenden Sportzentrum durch einen niedrigen, bepflanzten Wall getrennt, Blick auf Berge, Straße in Hörweite, Ortsrand.
Kontakt: www.imdoerfl.at, Telefon 0043/3682/22022.
Richtpreis: ca. 20 € für WOMO, V+E, Strom und Ortstaxe inkl. 2 Erw. in HS.
Zufahrt: Von Trautenfels auf der B 75 in Richtung Süden nach Irdning fahren, die Ferienanlage liegt am Ortseingang.

In Irdning biegen wir von der B 75 gen Nordosten nach AIGEN ab. Dort ist uns eine interessante Sehenswürdigkeit einen Abstecher wert: Die ultramoderne Kirche von Aigen mit dem stählernen Campanile und dem abgerundeten Dach ist nicht nur ein spektakuläres Gotteshaus, sondern auch ein Hinweis auf die Bedeutung der Metallindustrie für die Region. Anschließend schlagen wir unser Nachtquartier auf dem beliebten Campingplatz auf, der idyllisch direkt am Putterersee liegt.

(180) WOMO-Campingplatz-Tipp: Aigen im Ennstal/ Putterer See

GPS: N 47° 31′ 16″ E 14° 7′ 57″; Hohenberg 2a.
offen: Mitte April–Ende Okt.
Ausstattung/Lage: Überwiegend eben, teils auch terrassiert, mit altem Baumbestand, am See, von Wiesen und bewaldeten Höhen umgeben, ruhig, Badestrand.
Kontakt: www.camping-putterersee.at, Telefon 0043/3682/22859.
Richtpreis: ca. 19 € für WOMO, V+E, Strom und Ortstaxe inkl. 2 Erw. in HS.
Zufahrt: Im Text beschrieben.

Einige Kilometer ennsabwärts liegt auf der anderen Talseite WÖRSCHACH. Ein beliebtes Fotomotiv ist die **Burgruine Wolkenstein** (12. Jh.) über dem Ort. Vom Ortskern aus folgen wir der Beschilderung „Wörschachklamm und Ruine Wolkenstein" und erreichen den Klammparkplatz [N 47° 33′ 19″ E 14° 8′ 57″] in der Nähe des Gemeindeamtes und der Kirche. Der leicht unebene Wanderparkplatz ist schön an der Wörschach unter Bäumen gelegen, leider ist ein Schild „Camping verboten!" aufgestellt. Eine reizvolle Wanderung können Sie von hier aus zur Wörschachklamm machen.

WOMO-Wandertipp: Durch die Wörschachklamm zur Ruine Wolkenstein

Gehzeit: 2 Std. (7,2 km)
Wegmarkierung: Wörschachklamm Runde, Weg Nr. 5
Abwechslungsreiche, leichte Wanderung durch eine wildromantische Klamm bis zur interessanten Burgruine Wolkenstein, hoch über dem Ennstal.
　　Zunächst folgen wir ein kurzes Stück dem Bach aufwärts bis zur Mauthütte. Unmittelbar dahinter tost der Wörschachbach durch sein felsiges Bachbett. Der Steig führt zum Teil auf Stegen, dann wieder über Leitern

und Brücken immer höher. Die Felsen beiderseits des Baches rücken immer näher zusammen und lassen nur mehr einen schmalen Spalt nach oben frei – es ist ausgesprochen beeindruckend, wie sich hier das Wasser durch die Felsen gegraben hat. Rund 30 Minuten brauchen wir bis zum Klammausgang. Dann verändert sich der Charakter der Landschaft: Ein großer Kessel mit hochstämmigem Mischwald (viele Buchen) durchwandern wir bergauf bis zum schönen Aussichtsbankerl in der Nähe der Kohlstatt, wo früher Holzkohle hergestellt wurde. Nach diesem Scheitelpunkt geht es in Hohlwegen durch den Wald bergab, wir kommen an der berühmten Schwefelquelle (riecht man) vorbei und wandern bis zur Eselranch (Streichelzoo u. Einkehrmöglichkeit).

Von dort sind es nur noch ein paar Minuten bis zur Burgruine Wolkenstein. Sie thront auf einer freien Plattform hoch über dem Ennstal, die noch gut erhaltenen Burgmauern lassen der Fantasie Spielraum und von den Erkern haben wir einen prächtigen Blick über das obere Ennstal. In 10 Minuten laufen wir hinunter zum Parkplatz.

Falls Sie eine Ver- und Entsorgungsmöglichkeit benötigen, dann fahren Sie von Trautenfels direkt auf der B 320 zum **Rastplatz Stainach** [N 47° 31′ 42″ E 14° 7′ 6″]: Dort hat es einen Wasserhahn, eine Toilettenanlage und Abfallbehälter.

Über die B 320 kommen wir nun nach WEISSENBACH BEI LIEZEN. Noch vor der Ortschaft liegt die 1996 neu eröffnete Freizeit- und Badeseeanlage. Parkplätze [N 47° 33′ 51″ E 14° 12′ 7″; Markus-Platzer-Weg 371] sind ausreichend vorhanden. Beim Seewirt kocht die Chefin gerne nach dem Motto „A faire Speis zum g'sunden Preis".

Die Bezirkshauptstadt LIEZEN, 3 km östlich, ist Einkaufszentrum der Region und hat kaum Sehenswürdigkeiten aufzuweisen. Aber WOMOs sind in Liezen willkommen:

(181) WOMO-Stellplatz: Liezen/Tennis- u. Sportzentrum

GPS: N 47° 33′ 54″ E 14° 13′ 59″; Friedau. **max. WOMOs:** 3.
Ausstattung/Lage: Frischwasser, Abfallbehälter, Sanitäreinrichtungen in der Tennishalle können gegen Gebühr benutzt werden / schattenloser Platz hinter dem Sportzentrum, eben, Kieselsteine, Stadtzentrum ca. 500 m.
Zufahrt: Von der B 320 nach rechts in die Döllacher Straße L 740 und nach der Bahnüberquerung die 2. Straße nach rechts bis zum Parkplatz (WOMO-Schilder) der Tennishalle.

Durchs Ennstal und Obere Murtal

Weithin sichtbar thront die Wallfahrtskirche Frauenberg über dem Talboden.

Einige Kilometer flussabwärts schiebt sich die **Wallfahrtskirche Frauenberg** höchst malerisch ins Blickfeld. Der wundersame Fund einer von den Hochwasserfluten der Enns ans Ufer gespülten Marienstatue führte Anfang des 15. Jh. zum Bau einer Kapelle, die immer wieder erweitert werden musste, da der Andrang der Pilger zu groß wurde. Vom Parkplatz **[182: N 47° 34′ 59″ E 14° 24′ 5″]** laufen wir hoch zum Gotteshaus, das als Juwel des steirischen Barocks gilt. Die geschnitzten Türen und der Hochaltar (um 1690) beeindrucken durch ihre Wucht. Im Pfarrhof ist heute ein Restaurant untergebracht.

6 km östlich steht am Eingang zum Nationalpark Gesäuse ein ehemals bedeutendes Zentrum der Wissenschaft, das weltberühmte **Benediktinerstift Admont** im Zentrum des gleichnamigen Ortes. Dort sollten Sie sich unbedingt die einzigartige Bibliothek ansehen. Sie können Ihr WOMO bequem auf dem großen Parkplatz des Stiftsmuseums [N 47° 34′ 23″ E 14° 27′ 48″] kostenfrei parken. Leider wird er in der Nacht zugesperrt.

Eingebettet in eine atemberaubende Gebirgskulisse liegt das Stift Admont.

Benediktinerstift Admont

Die im Jahr 1938 heiliggesprochene Kärntner Gräfin Hemma von Gurk stiftete im 11. Jh. den Grund, auf dem Erzbischof Gebhard von Salzburg das Benediktinerkloster gründen ließ. Die heutige, neugotische Stiftskirche wurde erst nach einem Brand im Jahr 1865 erbaut. Überragt wird die Kirche von zwei 70 m hohen Türmen.

Fresko „Bücherfüllhorn"

Hinter den dicken Mauern des Stiftes verbirgt sich die größte Klosterbibliothek der Welt. Sie ist ein Gesamtkunstwerk des Spätbarock und wird bisweilen wegen ihrer Schönheit ehrfürchtig als achtes Weltwunder gerühmt. Bemerkenswert ist der 72 m lange Bibliothekssaal mit seinen 13 m hohen Decken. Blicken wir hinauf, entdecken wir opulente Freskenmalereien aus dem 18. Jh. Schauen wir in die Regale, sehen wir nichts als Bücher: 70 000 Bände sind ausgestellt, der Gesamtbestand aber beträgt 200 000 Bände, darunter mittelalterliche Handschriften und frühe Drucke.

Das Kloster selbst ist in der Region ein bedeutender Wirtschaftsfaktor: Es gibt mit Landwirtschaft und Forstwirtschaft, Apotheke, Gastronomie und Gymnasium über 1000 Menschen Arbeit. Die

Vergoldete Büste

Klosteranlage beherbergt auch ein kunst- und ein naturhistorisches Museum sowie das neue Museum für Gegenwartskunst (Ende März–Anfang Nov. tgl. 10–17 Uhr, sonst auf Anfrage, www.stiftadmont.at).

Die Bibliothek des Stifts Admont glänzt in schönstem Rokoko.

Etwa 10 km südlich von Admont an der Straße nach Trieben erreichen wir die **Kaiserau**. Sie ist ein beliebtes Skigebiet und punktet durch die sonnige Lage der Hänge am Hochplateau.

---

(183) WOMO-Wanderparkplatz: Admont/Skilifte Kaiserau
GPS: N 47° 31' 43" E 14° 29' 4". **max. WOMOs:** 1-2.
Ausstattung/Lage: keine / großer Parkplatz (kann im Sommer abgesperrt sein!), von Wiesen und Nadelwald umgeben, Kies, ruhig.
Zufahrt: Zu den Skiliften Kaiserau ist ausgeschildert.

Jetzt wechselt die Straße zu einer Schotterpiste und windet sich noch mehrere Serpentinen bis zur **Oberst-Klinke-Hütte** (1504 m) hinauf. Im Winter ist das Sträßchen eine beliebte Rodelstrecke, deshalb sollten Sie nur im Sommer hochfahren.

---

(184) WOMO-Wanderparkplatz: Admont/ Oberst-Klinke-Hütte
GPS: N 47° 32' 21" E 14° 30' 47". **max. WOMOs:** 1-2.
Ausstattung/Lage: Berggasthof mit Gastgarten / schräger Schotterparkplatz, entlegen.
Zufahrt: Von der Kaiserau über die 5 km lange gebührenpflichtige Mautstraße.

Auf der romantischen Kaiserau-Bergstraße (L 713) kurven wir hinunter ins Paltental und kommen nach TRIEBEN, das ein wichtiges Industriezentrum ist. Beherrscht wird der Ort von dem gewaltigen Schornstein des RHI-Werks. Weiter auf der B 113 Richtung Leoben fahren wir entlang der Bahnstrecke nach GAISHORN. Dort sind wir überrascht, einen gemeindeeigenen Stellplatz unweit des Badesees vorzufinden.

---

(185) WOMO-Badeplatz: Gaishorn am See/Freizeitgelände
GPS: N 47° 29' 6" E 14° 32' 52". **max. WOMOs:** >5.
Ausstattung/Lage: V+E, Strom, Abfallbehälter, 1.7–30.9 mit Dusche und WC, 15 € Gebühr inkl. Strom / Stellplatz beim Sportplatz und Badesee nahe der Bundesstraße, Kies und Gras, einige Bäume, außerorts.
Zufahrt: Von Trieben auf der B 113 ca. 4 km Ri. Graz, an der Ortseinfahrt (Tankstelle) nach rechts zum Badesee und zur Sportanlage.
Sonstiges: Man muss sich telefonisch anmelden, aktuelle Nummern sind am Platzeingang angeschlagen.

Von Gaishorn geht es wieder retour nach Trieben. Hier müssen Sie sich entscheiden: gleich südwärts auf der B 114 über den Triebener Tauern-Pass (1274 m) ins Murtal nach Judenburg oder erst einmal westwärts durchs Obere Ennstal und über den Radstädter Tauernpass in den idyllischen Lungau.

Haben Sie sich für die Südroute entschieden, machen Sie im Bergdorf Hohentauern einen Zwischenstopp. Dort bietet sich eine kleine Wanderung zu einem rekonstruierten Keltendorf an, das idyllisch im Tal an einem Teich liegt.

Wir jedoch lenken unser WOMO westwärts ins 1000-jährige

Bergstädtchen ROTTENMANN (Judenburg werden wir auf dieser Tour erst später besuchen). In Rottenmann übernachten wir auf dem Parkplatz am Freibad. In der untergehenden Sonne haben wir von hier aus einen wunderschönen Blick auf die Burg Strechau, die hoch über dem Paltental die strategische Engstelle bewacht.

(186) WOMO-Wanderparkplatz: Rottenmann/Freibad

GPS: N 47° 31′ 29″ E 14° 20′ 45″. **max. WOMOs:** 1.

Ausstattung/Lage: Abfallbehälter / Rasengittersteine, kaum Schatten, leichte Verkehrsgeräusche von der Autobahn, Ortsrand.
Zufahrt: Der Ausschilderung zu den Sportanlagen und dem Stadtbad folgen.
Sonstiges: Im Ort gibt es etliche Parkplätze (Parkleitsystem P 1–P 8), wobei der P 8 am Friedhof auch zum Übernachten geeignet ist.

Am nächsten Morgen ist **Burg Strechau** unser erstes Etappenziel. Von Rottenmann rollen wir Richtung Lassing und folgen den braunen Hinweisschildern zur Burg. Die letzten paar Hundert Meter holpern wir auf einem unbefestigten Sträßchen durch einen Wald und landen auf dem kleinen Besucherparkplatz [N 47° 31′ 44″ E 14° 18′ 53″; Burgfried, Lassing] direkt vor der Burg. Wenn Sie abends ankommen und am nächsten Tag die Burg besichtigen möchten, können Sie bestimmt über Nacht hier stehen bleiben.

Das Fräulein von Burg Strechau

Durchs Ennstal und Obere Murtal

Über Lassing, Döllach, Ketten und Trautenfels rollen wir durch das Obere Ennstal auf der B 320 ins Schladming-Dachstein-Gebiet. Es ist das Zentrum des steirischen Wintersports.

Von GRÖBMING führt eine der schönsten Panoramastraßen Österreichs 8 km auf den **Stoderzinken** hinauf. Auf dem Weg dorthin biegen wir nach gut 1 km rechts zur Kneippanlage in der Lend ab. Die Asphaltstraße wird auf den letzten 700 m zur Schotterstraße, und wir erblicken Klettergerüste. Dahinter sind ein Parkplatz und die Kneippanlage.

(187) WOMO-Wanderparkplatz: Gröbming (OT Winkl)/ Kneippanlage Lend

GPS: N 47° 28' 0" E 13° 51' 7"; Winkler Straße. **max. WOMOs:** 2-3.
Ausstattung/Lage: WC im Sommer, Grillstelle, Bänke, Müllbehälter / außerorts.
Zufahrt: In Gröbming von der B 320 Richtung Stoderzinken abzweigen.

Zurück auf der Stoderzinken-Alpenstraße passieren wir den **Abenteuerpark Gröbming [188: N 47° 26' 47" E 13° 51' 27"]**. Er soll der größte Klettergarten Österreichs sein. Ab jetzt steigt die Straße an. Sie ist mautfrei, gut asphaltiert, jedoch kurvenreich und manchmal auch eng. Bis hinauf zum Rossfeld Parkplatz **[189: N 47° 27' 19" E 13° 48' 42"]** in 1765 m Höhe sind es rund 11 km. Weiter hinaufzufahren bringt nichts, denn oben auf dem Parkplatz beim Steinerhaus ist es zum Parken sehr eng. Als besonderer Tipp gilt die 20-minütige Wanderung zum **Friedenskircherl** knapp unter dem Stoderzinkengipfel (2047 m). Hier genießt man den grandiosen Blick auf die Dachstein-Tauern-Region.

Nach einer Stärkung im Berggasthof Steinerhaus geht es weiter nach SCHLADMING, wo wir schon gleich am Ortseingang darauf hingewiesen werden, dass im gesamten Ort auf allen Parkplätzen ein Nachtverbot für Wohnmobile gilt.

Abenteuerpark Gröbming: Tarzan-Feeling mit Stahlseilen

Das Friedenskircherl am Stoderzinken klebt geradezu in der Felswand.

Parkmöglichkeiten sind freilich reichlich vorhanden, z.B. auf dem zentral gelegenen gebührenfreien Großparkplatz P 3 [N 47° 23′ 40″ E 13° 41′ 26″; Erzherzog-Johann-Straße] oder auf dem kleinen Parkplatz am Friedhof [N 47° 23′ 25″ E 13° 40′ 55″]. Zum Übernachten suchen Sie den Campingplatz Zirngast [**190:** N 47° 23′ 55″ E 13° 41′ 34″; Linke Ennsau 633] auf; der bietet sowohl Sommer- als auch Wintercamping. Schladming ist einer der bekanntesten Wintersportorte in Österreich. Das merkt man auch im Sommer: Zwar liegt dann kein Schnee auf dem Hausberg, der Planai, doch es ist unverkennbar eine Abfahrtpiste, die da mitten im Ort endet. Im Moment wird hier gebaut, als gälte es, eine Weltausstellung vorzubereiten, dabei ist es nur auf die Ski-WM 2013 gerichtet. In den Auslagen der zahlreichen Sportgeschäfte liegt Bergsteigerausrüstung, darüber die Aufschrift „Rent-a-Ski". Pizzerien, Gasthäuser, Shops und der futuristische Golden Jet der Planai-Seilbahn prägen den Ort. Uns graust dieser Betrieb.

Der Schladminger Gletscher

Von Schladming kurven wir über eine serpentinenreiche, ca. 15 km lange Straße aus dem Ennstal bergauf und erreichen bei Kulm die Ebene der **Ramsau**. Wie eine weite Terrasse liegt diese Moränen- und Hochmoorlandschaft auf 1000–1300 m Höhe über dem Ennstal. Über ihr erhebt sich das vergletscherte Dachsteinmassiv. Weiter fahren wir auf der Ramsauer Landesstraße (L 725) in Richtung Filzmoos. Im Westen des Plateaus biegt die mautpflichtige **Dachsteinstraße** ab, die sich in abenteuerlichen Kurven 6 km Richtung Norden zur Türlwandhütte (1702 m) hinaufwindet. Dort stößt man auf die Talstation der Gletscherseilbahn. Der Parkplatz [N 47° 27′ 0″ E 13° 37′ 2″] davor kann wegen der vielen Besucher schon mal belegt sein. Von hier geht es dann mit der Gondel auf den Hunerkogel, den mit 2995 m höchsten Berg der Steiermark.

WOMO-Ausflugstipp: Dachsteingebirge im Sonnenaufgang

Die Pendelbahn schwebt in 10 Minuten zur Bergstation (2694 m) mit Panoramarestaurant auf dem Hunerkogel.

Die Fahrt selbst ist atemberaubend. Von Westen her grüßt der Rötelstein, ein isoliert vom Dachsteinmassiv stehender Bergkegel. Ohne jeden Stützpfeiler schwebt man auf einer Länge von 2147 m über der steil abfallenden Wand empor. Spektakulär ist die dort gelegene Aussichtsplattform **Skywalk**, die weit über die  senkrecht abfallende Felswand des Hunerkogels hinausragt. Bei schönem Wetter geht der Blick vom Großglockner im Nordwesten über den Türlspitz bis nach Slowenien im Südosten.

In den Morgenstunden können Sie beim „**Sky-Walker-Frühstück**" den hinreißenden Sonnenaufgang erleben. Das Gebirge ist dann in ein unwirklich rotes Licht getaucht.

Nur wenige Schritte entfernt gibt es eine weitere Attraktion, der **Eispalast** im Inneren des Dachstein-Gletschers. Hier wurden Säle und Skulpturen aus dem Eis modelliert. Die farbige Beleuchtung schafft eine mystische Stimmung.

Ein Muss für Flachland-Touristen ist die Wanderung zur knapp eine Stunde entfernten **Seethaler Hütte** mit Blick in die steil abfallende Dachstein-Südwand.

FILZMOOS lohnt einen Besuch. Am Kreisverkehr biegen wir rechts ab, fahren durch die Ortsmitte und finden am Ortsende links der Straße und direkt am Flüsschen Mandling einen kleinen Parkplatz ohne Verbote [**191:** N 47° 26' 9" E 13° 31' 20"]. Vom einst feuchten Hochmoor zeugt nicht nur der Ortsname, sondern auch die ältere Bebauung. Die Häuser stehen auf einem kleinen Hügel, um sich vor nassen Fundamenten zu schützen. In der kleinen spätgotischen Kirche sind Freskenreste und das Filzmooser Gnadenbild, eine Figur des Jesuskinds zu sehen. Wenn Sie weiter der Straße Richtung Hinterwinkl bis zur Mautstelle Hofalm folgen, finden Sie direkt davor einen langen, etwas abschüssigen Parkstreifen [**192:** N 47° 26' 33" E 13° 31' 10"]. Das Übernachten wird, laut Auskunft in der Tourist-Info, toleriert.

Auf der Fahrt nach Eben im Pongau haben wir einen großen Parkplatz mitten im Grünen entdeckt, und zwar im Filzmooser Ortsteil Neuberg beim Schwaigalmlift: [**193:** N 47° 26' 27" E 13° 28' 10"]. Dort können Sie eventuell übernachten.

EBEN IM PONGAU lockt mit seinem Erlebnisbadesee. Parken können Sie auf dem großen Besucherparkplatz und übernachten direkt daneben auf dem Campingplatz [**194:** N 47° 24' 0" E 13° 23' 46"].

Die Gegend rund um Eben ist im Winter eine gigantische Skischaukel, die über mehrere Täler von St. Johann nach Osten über Flachau bis nach Altenmarkt, Zauchensee und Radstadt reicht. Skiverbund Amadé nennt sich dieser Zusammenschluss der Ferienorte. So gilt ein einziger Skipass für 276 Seilbahnen und 865 Pistenkilometer. Jedoch ist diese Region keineswegs wohnmobilfreundlich: Auf den meisten Parkplätzen gilt Nachtpark- und Wohnmobilverbot. Nur in Flachau gibt's – außer den Campingplätzen – eine Möglichkeit zum Übernachten:

(195) WOMO-freundliche Gaststätte: Flachau/Alter Jagdhof
GPS: N 47° 21' 12" E 13° 23' 39"; Feuersang 104.
Ausstattung/Lage: keine / Parkplatz des Gasthofs im Ortszentrum, direkt an der Enns gelegen, Einkehr obligatorisch.
Zufahrt: A 10 Salzburg–Villach, Ausfahrt 66 Flachau, im Kreisverkehr die 3. Ausfahrt Richtung Zentrum, nach 1 km auf der linken Seite.

Wir verlassen Eben im Pongau Richtung ALTENMARKT IM PONGAU. Die **Therme Amadé** und der **Zauchensee** sind schon ausgeschildert. Stattliche Landgasthöfe säumen den von der Hauptstraße durchzogenen Marktplatz. Weiter folgen wir den Schildern „Therme Amadé". Auf den ersten Blick fühlt man sich von der Superrutsche und dem Wort Therme angelockt. Das gute Gefühl ändert sich aber schon an der Kasse: 40 € für 2 Personen und 4 Stunden ist schon viel. Übernachten darf man hier sowieso nicht, auch nicht in Verbindung mit einem Besuch der Therme. Die Polizei kontrolliert das. Die Betreiber der Therme sollten sich doch einmal ein Beispiel an den Kurorten der Schwäbischen Bäderstraße nehmen: Dort machen entspannende Thermen und hervorragend ausgestattete Wohnmobilstellplätze den Aufenthalt zu einem erholsamen Erlebnis. Vielleicht lernen die österreichischen Bäder irgendwann dazu – oder auch nicht. Danach sind wir zum Stellplatz Kellerbauer gefahren. Frischwasser haben wir direkt am Brunnen geholt. Eine ruhige Nacht haben wir hier verbracht.

(196) WOMO-Stellplatz: Altenmarkt im Pongau (OT Kellerdorf)/Kellerbauer

GPS: N 47° 22' 13" E 13° 25' 44"; Kellerdörfl 249.   **max. WOMOs:** >5.
Ausstattung/Lage: V+E, Strom / großzügige Fläche auf einem Bauernhof in Waldnähe, Schotter, kein Schatten, ruhig, Ortsrand.
Gebühr: 10 € für WOMO + 2 Personen inkl. V+E+Kurtaxe, Strom 2 €.
Zufahrt: Im Ort am Marktplatz in Ri. Zauchensee fahren, nach 600 m von der Zauchenseestraße bei der Gärtnerei in die Zefferergasse abbiegen und dann der Beschilderung zum Stellplatz Kellerbauer folgen.

Abendstimmung in Altenmarkt im Pongau

Für die weitere Fahrt südwärts in den **Lungau** stehen zwei Wege zur Auswahl: der bequeme, rasche über die mautpflichtige Tauernautobahn A 10 und der längere, aber kostenfreie auf der B 99 über die Radstädter Tauern.

Entscheiden Sie sich für die Fahrt auf der Tauernautobahn, ist die Raststätte Lungau ein guter Tipp; sie liegt etwas weg von der Autobahn und schön zwischen den Bergen. Dort können Sie Frischwasser bunkern und Ihre Fäkalien entsorgen. Und wer einen gesunden Schlaf hat, stört sich auch nicht an einem losfahrenden Pkw oder Lkw.

---

(197) WOMO-Stellplatz: Tauernautobahn/ Raststätte Lungau (vormals Krottendorf)
GPS: N 47° 7' 55" E 13° 32' 51". **max. WOMOs:** >5.
Ausstattung/Lage: großes Schild „Chemo-WC-Übernahme" am Toilettenhaus, da ist ein Ausguss, Trinkwasserbrunnen / Parkplatz bei einem Rasthof, Parkbuchten, Bäume, Büsche.
Zufahrt: Tauernautobahn A 10 Ri. Süden, zwischen dem Tauern- und Katschbergtunnel gelegen.

Gleichwohl wählen wir die Strecke über den Radstätter Tauernpass, weil wir auf den Serpentinen der Passstraße unmittelbar erfahren, wie abgeschieden der Lungau noch bis 1973 war, als die Autobahn eröffnet wurde.

Von RADSTADT folgen wir der B 99 auf der Strecke einer alten Römerstraße durch das Taurachtal und zum Tauernpass (1739 m) hinauf. Kurz vor der Höhe erreichen wir OBERTAUERN, ein viel besuchter Sommerferien- und Wintersportort.

Durch Obertauern verläuft die Grenze zum Lungau, der mit idyllischen Orten und malerischer Umgebung besticht und durch seine geografische Abgeschiedenheit viel von seiner Ursprünglichkeit bewahrt hat. Das gilt auch für MAUTERNDORF, wo stattliche Bürgerhäuser mit Staffelgiebeln den dreieckigen Marktplatz umgeben. Weithin sichtbar erhebt sich am Ortsrand eine der schönsten Burganlagen des Landes, die **Burg Mauterndorf** (13. Jh.). Einst Zollstation und Sommerresidenz des Erzbischofs Leonhard von Keutschach, werden wir heute im Rahmen einer Zeitreise ins späte Mittelalter versetzt und erfahren so einiges über die Lebensweise der damaligen Bewohner. Im Südturm zeigt das Lungauer Landschaftsmuseum Schätze der Region (Mai–Okt. tgl. 10–18 Uhr, Parkplatz P 4 [N 47° 8' 17" E 13° 40' 44"]).

Westlich von Mauterndorf erhebt sich der **Erlebnisberg Großeck-Speichereck**, wo Sie winters Ski fahren und sommers Bergtouren unternehmen können. Direkt unterhalb des großen Liftparkplatzes [N 47° 8' 33" E 13° 39' 44"] grenzt der 4-Sterne-Campingplatz an (50 m).

Auf Burg Mauterndorf wird Geschichte auf besondere Art lebendig!

(198) WOMO-Campingplatz-Tipp: Mauterndorf

GPS: N 47° 8′ 34″ E 13° 39′ 52″; B 99. **offen:** ganzjährig.
Ausstattung/Lage: In drei Stufen angelegtes, ebenes Wiesengelände mit einzelnen alten Bäumen und junger Bepflanzung, zwischen der Straße (Lärmschutzwall) und dem Wildbach Taurach, von bewaldeten Bergen umgeben, 25 Gehminuten (2 km) ins Ortszentrum.
Richtpreis: ca. 25 € (Sommer) bzw. 35 € (Winter) für WOMO + 2 Personen inkl. V+E+Strom+Kurtaxe.
Kontakt: www.camping-mauterndorf.at, Telefon 0043/6472/72023.
Zufahrt: Von der B 99 nördlich von Mauterndorf abzweigen, etwa 200 m vor dem Liftparkplatz auf der linken Seite.

6 km südlich von Mauterndorf steht das mächtige **Schloss Moosham**. Der Stil ist typisch salzburgerisch: streng, schlicht und wehrhaft. Über 700 Jahre alt war es lange Zeit Sitz der Landrichter, die für die Unerbittlichkeit, mit der sie vermeintliche Hexen verurteilten, im ganzen Lungau berüchtigt waren. Im Burgverlies sind noch ein paar originale Folterinstrumente ausgestellt. Das Schloss zeugt heute vor allem von der Sammelleidenschaft seines späteren Besitzers, des Grafen Wilczek, der die historischen Mauern mit allem füllte, was ihm auf seinen Reisen ins Auge stach. Auch wurden auf Schloss Moosham schon viele Filme gedreht, zuletzt das Historienepos „Das Vermächtnis der Wanderhure". In der Schlossschenke lässt es sich köstlich schlemmen. Eine Schlossbesichtigung ist nur im Rahmen einer Führung möglich: Apr–Okt. Di–So 9–16 Uhr, Aug. auch Mo, jeweils zur vollen Stunde, kleiner Parkplatz [N 47° 6′ 8″ E 13° 42′ 21″; Moosham 13, Unternberg].

Zurück in Mauterndorf, gelangen wir, den schmalen Schienen der Taurachbahn ostwärts folgend, nach MARIA PFARR, wo wir einem Blick in die dortige Pfarrkirche werfen. Sie soll die früheste urkundlich erwähnte Kirche (923) des Lungaus sein. Das ist zwar nicht belegt, doch unbestritten hat sie künstlerischen Rang. Der Chor birgt einen Freskenzyklus zum Leben Jesu.

Weiter geht die Reise auf der Lungauer Landesstraße (L 222) nach St. Andrä. Dort erspähen wir schon das Hinweisschild „Camping Lasa 2 km", dem wir Richtung Norden folgen. Der Platz, beim Peterbauernhof auf 1200 m gelegen, ist Natur pur und ein idealer Platz für den Familienurlaub. Kinder können sich frei auf dem Hof bewegen. Da sind Tiere zum Streicheln, Reiten und Kuscheln.

(199) WOMO-Campingplatz-Tipp: Sankt Andrä (OT Lasa)/ Naturcamping am Peterbauernhof

GPS: N 47° 9′ 30″ E 13° 47′ 11″; Lasa 50.
offen: 1.Mai–15.Okt., 16.Okt.–30.April nur auf Voranmeldung.
Ausstattung/Lage: naturbelassener Platz in 3 Terrassen angelegt, bei einem Restbauernhof, am Waldrand, Wiesengelände, Bäume, Sträucher, ruhig, idyllisch, außerorts.
Richtpreis: 25 € (HS) bzw. 20 € (NS) für WOMO + 2 Personen, Strom und Müllgebühr extra.
Kontakt: www.peterbauernhof.at, Telefon 0043/664/5128319.
Zufahrt: B 95 Mauterndorf Ri. Tamsweg, Ausfahrt Lintsching Ri. St. Andrä, dort nordwärts Ri. Göriach, immer den Schildern „Naturcamping Peterbauernhof" folgen.

Wir verlassen Vorderlasa, kommen auf dem Weg nach Tamsweg noch an einem schön gelegenen Wanderparkplatz [**200:** N 47° 9′ 21″ E 13° 47′ 29″] (max. WOMOs: 1) vorbei. Der Lungauer Kulturwanderweg führt hier vorbei. Unten im Tal liegt Tamsweg und am gegenüberliegenden Berghang ragt die Wallfahrtskirche St. Leonhard weithin sichtbar über den Wald. Weiter geht's auf schmalen Sträßchen durch die Weiler Haslach und Wölting talwärts nach TAMSWEG. Dort stehen auf allen Parkplätzen Verbotsschilder mit durchgestrichenem WOMO-Piktogramm. Vom Parkplatz Postgasse [N 47° 7′ 32″ E 13° 48′ 29″] spazieren wir in 2 Min. zum Marktplatz, der von farbenfrohen Häusern und dem stattlichen Rathaus gesäumt wird. Für Lungauer Verhältnisse herrscht hier geschäftiges Treiben. Das Heimatmuseum besitzt eine Samsonfigur, eine mythische Figur, die während der Samsonumzüge im Sommer feierlich durch die Straßen getragen wird.

Bei der Badeinsel, die mit ihrem Hallen- und Freibad das ganze Jahr über für wetterunabhängigen Badespaß sorgt, steht es sich auf dem Parkplatz [**201:** N 47° 7′ 21″ E 13° 48′ 45″] mit dem WOMO ganz ruhig. Unsere italienischen Wohnmobilfreunde ignorieren wahrscheinlich das verrostete Schild mit durchgestrichenem Wohnwagen eh – und wir auch.

Keineswegs entgehen lassen sollten Sie sich die **Wallfahrtskirche St. Leonhard** mit ihren einzigartigen Glasfenstern. Besonders das nur in Blau und Goldgelb gehaltene Goldene Fenster hat eine unvergleichbare Wirkung – vor allem am späten Vormittag. Einen Parkplatz [N 47° 7' 21" E 13° 48' 15"] für Besucher hat es auch.

Von Tamsweg steuern wir zum idyllisch gelegenen **Prebersee**, 9 km nordöstlich. Zum Übernachten wären die drei Parkplätze [N 47° 11' 7" E 13° 51' 12"] toll geeignet, wenn da nicht wieder einmal Verbotsschilder mit durchgestrichenem WOMO und Hinweistext „Haiden–Prebersee–bis Landesgrenze" stehen würden. Im August ist der Prebersee Schauplatz des berühmten **Wasserscheibenschießens**. Der Schütze zielt auf das Spiegelbild der am jenseitigen Ufer aufgestellten Scheibe, wo die Kugel, vom Wasser abgelenkt, mit etwas Erfahrung des Schützen ins Schwarze trifft.

Den gleichen Brauch pflegt man am **Schattensee**, 10 km weiter. Dieser kleine Naturbadesee liegt südlich des steirischen Ortes Krakauschatten mitten im Wald und besticht mit seiner unberührten Umgebung. Verbotsschilder sind hier keine aufgestellt. Aber an einem sonnigen Sommerwochenende sollten Sie den See nicht anfahren, denn dann ist der Parkplatz [**202:** N 47° 10' 53" E 13° 56' 40"; Krakauschatten] garantiert voll belegt. Obendrein wird es eng beim Wenden, und das Ausweichen auf der schmalen Zufahrtsstraße wird zum Problem.

Der Samson soll im Frühjahr die Natur zu neuem Leben erwecken.

Bei einer Wanderung rund um den See genießen wir die Idylle der Krakauer Berglandschaft ringsum, atmen angeblich die reinste Luft Österreichs ein, um Energie für den abendlichen Stadtbummel im hübschen MURAU zu tanken, wo wir auch die Nacht verbringen.

Übrigens haben wir noch zwei Stellplätze im Umkreis von STADL AN DER MUR im Angebot: einen schön gelegenen freien (und kostenlosen) Platz ohne alle Ver- und Entsorgung an einer Freizeitanlage mit Badesee [203: N 47° 4' 54" E 13° 58' 57"] – und einen einfachen, aber preiswerten und ruhig gelegenen Ferienbauernhof-Camping.

(204) WOMO-Campingplatz-Tipp: Stadl an der Mur (OT Steindorf)/Da Bräuhauser

GPS: N 47° 5' 18" E 13° 59' 22"; Steindorf 23. **offen:** ganzjährig.
Ausstattung/Lage: Sanitärhaus mit Waschmaschine und Trockner / Wiesengelände, etwas uneben, kein Schatten, Jausenstation am Hof, Ortsrand, Badesee ca. 10 Min. Gehzeit.
Richtpreis: ca. 22 € für WOMO + 2 Personen inkl. V+E+Strom+Kurtaxe.
Kontakt: www.pichlerpaul-urlaub.at, Telefon 0043/3534/2338.
Zufahrt: Die B 96 bis Tamsweg, dann die B 97 bis nach Stadl an der Mur, am Ortseingang halb rechts ab zum OT Steindorf, den CP-Schildern auf enger Straße folgen.

Aber nun geht es endlich nach Murau. Hier gibt's genügend Parkplätze, z.B. auf dem Parkplatz Sankt-Leonhard-Platz [N 47° 6' 33" E 14° 10' 0"] am Kriegerdenkmal, eine Brücke führt direkt in die Altstadt. Für einen Stadtrundgang ist der Parkplatz am Rantenbach [N 47° 6' 39" E 14° 10' 24"] genauso ideal.

MURAU (2300 Einw.) ist überschaubar und weist eine der schönsten steirischen Stadtansichten auf. Einst bedeutend liegt es heute in einer Art Dornröschenschlaf. Hier können Sie historische Marktplätze ohne einschnürende Neubauringe entdecken. Gleich zwei ausladende Plätze sind die Wahrzeichen der Stadt: Am Schillerplatz fällt ein Ensemble von drei Häusern auf, die um 1600 gebaut wurden. Über die schier endlose Anna-Neumann-Straße gelangen wir zum Raffaltplatz. Vorbei kommen wir am modernen Café Open Space, das herrlich in den freien Raum über der Mur ragt. Dazu bilden die altertümlichen Bürgerhäuser starke Kontraste. Auch Biertrinker sind in Murau gut aufgehoben: Am Raffaltplatz finden wir das Fabrikgebäude der Brauerei Murau mit dem Braumuseum (Führungen Mai+Juni+Okt. Fr 15 u. 16, Juli–Sept. Mi+Fr 15 u.17 Uhr). Auf der anderen Seite der Mur ist mit dem Friesacher Tor eines der sieben Stadttore (14. Jh.) erhalten. Und direkt dabei liegt unser liebster Übernachtungsplatz:

Das Städtchen Murau mit seiner Stadtpfarrkirche und seinem Schloss

(205) WOMO-Stellplatz: Murau/Am Friesacher Tor

GPS: N 47° 6' 31" E 14° 10' 8"; Friesacher Straße. **max. WOMOs:** 1.
Ausstattung/Lage: keine / kleiner Parkplatz, Splitt, Bäume, liegt oberhalb der Mur neben dem Stadtpark, morgens durch die Fahrzeuge des nahe gelegenen Bauhofs etwas unruhig, innerorts.
Zufahrt: Im Text beschrieben.

Vom rechten Murufer haben wir einen guten Blick auf die gegenüberliegende Altstadt und die Reste der Stadtmauer. Beherrschend thront das Renaissanceschloss Obermurau über dem Ort. Eine hölzerne Stiege mit 214 Stufen führt von der Stadtpfarrkirche zum Schloss empor. Auf gleicher Höhe erheben sich am anderen Ufer hoch über dem Murtal Burg Grünfels und die spätgotische Leonhardskirche.

Am nächsten Tag geht es zum Skigebiet Frauenalpe. Wir verlassen Murau in Richtung St. Lambrecht/Steirisch Laßnitz, und gleich nach Überqueren der Mur und der Bahngleise führt eine Straße rechts zur Frauenalpe hinauf. Nach 7 km schweißtreibender Kurverei und zig Serpentinen sind wir am Parkplatz, der allerdings außerhalb des Liftbetriebs mit Ketten verschlossen ist, also bleibt im Sommer nur der Parkstreifen auf der rechten Seite.

(206) WOMO-Wanderparkplatz: Frauenalpe

GPS: N 47° 5' 3" E 14° 8' 59"; Frauenalpe Straße.
max. WOMOs: Winter 3-4 / Sommer 1.
Ausstattung/Lage: Tisch & Bank, Toilette, Rundwanderweg / der Großparkplatz links ist außerhalb der Wintersaison geschlossen.
Zufahrt: Schildern zum Skigebiet folgen.

Weitaus interessanter ist unser nächstes Ziel: die imposante **Benediktinerabtei St. Lambrecht**, gute 16 km südöstlich von Murau. Die mächtige Anlage beherrscht durch ihre Größe den gleichnamigen Ort. Seit fast 1000 Jahren wirken hier Mönche in der Seelsorge, Landwirtschaft und Kunst. Abtei und Kirche bergen zahlreiche Kunstschätze: ein Volks- und Naturkundemuseum sowie das einzigartige Vogelmuseum (Führungen 15.5.–15.10. Mo–Sa 10.45/14.30, So+Fei nach der Messe, 14.30 Uhr).

(207) WOMO-Wanderparkplatz: St. Lambrecht/ Liftparkplatz Skigebiet Grebenzen

GPS: N 47° 4′ 27″ E 14° 18′ 37″; Pabstin 4.   **max. WOMOs:** 3.
Ausstattung/Lage: WC-Anlage im Winter während Liftbetrieb / Schotter, kein Schatten, 15 Fußminuten zum Stift, außerorts.
Zufahrt: ca. 1 km nach dem Ortsausgang rechts abbiegen.
Sonstiges: Skigebiet, Sommerrodelbahn, Wanderung zur Klamm.

Unser nächstes Ziel ist OBERWÖLZ: Wir passieren Teufenbach und Niederwölz (B 96), dann sind es aus dem Murtal und durch das schöne Lachtal noch 9 km auf der B 75 bis Oberwölz. Schon von Weitem sehen wir **Burg Rothenfels**, von Wolkenschwaden eingerahmt, hoch über dem Ort aufragen. Oberwölz, das den Wölzer Tauern zu Füßen liegt, ist die kleinste Stadt der Steiermark; ihre Stadtmauer und die Gassen sind gut erhalten. Das Schloss ist auch eine Adresse für eine etwas andere Ferienunterkunft: Direkt am Fuß der Burg befindet sich ein Campingplatz.

(208) WOMO-Campingplatz-Tipp: Oberwölz/Burg Rothenfels

GPS: N 47° 12′ 5″ E 14° 17′ 28″; Bromach 1.   offen: ganzjährig.
Ausstattung/Lage: Mehrere, teils terrassierte Wiesenflächen mit Obstbäumen, in der Nähe des Schlosses, große Stellplätze mit Tisch-Bank Garnituren, wo auch Lagerfeuer erlaubt sind, außerordentlich ruhig und idyllisch.
Richtpreis: ca. 19 € für WOMO + 2 Personen inkl. V+E+Strom+Kurtaxe in HS, Spezialpreise für Rentner in der Nebensaison.
Kontakt: www.camping-rothenfels.at, Telefon 0043/664/1412514.
Zufahrt: Im Ort beschildert.

Freundlich grüßt Burg Rothenfels jeden vorbeireisenden Wohnmobilisten.

Nach einer geruhsamen Nacht auf dem Campingplatz besuchen wir OBERZEIRING (24 km). Von Oberwölz zurück auf der B 75 Richtung Niederwölz, nach 5 km rechts abbiegen Richtung Schönberg-Lachtal/L514, vorbei am Gallsee und dann noch 12 km bis Oberzeiring. Unübersehbar ist in der Ortsmitte die wuchtige St. Nikolauskirche mit ihrem Zwiebelturm. Das Silber verhalf dem alten Bergbauort im kleinen Seitental der Pöls zu Wohlstand. Die Einnahmequelle versiegte allerdings jäh, als 1361 ein Wassereinbruch die Stollen überflutete. Nach 1950 wurde ein Schaubergwerk eingerichtet (Mai–Okt. 3–4 Führungen tgl.). Diese Idee erwies sich als Glücksgriff, denn Besucher mit Atemwegserkrankungen verspürten nach Führungen auffällige Linderung ihrer Leiden. Seither lebt der Ort vom Tourismus. Parkplätze – auch zum Übernachten – findet man direkt am Blahbach unweit der Kirche [**209:** N 47° 15′ 4″ E 14° 29′ 8″; Münzgasse] und hinter dem Gasthof Haunschmidt [**210:** N 47° 15′ 9″ E 14° 29′ 28″; Ecke Hauptstraße/Römerstraße] am Ortsende in Richtung Pöls/Judenburg.

Es ist erst Mittag, und so machen wir uns auf den Weg nach FOHNSDORF, 15 km hinter Oberzeiring. Bis 1978 wurde in Fohnsdorf Kohle gefördert. Fünf Jahre nach der Stilllegung des Bergwerks wurde hier das erste österreichische **Bergbaumuseum** eröffnet. Das 47 m hohe, weithin sichtbare Fördergerüst aus Eisen ist der beste Wegweiser und zudem ein beeindruckendes Technikdenkmal (Mai–Okt. tgl. 9–17 Uhr).

Am Ortsrand und mitten in der „Pampa" liegt die 2007 eröffnete **Aqualux-Therme**. Auf dem kahlen Großparkplatz [**211:** N 47° 11′ 40″ E 14° 40′ 27″; Thermenallee 10] ist für WOMOs das Parken und Übernachten gestattet. Es soll ein eigener Stellplatz aufgeschüttet und markiert werden (Ein Hotelbau ist geplant, daher ist die genaue Position des Stellplatzes noch nicht festgelegt, Stand: Sep. 2012). Die Therme bietet Action und Wellness für Jung und Alt: wohlig warme Thermalbecken innen und außen, eine Wasserrutsche im Fun-Bereich, im Vitadome kommen die Saunageher auf ihre Kosten. Auch die Architektur der Therme ist sehr ansprechend.

Die Therme in Fohnsdorf ist außen einem Kohleflöz nachempfunden.

Wahrzeichen von Judenburg ist der 75 m hohe Stadtturm.

Nur 6 km sind es bis JUDENBURG. Einst lebte die Stadt vom Geschick und Reichtum jüdischer Kaufleute und Banker. Doch nach mehreren Pogromen im 14. und 15. Jh. mussten 1496 alle Juden die Steiermark verlassen. Vom Glanz dieser Zeit zeugen nur noch die historische Altstadt und der 76 m hohe, rund 500 Jahre alte Stadtturm. Von der Turmplattform haben wir einen grandiosen Blick: nordwärts nach Fohnsdorf, südostwärts auf die an den Fels geschmiegte Burgruine Liechtenstein. 2006 wurde im Turm eines der modernsten Planetarien Europas eingerichtet (www.sternenturm.at). Im Zentrum ist dann das Erlebnisbad gut ausgeschildert, auf dessen Parkplatz WOMOs jeder Größe ausgesprochen erlaubt und ruhig am Waldrand stehen können.

(212) WOMO-Stellplatz: Judenburg (OT Oberweg)/ Erlebnisbad

GPS: N 47° 9' 47" E 14° 39' 11"; Fichtenhainstraße.   **max. WOMOs:** 5.
Ausstattung/Lage: WC-Benützung und Entleerung (nur biologische Abwässer), Trinkwasser während der Öffnungszeiten des Bades, Gebühr 5 € inkl. V+E, Bezahlung bei Ankunft an der Badkasse / durch kleine Sträucher abgeteilte reservierte Plätze eines Pkw-Parkplatzes unterhalb des Bads und vor dem Eisschützenverein, geschotterter Untergrund, ruhig, Waldrand, 10 % Ermäßigung bei Eintritt ins Erlebnisbad (Hallen- und Freibad, Sauna), ca. 500 m ins Stadtzentrum.
Zufahrt: Von allen Richtungen B 77 ins Zentrum, beim großen Kreisverkehr (in der Mitte BP-Tankstelle) Richtung TÜPL Seetaler Alpe, Oberweg, dann vorm Bad links runter zum Besucherparkplatz (ab Kreisverkehr mit WOMO-Piktogramm beschildert).

Parken in Judenburg

Um den Hauptplatz sind ausreichend gebührenpflichtige Kurzzeitparkplätze (180 Min.) vorhanden.
P 2 [N 47° 10' 4" E 14° 39' 28"; Burggasse], 3 Min. zum Hauptplatz.
P 1 [N 47° 10' 4" E 14° 39' 25"; Oberweggasse], 4 Min. zum Hauptplatz.
P Citybus [**213:** N 47° 10' 18" E 14° 39' 51"], Park+Ride, gebührenfrei, direkt neben der Murbrücke gelegen, bedingt zum Übernachten geeignet.

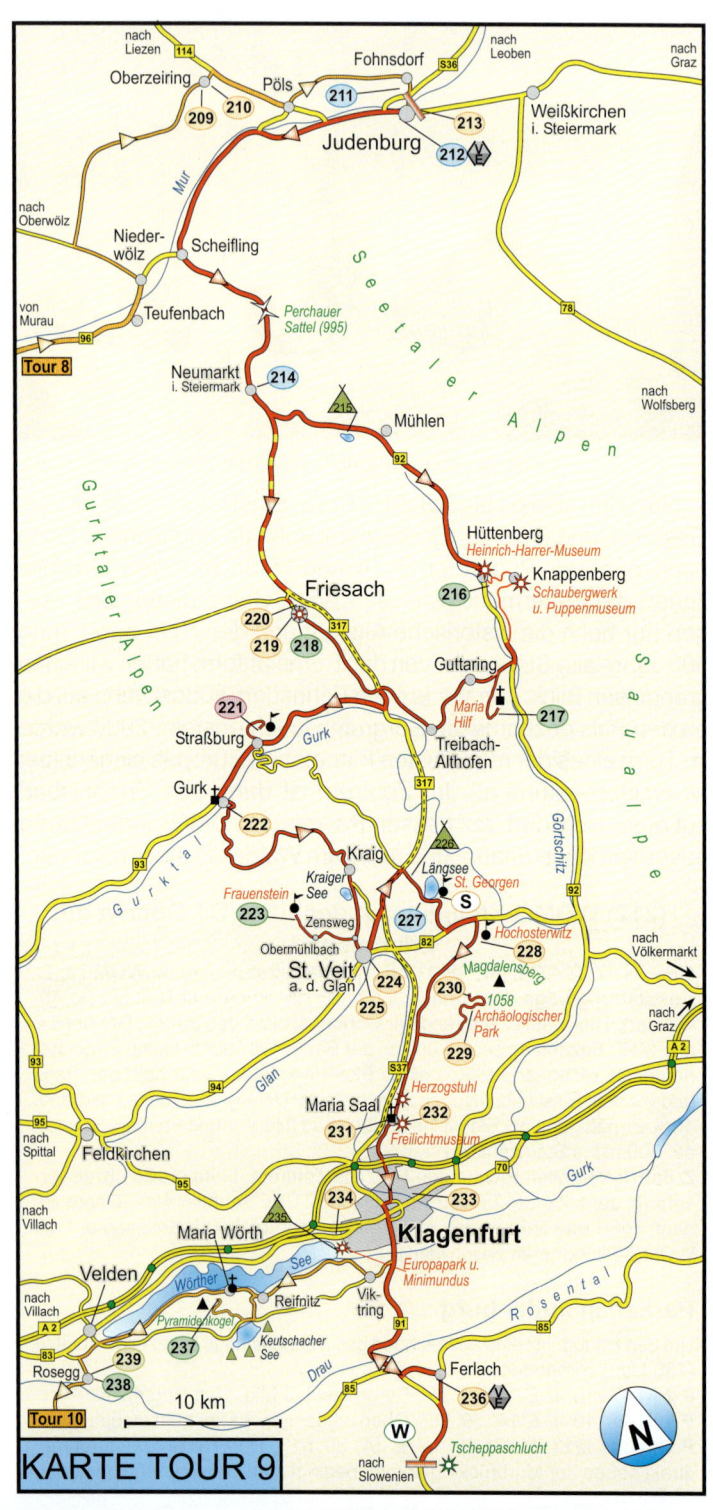

KARTE TOUR 9

180 Tour 9

TOUR 9 (ca. 180 km / 2–3 Tage)

Judenburg – Neumarkt – Hüttenberg – Friesach – Gurg – St. Veit an der Glan – Maria Saal – Klagenfurt – Ferlach

Stellplätze:	Hüttenberg, Schloss Straßburg, Friesach, Schloss Frauenstein, Magdalensberg, Ferlach, Klagenfurt.
Campingplätze:	Mühlen am Zirbitzkogel-Jakobsberg, St. Georgen am Längsee, Klagenfurt.
Baden:	Naturbad Neumarkt, Badesee Kraig, Längsee, .
Besichtigen:	Heinrich-Harrer-Museum in Hüttenberg, Bergbau- und Puppenmuseum in Knappenberg, Burgenstadt Friesach, Gurker Dom, St. Veit an der Glan, Benediktinerinnenstift St. Georgen, „Mutter aller Burgen" Hochosterwitz, Archäologischer Park Magdalensberg, Herzogstuhl, Wallfahrtskirche Maria Saal, Kärntner Freilichtmuseum, Klagenfurt, .
Wandern:	Zu den Kraiger Schlössern, Tscheppaschlucht.

Diese Tour führt uns zu wichtigen Stätten der Kärntner Geschichte: zur früheren Hauptstadt St. Veit, zum Wallfahrtsort Gurg, zur Bilderbuchburg Hochosterwitz, nach Hüttenberg zu einem Bergwerk und zum Heinrich-Harrer-Museum, zur keltisch-römischen Siedlung auf dem Magdalensberg und schließlich nach Maria Saal mit dem ersten Dom Kärntens und dem Stuhl der Herzöge. Mit einem Altstadtspaziergang durch Kärntens Hauptstadt Klagenfurt endet diese Fahrt.

Ausgangspunkt dieser Tour ist JUDENBURG. Über Scheifling und den Perchauer Sattel gelangen wir auf der B 317 rasch ins Zentrum des **Naturparks Grebenzen**, nach NEUMARKT, das in einem Hochtal zwischen den Seetaler Alpen im Norden

Der NaturLesePark in Neumarkt mit seinen außergewöhnlichen Skulpturen

und der Grebenzen im Süden liegt. Im Ort folgen wir der Ausschilderung „NaturLesePark/Sportanlagen" und erreichen den Parkplatz am Naturbad [**214:** N 47° 4' 28" E 14° 25' 59"]. Nur 300 m entfernt liegt der **NaturLesePark**. Er ist einzig in seiner Art und der Erste in Europa überhaupt: In Form eines riesigen Blattes angelegt ist er ausgestattet mit außergewöhnlichen Skulpturen, Zitaten von Philosophen, bunten Blumen und gemütlichen Plätzen, die zum Nachdenken oder einfach zum Ausruhen und Genießen einladen.

Kurz hinter Neumarkt biegen wir links ab, fahren weiter auf der B 92 in Richtung Hüttenberg. Nach 6 km ist schon der Camping am Badesee ausgeschildert.

---

(215) WOMO-Campingplatz-Tipp: Mühlen am Zirbitzkogel-Jakobsberg/Camping am Badesee

GPS: N 47° 2' 11" E 14° 29' 15"; Hitzmannsdorf 28. **offen:** Mai–Ende Sep.

Ausstattung/Lage: Gestuftes Wiesengelände mit mittelhohen Baumreihen, am Mühlener Bade- und Angelsee (bis 26°), Steiermark-Radweg angrenzend, Blick auf bewaldete Anhöhen, sehr gepflegte Anlage, freundliche Betreiber, ruhig, idyllisch, außerorts.
Richtpreis: ca. 23 € für WOMO + 2 Erw. inkl. V+E, Strom und Ortstaxe in HS.

Kontakt: Fam. Wernig, Tel. 0043/3586/2418, www.camping-am-badesee.at.
Zufahrt: Judenburg, Scheifling, Neumarkt, 1 km nach Neumarkt Richtung Mühlen, bei km 5,8 rechts zum Campingplatz.

Dem Tal der Görtschitz folgend kommen wir hinauf nach HÜTTENBERG. Dort trauen wir unseren Augen nicht: Wir sehen vor einer Felswand eine weiße Stupa stehen, dahinter hängt ein grellbunter Thangka, ein tibetisches Rollbild, bunte Gebetsfähnchen flattern im Wind und das mitten im kärntnerischen Wald? Des Rätsels Lösung liegt in der Biografie des großen Sohnes des Dorfes: 1912 wurde nämlich Heinrich Harrer hier geboren, dessen Namen die Welt heute untrennbar mit Tibet verbindet. Harrer hat seiner Geburtsgemeinde eine sehenswerte völkerkundliche Sammlung überlassen: Im Heinrich-Harrer-Museum reist man auf den Spuren des Abenteurers virtuell in die Heimat des Dalai Lama und in manch andere entlegenen Ecken der Welt.

Ein Tag in Tibet: Besuch im Heinrich-Harrer-Museum

„Alle Träume des Lebens beginnen in der Jugend ... Mich begeisterten schon als Kind ... die Männer, die auszogen, unbekannte Länder zu erforschen." Mit diesen Worten beginnt Heinrich Harrer (1912–2006) sein weltbekanntes und in Hollywood verfilmtes Buch „Sieben Jahre in Tibet". Harrer folgte seinen Vorbildern, den skandinavischen Naturforschern Sven Hedin und Thor Heyerdal, und wurde Weltreisender.

Der junge Alpinist, dem 1938 die Erstbesteigung der Eiger-Nordwand gelungen war, nimmt im Jahr danach an der deutschen Nanga-Parbat-Expedition im Himalaja teil. Doch der Zweite Weltkrieg macht alle Pläne zunichte. In einem britischen Internierungslager wird er gefangen gehalten und erst 1944 gelingt ihm die Flucht nach Tibet. Er verbringt sieben Jahre in Tibet und wird zu einem Vertrauten des jungen Dalai Lama. Und zu einem Chronisten Tibets vor der chinesischen Invasion, die ihn 1951 zum Verlassen des Landes zwingt.

Wie neugierige Forschungsreisende gehen wir durch das 1992 eröffnete Museum und entdecken voller Respekt die Kulturen verschiedener außereuropäischer Völker, die Harrer einst erforscht hat: in Afrika, Borneo, Neuguinea, auf den Andamanen und in Südamerika.

Der Schwerpunkt des Museums aber gilt Tibet. Von dort stammen die kostbaren Textilien, Thangkas, Schmuckstücke, Schnitzaltäre, Waffen, die seltenen Amulette und Masken. Doch auch viel Nützliches ist zu sehen: vom Butterstampfer über Teeschälchen und Picknickkörbe aus Bambus bis zum mehrstöckigen Dampfkochtopf. Gepresste Teekegel sind auf den langen Reisen genauso praktisch wie Trockenkäse, den man unterwegs lutschen kann. Das große, aus verschiedenfarbigem Sand gestreute Mandala, der nachgebaute Thronsaal sowie der prächtige Zeremoniensaal, der der Dalai Lama bei seinem Besuch 1992 persönlich geweiht hat, verleihen dem Museum einen feierlichen und besinnlichen Rahmen.

Gegenüber dem Museum auf dem Lingkor, dem Pilgerpfad, der sich die steile Felswand hinaufwindet, wird die ferne Bergwelt Tibets ins Tal geholt: bunte Gebetsfähnchen, Wandmalereien, Bronzefiguren und Stupas, in denen Göttern Opfergaben dargereicht, und Gebetsmühlen, die mit dem gemurmelten Mantra der tibetischen Buddhisten, „Om Mani Padme Hum", gedreht werden, begegnen uns auf den 500 Stufen der Treppe.

Tipp: Mit der Hüttenberg Card sind die Museen (Harrer-, Bergbau-, Puppenmuseum und Schaubergwerk) getrennt voneinander an verschiedenen Tagen innerhalb der Saison besuchbar (Mai–Okt. tgl. 10–17 Uhr). Mit der Kärnten Card ist der Eintritt in alle Museen frei.

Könnte auch in Tibet stehen: die Stupa des Heinrich-Harrer-Museums in Hüttenberg

Wollen Sie hier übernachten? Dann ist der geräumige Wiesenparkplatz oberhalb der Veranstaltungsarena genau der Richtige hierfür.

(216) WOMO-Wanderparkplatz: Hüttenberg/Reiftanzplatz Arena (Nähe Heinrich-Harrer-Museum)

GPS: N 46° 56′ 1″ E 14° 33′ 0″; Knappenweg. **max. WOMOs:** 3.
Ausstattung/Lage: keine / im Grünen, ruhig / Ortsrand.

Zufahrt: In Hüttenberg am Heinrich-Harrer-Museum vorbeifahren, nach ca. 400 m dann links über die Brücke (Schild „Parkplatz"), beim 1. Parkplatz vorbei, hinauf bis zum Parkplatz oberhalb der Veranstaltungsarena vor dem Stolleneingang.
Sonstiges: Kurzer Fußweg zum Heinrich-Harrer-Museum, Ausgangspunkt für Wanderung zum Schaubergwerk in Knappenberg.

Von Hüttenberg schlängelt sich die Straße für 3 km in Serpentinen hinauf nach KNAPPENBERG. Vorbei geht's am Geozentrum zum ausgeschilderten **Schaubergwerk** mit zwei Parkplätzen davor: P 1 [N 46° 56′ 1″ E 14° 34′ 16″] und P 2 [N 46° 55′ 59″ E 14° 34′ 9″]. Kaum zu glauben, dass hier, in dieser waldreichen, dünn besiedelten Gegend, viele Jahrhunderte lang das wirtschaftliche Herz Kärntens schlug. Schon die Kelten bauten Eisenerz ab. Mitte des 19. Jh.s arbeiteten in den Stollen und bei den Hochöfen bis zu 4000 Menschen. Das **Bergbaumuseum** im früheren Grubenhaus veranschaulicht die einstige Arbeitswelt; es birgt auch eine beeindruckende Mineralienschau. Ehemalige Bergleute führen in die Stollen des Schaubergwerks, erklären die Abbautechniken und Gerätschaften der Knappen. Gegenüber, im **Puppenmuseum** von Helga Riedel, erzählen die Puppen in szenischen Darstellungen vom Leben und dem Brauchtum der Hüttenberger Einwohner. Zu sehen ist auch der Reiftanz, ein Tanz der Bergleute, der anhand der Puppen lebendig dargestellt wird.

Puppenmuseum in Knappenberg

Nach dem Rundgang im Schaubergwerk kurven wir wieder hinunter ins Görtschitztal (5 km). Dort weiter auf der B 92. Nach 1,3 km rechts ab Richtung Guttaring, und nach weiteren 850 m weist ein Schild links zur **Wallfahrtskirche Maria Hilf**. Nach 2 km Fahrt durch den Wald steht die Kirche weithin sichtbar in 904 m Höhe auf einer Anhöhe über dem Görtschitztal. Vom beschaulich am Waldrand gelegenen kleinen Parkplatz [**217:** N 46° 52′ 46″ E 14° 32′ 1″] laufen

Wallfahrtskirche Maria Hilf (WOMO-Platz 217)

wir in ein paar Minuten hoch zur Wallfahrtskirche. Auf dem Weg dorthin spazieren wir am **Gasthaus Lindenwirt** vorbei.

Eine Einkehr lohnt sich: Im überdachten Gastgarten können Sie gutbürgerliche Küche mit den bekannten „Maria Hilfer Portionen" genießen. Für alle Fälle sollten Sie beim Lindenwirt nachfragen, ob es ihm recht ist, wenn Sie mit dem WOMO mal für eine Nacht hier stehen bleiben.

Zurück auf der Silberegger Landesstraße führt die Route zunächst zu dem Ort Guttaring, dann weiter nach TREIBACH-ALTHOFEN. Es mag paradox klingen, aber der Doppelort ist zugleich Industriestandort und Kurgemeinde. Ein Bergrücken trennt die Fabriken im Ortsteil Treibach von dem malerischen Althofen. Einem toskanischen Bergstädtchen gleich, grüßt seine Silhouette von einem Höhenkamm. Dieser Obere Markt, zwischen gotischer Pfarrkirche und Bergfried gelegen, hat sich weitgehend ein mittelalterliches Ensemble erhalten.

Der Weg führt nun in nördlicher Richtung nach FRIESACH, Kärntens ältester Stadt – ein zur Gänze von Zinnenmauern und Wassergräben eingefasstes, urbanes Juwel. Schon von Weitem sehen wir am Fuße eines bewaldeten Bergrückens eine Kleinstadt, so malerisch, fast wie aus dem Modellbaukasten zusammengesetzt, vor uns liegen. Von Hügelkuppen grüßt ein imposantes Ensemble aus Burgruinen, Wehrmauern und Kirchen. Wir fahren direkt ins Zentrum auf den rechteckigen Hauptplatz. Übernachten dürfen Sie legal auf dem kleinen Parkplatz hinter dem Landhotel Metztalerhof.

(218) WOMO-Wanderparkplatz: Friesach/P hinterm Landhotel Metnitztalerhof

GPS: N 46° 57' 1" E 14° 24' 12"; Sackgasse. **max. WOMOs:** 3.
Ausstattung/Lage: keine / kleiner Parkplatz, nur für kleinere WOMOs geeignet, von Felsen umgeben, direkt unterhalb der Ruine Petersberg gelegen (Fußweg), im Grünen, Schotter-Splitt, leicht abschüssig, ruhig, idyllisch, Ortsrand.
Zufahrt: Vom Hauptplatz rechts am Metznitztalerhof vorbeifahren, sehr enge Zufahrt.
Sonstiges: Der kleine Parkplatz an der Neumarkter Straße [219: N 46° 57' 10" E 14° 24' 12"] liegt direkt an der Durchgangsstraße; der Bahnhofsparkplatz [220: N 46° 57' 17" E 14° 24' 27"; Lastenstraße] an den Gleisen ist mit einigen Bäumen beschattet.

Schmale Gassen führen vom Hauptplatz zum pompösen Fürstenhof und zu der mit wuchtigen Türmen und Mauern erbauten Stadtpfarrkirche St. Bartholomäus. Etwas außerhalb ist die Dominikanerkirche einen Besuch wert. Der riesige, dreischiffige Bau hat keinen Turm, da er die Kirche eines

Friesach zeigt sich noch heute in seiner mittelalterlichen Ursprünglichkeit.

Schloss Straßburg: Innenhof mit toskanischen Säulenarkaden

Bettlerordens war. Von den drei Burgbefestigungen ist die Burgruine Petersberg am besten erhalten, deren Bergfried das Stadtmuseum beherbergt. Vom Hauptplatz kann man den Petersberg in 15 Minuten erklimmen. Sagenhaft sind die Pläne der Stadt: Innerhalb der nächsten 35 Jahre soll mit mittelalterlichen Methoden und Materialien eine neue Burg entstehen.

Auf der Klagenfurter Schnellstraße/S 37 rollen wir in Richtung Süden aus Friesach heraus. Gut 7 km weiter biegen wir beim Schloss Pöckstein in das **Gurktal** ein. 10 km westlich thront auf einem 1000 m hohen Hügel über dem Städtchen STRASSBURG ein mächtiges **Burgschloss**. 1147 erbaut und im 16.–18. Jh. mehrfach erweitert, wurde es, lange Zeit dem Verfall preisgegeben, aufwendig saniert. Heute befinden sich

Schloss Straßburg (WOMO-Picknickplatz 221)

in ihm ein Volkskundemuseum und immer wieder auch sehenswerte Wechselausstellungen. In dem schönen Arkadenhof ist eine Schlossschenke untergebracht, und der Picknickparkplatz [**221:** N 46° 53′ 51″ E 14° 19′ 45″] direkt unterhalb der Burg liegt wunderschön am Waldrand. Außerdem gibt es in Straßburg mehrere alte Kirchen; hervorzuheben ist die gotische Pfarrkirche St. Nikolaus mit Resten eines romanischen Kerns und barocken Ausschmückungen. Und in der Fleischerei Seiser am Hauptplatz können Sie luftgetrockneten Gurgtaler Speck in Spitzenqualität erstehen.

Dann sind es noch 4 km zum viel besuchten **Wallfahrtsort Gurk**, wo das bedeutendste romanische Bauwerk Österreichs steht: der Dom zu Gurk. Auch Papst Johannes Paul II. schaute 1988 dort vorbei und zelebrierte vor 60 000 Gläubigen eine Messe. Direkt um dem Dom herum gibt's zwei größere Parkplätze [**222:** N 46° 52′ 27″ E 14° 17′ 34″] (keine WOMO-Verbotsschilder, WC nahebei, Abfallbehälter). Abends, wenn die Tagesbesucher längst abgereist sind, können Sie auch auf den Busparkplätzen stehen bleiben. Dann spürt man die Ruhe und das Ambiente dieser Wallfahrtsstätte.

Dom zu Gurg

Der mächtige romanische Dom ist das Zentrum des Wallfahrtsorts. Im 11. Jh. hatte die fromme und vor allem reiche Gräfin Hemma von Gurk diesen Bau gestiftet, der erst in den Folgejahrhunderten seine gegenwärtige Form annahm. Die Zwillingstürme der Kirche sind 60 m hoch.

Wir betreten den Dom durch ein modernes Metalltor. Die Vorhalle dahinter besitzt Glasfenster und einen wunderschönen Freskenzyklus aus der Bibel. Im gewaltigen Innenraum bildet der 16 m hohe, golden schimmernde

Ein viel besuchter Wallfahrtsort: der Gurker Dom

Hochaltar den Blickfang. Ihm vorgelagert ist eine aus 18 t Blei gegossene Pietà (1740). Im linken Seitenschiff zeigt ein Tympanon den Samson, der dem Löwen das Maul aufreißt.

Das Herzstück des Doms ist die Krypta, die nur bei einer Führung zugänglich ist. Sie wird als großartigste im gesamten deutschen Sprachraum gerühmt. Der Superlativ wird nur allzu verständlich, wenn man in dem mystisch-dämmrigen Wald aus 100 Marmorsäulen still verharrt. Nahe dem Grabmal der hl. Hemma verspricht der Hemmastein Frauen, die sich darauf niederlassen, Kindersegen.

Von Gurk geht unsere Fahrt weiter südwärts in Richtung Sankt Veit an der Glan (23 km). Die Straße schlängelt sich den Berg hoch zum Örtchen Pisweg (4 km). Auf einer landschaftlich schönen Strecke, entlang an einem Bach, erreichen wir KRAIG. Kurz hinter Kraig biegen wir rechts ab, folgen den Schildern „Kraiger See/Schloss Frauenstein" und gelangen schnell zum reizvollen Kraiger See [N 46° 48' 2" E 14° 22' 0"], der in eine idyllische wald- und wiesenreiche Hügellandschaft eingebettet ist. Der kleine Badesee darf als Geheimtipp gelten. Von hier aus führt ein Wanderweg zu den verwunschenen **Kraiger Schlössern**. Die drei Burgen (Vorburg, Hoch- und Niederkraig) dienten einst zum Schutz der alten Herzogsstadt St. Veit. Wir wandern durch ein grabenähnliches Tal mit mehreren fast verwachsenen Teichen, vorbei an einem alten Bergwerkstollen, und darüber thronen die Reste der verfallenen Schlösser, als wären sie einem Sagen- oder Märchenbuch entsprungen. Mitten im Wald treffen wir auf ein imposantes mittelalterliches Aquädukt, welches die Wasserleitung zwischen Hoch- und Niederkraig trug.

Schloss Frauenstein (WOMO-Wanderparkplatz 223)

Weiter fahren wir die Landesstraße nach Zensweg, dort zweigen wir rechts ab, folgen dem Schild zum Schloss Frauenstein, passieren Obermühlbach und landen auf dem kleinen Wanderparkplatz direkt unterhalb des Schlosses. Richtig malerisch ist es hier am Waldrand mit dem Ententeich davor.

(223) WOMO-Wanderparkplatz: Kraig/Schloss Frauenstein
GPS: N 46° 47′ 24″ E 14° 19′ 59″. **max. WOMOs:** 1.
Ausstattung/Lage: keine / im Grünen, ruhig, idyllisch, außerorts.
Zufahrt: Von St. Veit an der Glan der Beschilderung zum Schloss folgen.
Sonstiges: Ausgangspunkt für Wanderungen zu den Schlossruinen Hochkraig und Niederkraig.

Schloss Frauenstein, halb noch wehrhafte Wasserburg, halb schon repräsentativer Schlossbau, liegt auf einer Terrasse unter den Wäldern des Kraiger Berges und hat im Laufe seiner Geschichte viele Besitzer gesehen. Seit 1910 ist das Schloss mit dem dazugehörigen Gutsbetrieb im Eigentum der Familie Wirth und deshalb ist eine Innenbesichtigung nicht möglich.

Rund 4 km südlich bietet sich ein längerer Stopp in SANKT VEIT AN DER GLAN an. Vom 12. bis ins 16. Jh. war St. Veit die Hauptstadt von Kärnten. Um den Stadtkern stehen noch gut erhaltene Teile der Stadtmauer. Herzstück des 13 000-Ew.-Städtchens ist der **Hauptplatz**, der allsommerlich mit Blumen, Kakteen und Zierbäumchen geschmückt ist. Das lang gestreckte, schmale Geviert mit seinen herausgeputzten Bürgerhäusern ist ein Paradebeispiel eines mittelalterlichen Platzes. Prächtigstes Gebäude ist das Rathaus mit barocker Stuckfassade und Arkadenhof. Außerdem stehen auf dem Platz der Schüsselbrunnen mit der antiken Marmorschule, eine

Ein farbenprächtiges Domizil – das Kunsthotel Fuchspalast in St. Veit

Gemütlicher Bummel über den blütenprächtigen Hauptplatz von St. Veit

Pestsäule und der Walther-von-der-Vogelweide-Brunnen mit einer Statue des Minnesängers. Ein paar Meter weiter springt uns ein in kräftigem Rot und Blau schillerndes Haus ins Auge: Es ist das Kunsthotel **Fuchspalast**, das nach Entwürfen des Malers Ernst Fuchs gebaut wurde, u.a. mit einer Fassade aus Tiffanyglas.

Parken und Übernachten in Sankt Veit an der Glan

Parkplatz Blumenhalle [224: N 46° 45′ 48″ E 14° 21′ 9″]: Großer öffentlicher Parkplatz, wenn nicht gerade eine Veranstaltung in der Halle stattfindet, kann der Platz kostenfrei genutzt werden, Betonsteine, nüchterne Umgebung, 5 Min. Gehzeit ins Stadtzentrum, Zufahrt: der Ausschilderung „Blumenhotel" folgen.
Parkplatz Gerichtsstraße [225: N 46° 46′ 12″ E 14° 21′ 29″]: Hinter dem Ärztehaus gelegen, kann als Parkmöglichkeit mit unbeschränkter Dauer benutzt werden, Sand und Splitt, Ortsmitte, wenige Gehminuten zum Ernst-Fuchs-Palast und zum Hauptplatz.

Wir verlassen St. Veit auf der B 94/B 317 in nordöstlicher Richtung. Unser nächstes Ziel ist der Längsee, ein weitgehend naturbelassenes Badeidyll. Auf dem Weg dorthin notieren wir den

(226) WOMO-Campingplatz-Tipp: St. Georgen am Längsee/ Camping Wieser

GPS: N 46° 48′ 8″ E 14° 24′ 45″; Bernaich 8.   **offen:** Mai–Ende Sep.
Ausstattung/Lage: Teils ebenes, teils leicht abgestuftes Wiesengelände mit unterschiedlich hohen Bäumen, in ländlicher Umgebung, Straße in Hörweite.
Richtpreis: ca. 25 € für WOMO + 2 Erw. inkl. V+E, Strom und Ortstaxe in HS.
Kontakt: Telefon 0043/4212/3535, www.campingwieser.com.
Zufahrt: Von der B 317 (St. Veit–Neumarkt) ca. 5 km nördlich von St. Veit Richtung St. Georgen abzweigen, noch ca. 0,3 km.

Auf einer kleinen Anhöhe über dem Längsee steht das Stift St. Georgen.

Am Südufer des **Längsees** erreichen wir den unter hohen Bäumen gelegenen großen Parkplatz gegenüber dem Strandbad [**227:** N 46° 47′ 1″ E 14° 25′ 13″] (Campieren verboten).

Über dem See thront weithin sichtbar das ehemalige **Benediktinerinnenstift St. Georgen**, ein wuchtiger Vierkant-Komplex. Heute dient die Anlage als Erwachsenenbildungsstätte und Vier-Sterne-Hotel. Auf dem Gästeparkplatz [N 46° 46′ 52″ E 14° 25′ 52″] entlang der Klostermauer fühlt sich unser WOMO wohl. Wir schlendern durch das Klostergelände und lassen die Ruhe auf uns wirken. Uns gefällt es hier oben so gut, dass wir über Nacht hier stehen bleiben. Selbstverständlich haben wir an der Rezeption um Erlaubnis gefragt. Da an diesem Tag nicht allzu viel los ist, wird uns das ohne Weiteres gewährt. Am Abend genießen wir im Gartenrestaurant mit seiner Bilderbuch-Terrasse einen unvergleichlichen Blick über den Längsee und dazu die Schmankerln (frisch vom Biobauern) vom reichhaltigen Buffet (Auswärtige Gäste sind willkommen). Die bischöfliche Jagd in den Revieren auf der Flattnitz erlauben es Küchenchef Markus Walcher, köstliche und gesunde Speisen zuzubereiten, die mit Kräutern aus dem stiftseigenen Garten verfeinert werden. Trinken Sie dazu einen Wein aus dem Weinkeller oder ein Glas hauseigenen Apfelsaft.

Am nächsten Tag steht eines der Highlights dieser Tour bevor: die „Eroberung" von **Burg Hochosterwitz**. Vom Stift fahren wir auf der Landstraße weiter Richtung Süden und biegen bei Reipersdorf links auf die B 82 ein. Nach gut 2 km dann am Kreisel die 1. Ausfahrt rechts ab. Kurz danach taucht auf einem 150 m hohen Felskegel Burg Hochosterwitz auf. Vor uns steht eine gewaltige Burganlage, die um 860 erstmals erwähnt wurde. Seit dem 16. Jh. ist die Burg bis heute im Besitz der Familie Khevenmüller.

Auf einem steil aufragenden Felsen gelegen: Burg Hochosterwitz

(228) WOMO-Stellplatz: Burg Hochosterwitz

GPS: N 46° 45′ 18″ E 14° 27′ 11″; Hochosterwitz 1. **max. WOMOs:** 2.
Ausstattung/Lage: Abfallbehälter / Besucherparkplatz, Splitt und Sand, Schattenbäume, schöner Blick ins Tal, nachts ruhig.
Zufahrt: Burg Hochosterwitz ist überall ausgeschildert.
Sonstiges: Unten an der Zufahrtsstraße zur Burg gibt es einen weiteren Parkplatz [N 46° 45′ 18″ E 14° 26′ 47″; L 83].

Burg Hochosterwitz

Zu ihrem heutigen Aussehen wurde Hochosterwitz im 16. Jh. unter dem Landeshauptmann Georg Khevenmüller ausgebaut, und zwar als Hauptfestung gegen Habsburgs Erzfeind, die Türken. 14 Tore, jede eine Festung für sich, warteten auf den potenziellen Eroberer, den es freilich nie geben sollte, denn die Burg wurde nie eingenommen. Heutigen Besuchern gelingt die „Erstürmung" dagegen mühelos – denn die meisten von ihnen gleiten schnell, bequem und mit einem leichten Bauchkribbeln in der Liftgondel an der steilen Felswand hinauf.

Wir aber nehmen den etwas anstrengenden, aber lohnenden Aufstieg über die steile, mehrfach gewundene Straße. Fähnrichs-, Wächter-, Nau-, Engelstor etc. – jedes Tor hat seinen eigenen Namen, seine eigene Form, Aufgabe und künstlerische Ausstattung.

Oben können wir im Burgmuseum mittelalterliche Waffen, Rüstungen und Gemälde anschauen, gemütlich im Biergarten des Innenhoflokals sitzen und von den Burgmauern aus den Blick über Berge, Hügel und Täler des Kärntner Lands schweifen lassen (April/Okt. tgl. 9–17, Mai–Sep. 9–18 Uhr, 11 € zzgl. Lift 5 €).

Nach der Besichtigung von Hochosterwitz fahren wir weiter nach Süden und folgen nach ein paar Kilometern links der Abzweigung nach **Magdalensberg**. Die Bergstraße führt durch ländliche Abgeschiedenheit, die nicht ahnen lässt, dass hier bereits vor langer Zeit das Leben pulsierte. Diese ehemals rund 2,5 Quadratkilometer große Siedlung aus spätkeltischer-frührömischer Zeit, die wir jetzt erreicht haben, ist eine der größten Ausgrabungsstätten Österreichs. Das Freilichtmuseum bietet einen Einblick in eine versunkene Welt. Wir können durch Tempel und Prätorium, Wohn- und Werkstätten spazieren und erahnen, wie wichtig diese Händlerniederlassung im 1. Jh. v. Chr. war. Fundstücke des Parks sind Gefäße aus Glas, Keramik und Bronze, Schmuck und Skulpturen, die im Original zu sehen sind. Die wertvollsten Schätze sind jedoch Kopien: Fresken aus dem Jahr 20 v. Chr. und die lebensgroße römische Bronzefigur des „Jünglings vom Magdalensberg" (1. Mai–Mitte Okt. tgl. 9–18 Uhr, 5 €).

(229) WOMO-Stellplatz: Archäologischer Park Magdalensberg

GPS: N 46° 43′ 28″ E 14° 25′ 42″. **max. WOMOs:** 3. **Ausstattung/Lage:** keine / ebener Besucherparkplatz. **Zufahrt:** Der Beschilderung „Magdalensberg" folgen.

Wollen Sie auch wissen, was Sie am Ende der Straße erwartet? Dann fahren Sie weiter zum Gipfel (1059 m). Dort steht eine Wallfahrtskirche aus dem 13. Jh. und daneben das Gipfelgasthaus. Hier gibt es die Kärntner Käsenudel und alle ihre Verwandten wie Fleischnudel, Spinatnudel, Krautnudel, Knoblauchnudel und Kletzennudel.

Von hier oben reicht der Blick über ganz Südkärnten. Das Tor der kleinen Wallfahrtskirche ist auch abends noch weit geöffnet und im Halbdunkel leuchtet ein Flügelaltar hervor. Hinter der Kirche liegt ein kleines Wildgehege, in dem Hirsche, Ziegen und Wollschweine friedlich in der Abendsonne grasen. Das Abendglöckerl bimmelt uns in eine himmlische Nachtruhe.

(230) WOMO-Stellplatz: Gipfelkirche auf dem Magdalensberg

GPS: N 46° 43′ 42″ E 14° 25′ 43″. **max. WOMOs:** 2. **Ausstattung/Lage:** keine / Schotterparkplatz, unterhalb der Kirche, im Grünen, Gipfelgasthaus, Spielplatz, Tiergehege. **Zufahrt:** Vom Archäologischen Park weiter bergauf fahren.

Am nächsten Tag machen wir als Erstes einen Abstecher zum **Schloss Tanzenberg**, das 7 km südlich von St. Veit gelegen ist. Es beherbergt ein berühmtes Gymnasium, in dem unter anderem Peter Handke die Schulbank drückte. Neben

Kirchenfront von Schloss Tanzenberg

einem schönen Renaissancelaubenhof ist vor allem die neoromanische Basilika mit ihren Wandgemälden einen Besuch wert. Sie stammen vom zeitgenössischen Künsler Valentin Oman. Zumal hat man vom Kirchenvorplatz [N 46° 42′ 38″ E 14° 20′ 35″] einen herrlichen Panoramablick über Kärntens historisches Kerngebiet. Gleich hinter dem weithin sichtbaren Bauwerk befindet sich ein lukullischer Geheimtipp: Der Kollerwirt ist für seine leckeren Backhendln berühmt.

Auf unserer Hauptroute geht es südwärts weiter Richtung Klagenfurt. Kurz vor der Ortschaft Maria Saal ragt rechts neben der Schnellstraße eine hohe Baumgruppe auf. In ihrem Schatten steht der **Herzogstuhl**, ein wuchtiger Doppelsitz aus römischen Steinplatten. Auf ihm nahmen die Kärntner Herzöge nach ihrer Inthronisierung Platz, um den Ständen den Eid zu leisten und deren Huldigung zu empfangen. Hier sprachen sie auch Recht und vergaben Lehen. Unser Wohnmobil können wir unter den Bäumen parken [N 46° 41′ 26″ E 14° 20′ 47″].

Knapp 3 km weiter, schon recht nahe an Klagenfurt, fahren wir links ab nach MARIA SAAL. Da ragen auch schon die Türme der **Wallfahrtskirche** empor. 767 gegründet, erhielt sie ihr heutiges Aussehen im 15. Jh. Das Gotteshaus präsentiert sich als ein mächtiger, zweitürmiger Bau mit Befestigungsanlagen. In die Fassade sind zahlreiche Römersteine eingemauert. Finden Sie darunter auch das Relief der Postkutsche, das die Fahrt eines Verstorbenen ins Jenseits darstellt? Im Kircheninnern beeindrucken die Fresken am Gewölbe des Mittelschiffs: Schauen Sie einmal hinauf, dann sehen Sie, wie aus Blütenkelchen der Stammbaum Christi wächst. Jede Blume, jedes Gesicht, jede Kleidung ist anders gestaltet. Unterhalb der Anhöhe, auf der die Kirchenburg steht, haben wir unser WOMO auf dem kleinen Parkplatz abgestellt **[231:N 46° 40′ 54″ E 14° 20′ 50″]**.

Durch Kärntens historisches Herz

Eine willkommene Abwechslung ist das nächste Ziel: das **Kärntner Freilichtmuseum**. Fahren Sie die Straße ca. 200 m weiter in Richtung Arndorf. Da steht auch schon, ein wenig unterhalb der Ortsmitte, das **Pestkreuz**, eine turmartige Kapelle mit schönen Fresken. In Sichtweite befindet sich ein größerer Parkplatz unter Bäumen [**232:** N 46° 41' 0" E 14° 20' 56"]. Von dort sind es nur ein paar Meter zum Eingang des Freilichtmuseums, das das Kärntner Bauernleben lebendig werden lässt. Für den Rundgang durch Rauchküchen, Hausschmieden, Schlafkammern und Mühlen benötigen Sie etwa eine Stunde.

Von Maria Saal sind es nur noch wenige Kilometer bis KLAGENFURT AM WÖRTHER SEE, der Kärntner Landeshauptstadt.

Parken und Übernachten in Klagenfurt

Klagenfurt ist eine sehr grüne Stadt. Parks und Alleen wurden nicht zu Parkplätzen umfunktioniert – daher ist es empfehlenswert, das WOMO außerhalb des Rings abzustellen, der ungefähr dem Verlauf des ehemaligen Stadtgrabens anzeigt.

Rund 4 km von der Innenstadt entfernt gibt es P&R-Stellplätze bei Minimundus (West) und CineCity (Ost). Dort erhalten Sie per Knopfdruck an der Einfahrtsschranke ein Einfahrtsticket, das der Buslenker gegen ein Kombiticket Parken&Bus (Ausfahrtsticket) eintauscht und schon sind Sie mobil auf allen Linien. Das Tagesticket kostet für 1 Person 3 €, das Gruppenticket für 2 bis max. 5 Personen 6 €.

P&R-Parkplatz Ost/CineCity [233: N 46° 37' 46" E 14° 20' 48"]: Wenig heimeliger Parkplatz neben dem eigentlichen CineCity-Parkplatz, mit Schranke, kostenpflichtig, Splitt, abends unruhig wg. Kinobesucher, zum Übernachten bedingt geeignet.

P&R-Parkplatz West/Minimundus [234: N 46° 37' 15" E 14° 15' 58"]: Nicht zu verwechseln mit dem Parkplatz direkt vor Minimundus, der P&R-Platz liegt auf der gegenüber liegenden Straßenseite der 4-spurigen Villacher Straße/B 83. Mittlerweile ist der Schranken entfernt worden und man darf gratis parken.

Wahrzeichen Klagenfurts: der aus Schiefer gehauene Lindwurm

Messeparkplatz [N 46° 37′ 7″ E 14° 18′ 23″]: Das Klagenfurter Messeareal ist Kärntens größtes Parkgelände (1. Std. gratis, dann gestaffelte Parkgebühren, max. 5 €). Ein großer Vorteil ist die Nähe zur Klagenfurter Innenstadt, die bequem zu Fuß in nur wenigen Minuten erreicht werden kann. Während der Messezeiten sind die Parkplätze für Aussteller und Messebesucher reserviert.

Camping Klagenfurt [**235:** N 46° 37′ 6″ E 14° 15′ 22″; Metnitzstrand 5]: Geöffnet von Ende April bis Ende Sept., zwischen Europapark, Lendkanal und Strandbad gelegen, von Hecken umgebenes, ebenes Wiesengelände, durch verschiedenartige Laubbäume und Büsche gegliedert, großzügig parzelliert, keine Dauercamper, wenige Gehminuten zum riesigen Strandbad, Richtpreis: ca. 35 € für WOMO + 2 Erw. inkl. Eintritt Strandbad in der Hauptsaison.

Klagenfurt

Um Klagenfurt zu besichtigen, ist der **Neue Platz** ein günstiger Ausgangspunkt. Furchterregend und doch nur Wasser speiend, reißt hier der Lindwurm, das Wahrzeichen und Wappentier der Stadt, seinen Rachen auf. Die Darstellung eines eiszeitlichen Wollnashorns diente dem Bildhauer Ulrich Vogelsang vermutlich als Vorbild für diesen Drachen, den er im 16. Jh. aus dem Schiefergestein des nahen gelegenen Kreuzbergls schuf. Später erhielt das Fabeltier noch Brunnen, Gitter und den keuleschwingenden Herkules, seinen legendären Bezwinger, dazu.

Anmutiger wirkt das Denkmal Kaiserin Maria Theresias gegenüber. Rundum lassen Häuser aus dem 16. Jh. bis zur Biedermeierzeit den Neuen Platz heimelig wirken. Das **Rathaus**, einst Renaissancepalais der Grafen Rosenberg, schließt an der Westseite den Platz ab.

Das schachbrettartige Straßenmuster der Klagenfurter Altstadt, 1534 nach Plänen des italienischen Baumeisters Domenico de Lalio entstanden, macht die Orientierung einfach. Die **Kramergasse**, heute beliebte Shoppingmeile, war 1961 Österreichs erste Fußgängerzone. Sie führt vorbei an Barock- und Jugendstilfassaden und einem kleinen Brunnen mit einer Statue, dem Wörthersee-Mandl. Auf dem Platz dahinter erhebt sich das Standbild Herzogs Bernhards von Spanheim, der die früher von Überschwemmungen bedrohte Furtsiedlung im 13. Jh. ins Trockene verlegte. Auf diese erste Siedlung an der Glan geht vermutlich der Name

Südliches Flair in der Renaissancestadt Klagenfurt am Wörthersee

Auch im Minimundus lässt sich der Schiefe Turm von Pisa nicht gerade rücken.

Klagenfurts („Furt der Klagen") zurück, denn viele Bewohner, die den Fluss ohne Brücke durchqueren wollten, ertranken in den Fluten.

Schlendern Sie ein paar Schritte weiter, und Sie erreichen den **Alten Platz**. In seiner Mitte ragt die Dreifaltigkeitssäule empor. Besonders das Alte Rathaus und das Haus „Zur Goldenen Gans" aus dem 15. Jh. werden Ihnen gleich auffallen. Am Westende des Alten Platzes gelangen Sie zu einem wuchtigen, zweitürmigen Renaissancebau, dem Landhaus, in dem das Kärntner Landesparlament tagt. Im Wappensaal, dessen Wände im 18. Jh. mit 665 Wappen der Landesstände geschmückt wurden, zeigen barocke Fresken historische Szenen wie das Überreichen der Schenkungsurkunde Maximilians I. an die Stände (Ursulinengasse 2, April–Okt. tgl. 9–17 Uhr).

Wenn Sie über den Alten Platz zurückschlendern, vorbei an Cafés, Geschäften und gemütlichen Innenhöfen, erreichen Sie die **Wiener Gasse**, in der abermals Häuserfassaden mit prächtigen Dekors Ihre Aufmerksamkeit auf sich ziehen. Ein Beispiel dafür ist das Haus mit den Löwenköpfen. Oder sehen sie eher aus wie Affenköpfe? Was meinen Sie dazu? Links biegen Sie nun ab zur **Stadtpfarrkirche St. Egid**. Auf deren fast 92 m hohen Turm führen mehr als 200 Stufen. Wenn Sie Lust haben, steigen Sie hinauf. Denn oben haben Sie einen weiten Blick über die Stadt, in südlicher Richtung bis zum Dom und die Karawanken dahinter (Pfarrhofgasse 4, April–Mitte Okt. Mo–Fr 10–17.30, Sa 10–12.30 Uhr, nicht bei Schlechtwetter). Die von Ernst Fuchs schaurig-schön gestaltete Seitenkapelle muss man gesehen haben! 20 Jahre arbeitete der Meister daran und wies Ungeduldige darauf hin, das die Sixtinische Kapelle in Rom auch lange gebraucht habe (Besichtigungszeiten: Do, Fr und Sa 11.30 Uhr)

Sommerliches Bade- und Freizeitvergnügen können Sie am westlich der Stadt sich erstreckenden **Wörthersee** genießen. Dort finden Sie mit dem stilvollen Strandbad am Metnitzstrand das größte Seebad Österreichs. Gleich daneben erstreckt sich der Europapark, ein weitläufiges Grünareal, auf dem u.a. ein Reptilienzoo, ein Planetarium sowie, als einer von Kärntens Top-Touristenmagneten, **Minimundus**, zu Hause sind. Minimundus lädt Sie zu einer kleinen Reise um den Globus ein: Über 100 Bauwerke wie das Opernhaus in Sidney, der Tadsch Mahal oder der Wiener Prater werden hier en miniature gezeigt. Große Parkplätze gibt's am Minimundus [N 46° 37′ 12″ E 14° 16′ 3″] und am Strandbad [N 46° 37′ 12″ E 14° 15′ 21″], die beide mit dem Schild „Campieren und Abstellen von Campingfahrzeugen verboten" verschönert sind. Zum Übernachten bietet sich der großzügige Campingplatz **(235)** in unmittelbarer Nachbarschaft an.

In Klagenfurt beginnt der überaus lohnenswerte Abstecher südwärts nach Ferlach und zur Tscheppaschlucht. Bis FERLACH sind es auf der B 91 ca. 10 km. Einen offiziellen Wohnmobilstellplatz hat es auf einem Teil des Messeparkplatzes vor dem Stadtzentrum.

(236) WOMO-Stellplatz: Ferlach/Messeparkplatz

GPS: N 46° 31′ 30″ E 14° 17′ 50″; Nähe Sparkassenplatz. **max. WOMOs:** >5.
Ausstattung/Lage: V+E, Müllbehälter / großer Messeparkplatz "Schloss Ferlach", eben, mit Fräsasphalt befestigter Untergrund, ruhig, max. 24 h, Ortsrand.
Zufahrt: Von Klagenfurt auf der B 91/B 85 kommend über den Loiblbach (nicht vor der Brücke in die Waagstraße abbiegen!) Ri. Zentrum fahren, dann hinter der Brücke rechts abbiegen und dem Hinweis zum Stellplatz auf dem Messeparkplatz am Schloss folgen.

So lieblich das am Nordfuß der Karawanken gelegene FERLACH wirkt, so Furcht einflößend ist seine Industrie. Schon im 16. Jh. haben sich die Ferlacher aufs Büchsenmachen spezialisiert. Im Schloss spannt das Museum einen Bogen von der Technik der Jagdwaffen zum Thema Jagd in Malerei, Literatur und Kunst. Jedoch ist Ferlach infolge seines industriellen Erbes von nur beschränktem Liebreiz. Umso Attraktiveres findet sich an seinem Südrand: Schluchtenromantik mit tosendem Wasser vermittelt die **Tscheppaschlucht**. Von Ferlach fahren wir weiter in Richtung Loiblpass/Slowenien, durch Unterloibl, und nach ca. 800 m liegt rechts der Tscheppaschlucht-Parkplatz. Der gebührenpflichtige Parkplatz [N 46° 29′ 52″ E 14° 17′ 2″] mit seinen 3 terrassenförmigen Ebenen wäre zum Übernachten durchaus geeignet. Ob die Schranke an der Zufahrt nachts geschlossen wird? Die Kiosk-Betreiberin meinte zwar, dass das Stehenbleiben über Nacht verboten sei, aber diesbezügliche Verbotsschilder haben wir keine entdeckt.

WOMO-Wandertipp: Tscheppaschlucht

Ein gesicherter Steig führt durch dieses atemberaubende und wildromantische Naturdenkmal 5 km in Richtung Süden. Vorbei an brausenden Wasserfällen marschiert man rund 1,2 km durch die Schlucht. Festes Schuhwerk ist unbedingt erforderlich. Am Ende der Schlucht, beim Tschaukofall (26 m), kann man die Wanderung ins Bodental fortsetzen (5 km) oder mit einem Autobus an den Ausgangspunkt am Parkplatz zurückkehren (Mai–Mitte Okt., Eintritt).

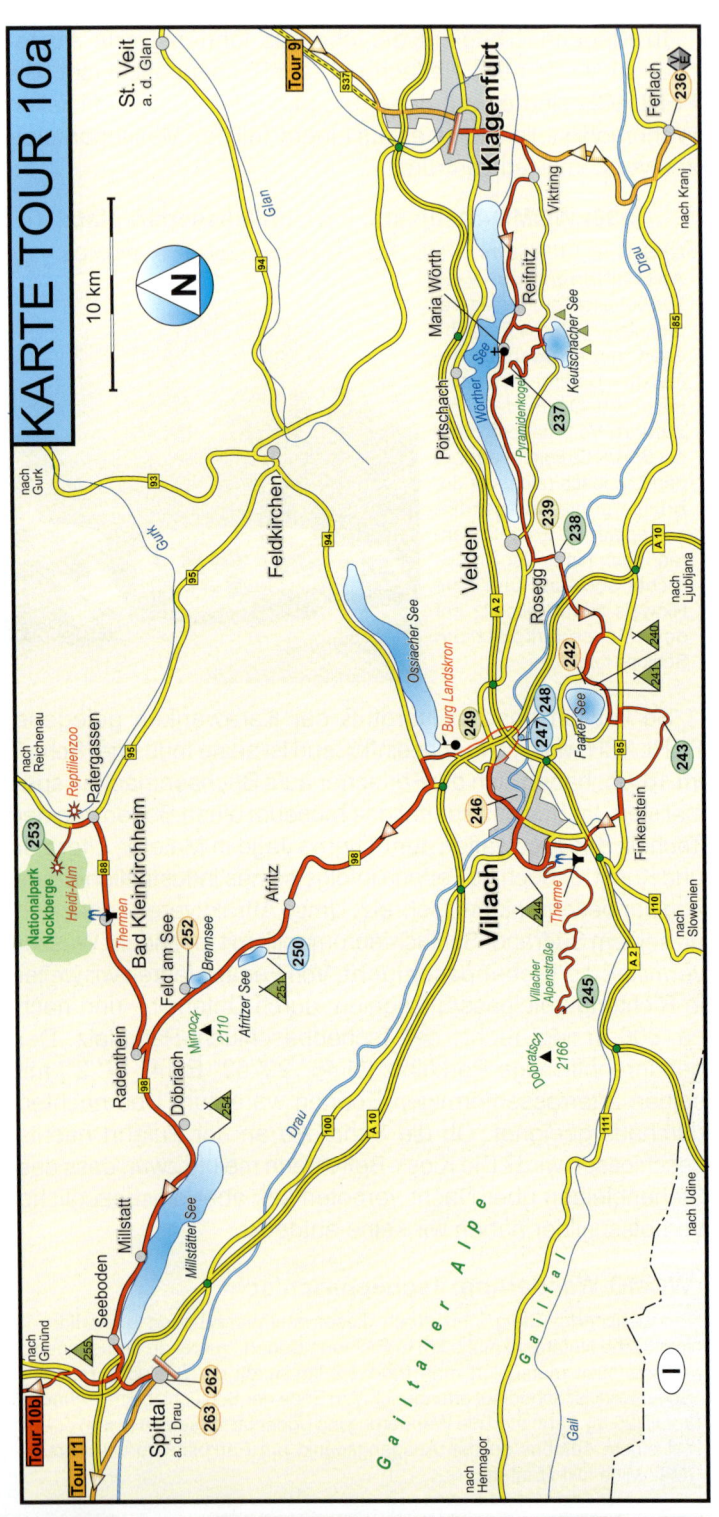

TOUR 10 (ca. 200 km / 3–4 Tage)

Klagenfurt – Reifnitz – Maria Wörth – Rosegg – Faaker See – Velden – Villach – Afritzer See – Millstätter See – Altersberg – Gmünd – Kölnbrein Stausee – Spittal an der Drau

Stellplätze:	Pyramidenkogel, Rosegg, Burgruine Finkenstein, Villacher Alpenstraße, Villach, Wernberg, Feld am See, Heidi-Alm am Falkertsee, Altersberg, Malta Hochalmstraße, Kölnbrein Stausee, Spittal an der Drau.
Campingplätze:	Faaker See, Villach, Afritzer See, Millstätter See, Maltatal.
Besichtigen:	Gustav-Mahler-Komponierhäuschen, Pyramidenkogel, Maria Wörth, Velden, Villach, Burg Landskron, Villacher Fahrzeugmuseum, Alpen Wildpark Feld am See, Reptilienzoo Nockalm, Heidi-Alm am Falkertsee, Künstlerstadt Gmünd, Porschemuseum Gmünd, Kölnbreinsperre, Spittal an der Drau.
Baden:	Strandbäder Maiernigg u. Reifnitz, Kärnten Therme Warmbad Villach, Silbersee Villach, Römerbad Bad Kleinkirchheim, Afritzer See, Millstätter See, Drautalperle Spittal.
Ausflüge:	Villacher Alpenstraße, Malta Hochalmstraße, Aufs Goldeck.
Wandern:	Märchenwandermeile, Malteiner Wasserspiele.

In Kärntens Süden spürt man die Nähe zu Italien: Mildes Klima, charmante Urlaubsorte mit mediterranem Flair, warme Seen und dazu eine heitere Stimmung – hier verweilen wir gern länger.

Start dieser Tour ist KLAGENFURT: Westlich geht es zum **Wörthersee-Südufer**, das wesentlich verträumter als das doch arg verbaute Nordufer ist. Wir fahren auf der Süduferstraße in Richtung Maria Wörth/Velden. Zum erfrischenden Planschen gibt es hier ein paar gute Einstiegsstellen. Vom Parkplatz [N 46° 36′ 38″ E 14° 14′ 33″] des viel frequentierten Strandbads Maiernigg können Sie zu einem kurzen Spaziergang aufbrechen: zum **Gustav-Mahler-Komponierhäuschen**, mitten im

Gustav-Mahler-Komponierhäuschen

Kärntens sonniger Süden 201

Wald gelegen, das Sie auf einem beschilderten Fußweg in rund 15 Minuten erreichen. Der Komponist Gustav Mahler verbrachte die Sommermonate der Jahre 1900 bis 1907 in seiner Villa am See. Oberhalb der Villa ließ er sich dieses Refugium erbauen, das nur aus einem einzigen Raum besteht. Hier komponierte er unter anderem den Abschluss der 4. Symphonie, die 5., 6., 7. und 8. Symphonie. Wie seine Frau Alma überlieferte, standen in dem spartanischen Zimmer nur „ein Flügel und auf den Regalen ein vollständiger Goethe und Kant. Außerdem an Noten nur Bach." Mit Erinnerungsfotos und einigen Quellentexten, besonders aber mit Mahlers gewaltiger Musik empfängt das Komponierhäuschen die Besucher heute.

Weiter rollen wir zunächst durch Sekirn, dann nach REIFNITZ hinein und landen auf dem Parkplatz gegenüber dem Strandbad [N 46° 36′ 23″ E 14° 10′ 52″]. Wer möchte, geht an Bord eines der Schiffe der Wörthersee Schifffahrt. Im Juni findet in Reifnitz und den benachbarten Orten ein Golf-GTI-Treffen statt. Lärm, Benzindunst und Autofetischisten-Ballermann sind dann angesagt.

Wollen Sie den Wörthersee aus der Vogelperspektive sehen, dann fahren Sie mit uns hinauf zum **Pyramidenkogel**: Von Reifnitz führt der Weg in Richtung Keutschach und dann durch einen Wald zum Aussichtsberg. Die Parkplätze dort oben bieten sich zum Übernachten an.

(237) WOMO-Wanderparkplatz: Pyramidenkogel

GPS: N 46° 36′ 34″ E 14° 8′ 49″. **max. WOMOs:** 2.
Ausstattung/Lage: Abfallbehälter, Sitzbank / 2 Parkpläzte unterhalb des Aussichtsturms, im Wald, Asphalt, leicht abschüssig, nachts einsam, außerorts.
Zufahrt: Von Reifnitz den Schildern zum Keutschacher See folgen, vorbei am Strandbad und Campingplatz Nord (um den Keutschacher See gibt es etliche Campingplätze), dann am Kreisverkehr zum Pyramidenkogel abbiegen.

Blick vom Pyramidenkogel auf den Wörthersee bei Maria Wörth

Spektakulär – Weitblick vom Pyramidenkogel

Der Pyramidenkogel ist mit 851 m für sich schon ziemlich hoch, und doch will man dort noch viel höher hinaus: Ein neuer hölzerner Aussichtsturm soll den höchsten Punkt um weitere 100 m aufstocken. Der bisherige „nur" 54 m Vorgängerbau aus den 1960er-Jahren erwies sich als echter Besuchermagnet. Kein Wunder: Von dort oben hat man einen herrlichen Panoramablick über den ganzen Wörthersee inklusive Maria Wörth bis hin nach Klagenfurt. Im Süden sieht man bis zu den Karawanken, im Norden bis zu den Hohen Tauern. Nicht schlecht, aber bei den Zukunftsplänen geht es um mehr: um den höchsten Holzturm der Welt. Aussichtsplattformen für 360-Grad-Blicke, aufwendige Lichtspiele und eine im Inneren des Turms verlaufende Rutsche sollen den Bau zu einem Turm der Superlative machen. Auch für das leibliche Wohl wird mit einem Turmcafé in luftiger Höhe und einem Restaurant auf der Eingangsebene gesorgt sein.

Der Holzturm auf dem Pyramidenkogel – hier allerdings noch als Architektenmodell.

Die Eröffnung des Turms ist für den Juni 2013 geplant (Infos unter www.pyramidenkogel.info).

Wieder zurück in Reifnitz zuckeln wir weiter westwärts am Wörthersee entlang. Ein privates Sommerdomizil nach dem Anderen reiht sich entlang des Seeufers. Parkplätze und öffentliche Zugänge zum See finden wir hier keine. Nun ist es nicht mehr weit bis zum kleinen Wallfahrtsort MARIA WÖRTH. An diesem Frühsommertag finden wir erfreulicherweise auf

Die Halbinsel von Maria Wörth mit ihrer romanisch-gotischen Kirche

dem Tagesparkplatz an der Seepromenade [N 46° 37′ 1″ E 14° 9′ 45″] (Übernachtungsverbot 22–7 Uhr) noch eine Parklücke für unser Gefährt. Maria Wörth ist – so platt es klingen mag – einfach malerisch. Sein alter Kern, ein paar Häuser nur, liegt auf einer felsigen Halbinsel. Die auf einer Felskuppe stehende spätgotische Pfarrkirche, die sich vom Blau des Sees abhebt, ist die mit Abstand beliebteste Heiratskirche in Kärnten. Im Kirchenraum thront eine Madonna aus dem 15. Jh., der goldene Hochaltar ist mit vielen Heiligenfiguren verziert. Bevor wir unsere Fahrt fortsetzen, genießen wir an der kleinen Seepromenade die morgendliche Stille.

Danach fahren wir weiter, durch Dellach und Auen, ans Westende des Wörthersees und erreichen das elegante Kur-

Das „Schloss am Wörthersee" war die Kulisse für unzählige Filme.

bad VELDEN, wo sich der Jetset gerne trifft. Am besten ist es, wenn Sie das WOMO am Ortsrand auf dem Parkplatz P 3 [N 46° 36′ 31″ E 14° 2′ 52″; Augsdorfer Straße] abstellen, um von dort durch den beliebten Urlaubsort zu spazieren. Entlang der Flaniermeile und Seepromenade reihen sich Hotels, exklusive Modegeschäfte und Juweliere, Cafés und Konditoreien aneinander. Fans von Roy Black legen vor dem **„Schloss am Wörthersee"** einen Pflichtstopp ein. Die Roy-Black-Büste ist nach einem Diebstahl wieder an Ort und Stelle. Das Schloss ist mittlerweile ein Luxushotel. Die Badestrände und der Yachthafen sind öffentlich nicht zugänglich, sondern nur den Gästen der angrenzenden Hotels vorbehalten.

Uns aber zieht es weiter südwärts zum Faaker See. Auf dem Weg dorthin bietet sich ROSEGG geradezu für einen Aufenthalt an. Ebendort liegen gleich neben aneinander: ein Schloss aus dem 18. Jh., ein Park mit Irrgarten, ein 24 ha großer Wildpark und last, but not least ein ruhiger Übernachtungsplatz.

(238) WOMO-Wanderparkplatz: Rosegg/Wildpark

GPS: N 46° 35′ 13″ E 14° 1′ 31″; Wildparkweg. **max. WOMOs:** 2.
Ausstattung/Lage: keine / großer Parkplatz neben dem Tierpark, Splitt, tlw. Wiese, kein Schatten, außerorts.
Zufahrt: In Rosegg sind Schloss und Wildpark gut beschildert.
Sonstiges: Der Gasthof Roseggerhof [**239:** N 46° 35′ 24″ E 14° 1′ 13″] bietet auf einer Wiese Stellplätze mit V+E+Strom für ca. 15 € (WOMO + 2 Erw.) an, bei unserem Besuch war der Platz gerammelt voll, außerdem ist es laut Auskunft des Betreibers fraglich, ob es den Platz im Jahr 2013 noch geben wird; einen Hüpfer weiter haben wir beim Wildpark kostenlos übernachtet – allein!

Im **Wildpark** bewegen sich die meisten der 35 Tierarten – darunter Bisons, Wölfe und Bergaffen – frei rund um den Felshügel mit der Ruine Alt-Rosegg oben drauf.

Vier Lindenalleen führen zum frühklassizistischen **Schloss Rosegg**. Dort grüßt im Wachsfigurenkabinett der grimmig dreinblickende Ritter von Bohr, einer der bekanntesten Geldfälscher seiner Zeit. Zwischen Schloss und Tierpark sorgt das betont symmetrisch geschnittene **Gartenlabyrinth** mit seinen vielen Sackgassen für Kurzweil – vom Aussichtsturm aus klären sich die Wege am ehesten. Gleich daneben wurde noch ein Maislabyrinth angelegt.

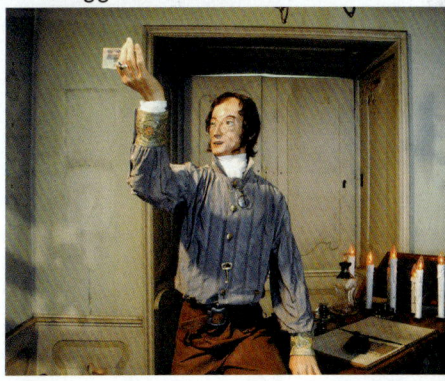
Schloss Rosegg: Geldfälscher Ritter von Bohr

Weiter tuckern wir zum **Faaker See**. Türkisblaues Wasser, eine kleine Insel in der Mitte und im Hintergrund die Steilhänge des markanten Mittagskogels: Das ist Kärntens südlichster Badesee. Am Westufer finden Wasservögel in einem Schilfgürtel Nistplätze. Entlang des übrigen Ufers sind die Ortschaften Drobollach, Egg und Faak mit Hotels, Pensionen, eingezäunten Strandbädern, Erlebnisparks etc. zu einer Tourismusregion zusammengewachsen – mit dem Nachteil, dass es kaum noch einen freien Zugang zum See gibt. Hier reiht sich ein Campingplatz an den Nächsten. Acht Plätze haben wir gezählt. Deshalb verzichten wir darauf, jeden Einzelnen im Detail zu beschreiben. Empfehlen können wir folgende Plätze:

(240) WOMO-Campingplatz-Tipp: Faak/Camping Gruber
GPS: N 46° 34′ 21″ E 13° 55′ 56″; Strand Nord 3. **offen:** Mai–Ende Sept.
Ausstattung/Lage: Ein nicht besonders großer, aber besonders schöner Platz am See, ebenes und durch einen Bach zweigeteiltes Gelände, der größere Platzteil im lichten Nadelwald, der kleinere mit Laubbäumen, durch Buschreihen gegliedert.
Richtpreis: ca. 33 € für WOMO + 2 Erw. inkl. V+E, Strom und Ortstaxe in HS.
Kontakt: Telefon 0043/4254/2298, www.strandcamping.at.
Zufahrt: Der CP liegt am Ostufer des Faaker Sees und ist beschildert.

(241) WOMO-Campingplatz-Tipp: Faak/Sandbank
GPS: N 46° 34′ 7″ E 13° 55′ 44″; Badeweg 3. **offen:** Mai–Okt.
Ausstattung/Lage: Ebene, durch Baumreihen gegliederte Wiese zwischen Uferstraße und See, teils im Mischwald, ein Platzteil jenseits eines Baches, über eine Brücke zugänglich, lockere Atmosphäre, großer Badestrand.
Richtpreis: ca. 33 € für WOMO + 2 Erw. inkl. V+E, Strom und Ortstaxe in HS.
Kontakt: Mobil 0043/664 858 63 17, www.camping-florian.at.
Zufahrt: Liegt am Ostufer des Faaker Sees, von der Uferstraße beschilderter Abzweig.

Campingleben am Faaker See

Stellplätze für eine Nacht gibt es auf dem Großparkplatz vor dem Campingplatz Arneitz. Der Parkplatz ist weder idyllisch noch ruhig.

> **(242) WOMO-Stellplatz: Faak/Vor dem Camping Arneitz**
> **GPS:** N 46° 34′ 28″ E 13° 56′ 16″; Seeuferlandesstraße 53.
> **max. WOMOs:** 3.
> **Ausstattung/Lage:** V+E gegen Extragebühr, Sanitäreinrichtungen des Campingplatzes dürfen nicht benutzt werden / gebührenpflichtiger Großparkplatz auf der gegenüberliegenden Straßenseite des Komfort-Campingplatzes Arneitz, unruhig.
> **Zufahrt:** Liegt am Ostufer des Faaker Sees, beschildert.

Anfang September dröhnen rund um den Faaker See rassige Motoren, denn dann treffen sich bis zu 40 000 Harley-Davidson-Fans zur European Bike Week. Wer es ruhiger mag und für die Nacht einen lauschigen Übernachtungsplatz sucht, der macht es so wie wir und fährt weiter zur mächtigen **Burgruine Finkenstein** und genießt dort die ländliche Idylle auf dem Besucherparkplatz – vorausgesetzt an diesem Abend findet nicht gerade eine Veranstaltung statt. Denn die Burgarena dient im Sommer als herrliche Kulisse für ein Sommerfestival (Aufführungen Mitte Juni–Mitte Aug.). Die Shaolin Mönche waren schon da, ebenso Joan Baez und José Carreras. Besuchen Sie doch eine der Aufführungen. Der Blick von dort oben auf den Faaker See und die umliegende Berglandschaft ist prachtvoll. Ein unvergesslicher Abend unter freiem Himmel im historischen Halbrund und eine ruhige Nacht auf dem Parkplatz sind garantiert.

Burgruine Finkenstein

(243) WOMO-Wanderparkplatz: Burgruine Finkenstein
GPS: N 46° 32' 40" E 13° 54' 21"; Altfinkenstein.　　　**max. WOMOs:** 3.
Ausstattung/Lage: Abfalleimer / Splitt-Gras-Parkplatz vor der Musik&Event Hall (bei Schlechtwetter finden hier die Veranstaltungen statt), im Grünen, Bäume, ruhig, idyllisch, außerorts.
Zufahrt: Vom Faaker See weiter auf der L 53, dann links auf die L 44 bis zum Kreisverkehr, die 3. Ausfahrt hinaus und der Ausschilderung zur Burgarena Finkenstein folgen, die Straße schlängelt sich den Berg hinauf bis zum Parkplatz vor der Veranstaltungshalle (Vom Faakersee bis nach Finkenstein sind es ca. 12 Autominuten).

Am nächsten Morgen geht's den Berg wieder hinunter, dann bei Gödersdorf nach rechts in Richtung Autobahn A 2, die wir kreuzen und weiter auf der B 83 zum **Warmbad Villach**. Dort steuern wir den Parkplatz [N 46° 35' 20" E 13° 49' 39"] vor der neuen **Kärnten Therme** an. Ist dieser belegt, dann probieren

Burgarena Finkenstein

Die brandneue Kärnten Therme in Warmbad-Villach

Sie es Sie auf dem großen Parkplatz in der Nähe des Zillerbads [N 46° 35′ 12″ E 13° 49′ 54″]. Der mit hohen Bäumen beschattete Platz wäre auch wunderbar zum Übernachten geeignet, wenn da nicht wieder diese Verbotsschilder stehen würden. Der ganzjährig geöffnete Camping Gerli [**244:** N 46° 36′ 54″ E 13° 48′ 21″ Badstraße 23, Villach] ist der nächstgelegene Campingplatz zur Kärnten Therme (ca. 4 km).

Wenn Sie für Ihr Gefährt einen Parkplatz nahe bei der Therme gefunden haben, dann gönnen Sie sich ein paar entspannende Stunden in der Therme. Erst im Sommer 2012 hat Österreichs modernster Erlebnis-, Wellness- und Fitness-Tempel seine Pforten eröffnet. Baden können Sie direkt an der Quelle im wohlig temperierten Thermalwasser. Rutschentester, Saunaphilosophen und Muskelkater – die Wasserwelten der Therme bringen alle auf Trab.

Villacher Alpenstraße: Aussichtsplattform beim Parkplatz 6

Kärntens sonniger Süden

Haben Sie sich richtig schön in der Erlebnistherme entspannt und hinterher noch genügend Zeit zur Verfügung, dann machen Sie einen Abstecher zum **Dobratsch**. Dort werden Sie eine ruhige Nacht verbringen. Hinauf auf den westlich von Villach emporragenden Bergrücken schlängelt sich die mautpflichtige 16,5 km lange **Villacher Alpenstraße**. Insgesamt 11 Aussichtsparkplätze haben wir gezählt und kein einziges WOMO-Verbotsschild entdeckt. Am Endpunkt, dem Parkplatz P 11 [N 46° 35′ 35″ E 13° 42′ 39″], angelangt, laufen wir die paar Meter zur Roßtratte (1733 m) hoch und genießen aus der Vogelperspektive die landschaftliche Pracht des Villacher Raumes und des Dreiländerecks. Hölzerne Panoramaliegen laden zum Ausruhen ein. Auf den Gipfel des Dobratschs in 2166 m wandern Sie auf einem extrabreiten Panoramaweg in gemütlichen 2 Stunden und haben von dort oben an klaren Tagen einen Fernblick über die ganzen Ostalpen. Wollen Sie nach der Wanderung nicht mehr weiter fahren, übernachten Sie doch auf dem weniger belebten Parkplatz P 10, für eine Nacht wird das toleriert.

(245) WOMO-Wanderparkplatz: Villacher Alpenstraße/P 10

GPS: N 46° 35′ 35″ E 13° 42′ 46″′; Villacher Alpenstraße.
max. WOMOs: 2-3.
Ausstattung/Lage: keine / kein campingähnliches Verhalten gestattet, max. 24 h, Ausgangspunkt für Wanderungen, nachts einsam, außerorts.
Zufahrt: Der Platz ist fast am Ende der Villacher Alpenstraße gelegen.

Weiter unten, nahe dem Parkplatz P 6 [N 46° 35′ 33″ E 13° 44′ 13″] auf 1400 m, wachsen im **Alpengarten** rund 1000 Pflanzen – vom Enzian über Edelweiß und Alpenmannstreu bis zur nur in Kärnten und im Himalajagebiet so üppig gedeihenden Wulfenia.

Nach dem Rundgang am Berg geht es wieder ins Tal. Heute steht ein Spaziergang durch die Altstadt von VILLACH auf dem Programm. Bester Ausgangspunkt hierfür ist der Großparkplatz Drauboden am nördlichen Ufer der Drau.

(246) WOMO-Stellplatz: Villach/Drauboden

GPS: N 46° 37′ 2″ E 13° 50′ 26″; SEZ-Straße. **max. WOMOs:** 5.
Ausstattung/Lage: keine / riesiger Gratisparkplatz, Asphalt, einige Bäume, leicht abschüssig, 10 Gehminuten in die Fußgängerzone, Spazier- und Radwege entlang der Drau, im Ort.
Zufahrt: Von Süden kommend linker Hand an der Innenstadt vorbeifahren, über die Alpen-Adria-Brücke in Ri. Hauptbahnhof, der Parkplatz ist dann links am Drauufer gelegen.

Am Stadtrand fallen uns leer stehende Geschäfte und vergammelte Fassaden auf, die schon bessere Zeiten gesehen haben. Wir müssen bis in die Altstadt hineingehen, um viele schöne Bürgerhäuser zu entdecken und die muntere „Beisl-Szene" zu genießen.

Villach

Wir überqueren auf der Alpen-Adria-Brücke die Drau, laufen in die Altstadt hinein. Dort hat sich in den Gassen eine muntere „Beisl-Szene" etabliert (A Beisl is i a klaans Wiatshaus aum Eck, wo ma a Seidl Bia oda a Achtal Wein drinkt und a klaans Gulasch und a Beischal serviat griagt). Beginnen wir also unseren Stadtspaziergang am Rathausplatz. Gegenüber erhebt sich die spätgotische **St.-Jakobs-Kirche**. In der mehrmals durch Erdbeben und Bomben schwerbeschädigten Hallenkirche hat das riesige Christophorus-Fresko von 1470 alle Katastrophen überlebt. Glasfenster tauchen den barocken Hochaltar in ein leuchtendes, fast überirdisches Licht. Sehenswert ist die 1555 errichtete Steinkanzel: Sie stellt den schlafenden Jesse dar, aus dem der Stammbaum Jesu entspringt. Auf den 94 m hohen Turm führen fast 240 Stufen hinauf. Es lohnt sich hinaufzusteigen, denn dort oben sehen Sie auf die Stadt und in der Ferne die Hohen Tauern bis zu den Julischen Alpen.

Sobald Sie wieder sicheren Boden unter den Füßen haben, gehen Sie weiter auf den **Hauptplatz** mit der barocken **Dreifaltigkeitssäule**. Sie kommen an Fassaden alter Bürgerhäuser vorbei, deren Baukern zumeist noch mittelalterlichen Ursprungs ist. Eines der beherrschenden Gebäude ist das Hotel Post, das sich mit seiner reich verzierten Renaissancefassade aus dem Häuserensemble heraushebt.

Ein paar Schritte weiter fällt ein stattliches Gebäude auf mit einem dreigeschossigen Arkadenhof im Renaissancestil, der **Paracelsushof**. Hier soll der berühmte Arzt Paracelsus gewirkt haben. Zwei marmorne Medaillons erinnern daran.

Während Sie an Geschäften vorbei den Hauptplatz hinunterspazieren, sollten Sie auch einen Blick in die heimeligen Gässchen aus unregelmäßig gebauten Hausmauern und Schwibbögen werfen. An der Draubrücke

Blick über Villach

angelangt, sehen Sie im Norden die neugotische Nikolaikirche, und am Ostufer prunkt der knallrote Kubus des **Congress-Centers**, in dem u.a. der Villacher Fasching und Aufführungen des Carinthischen Sommers veranstaltet werden.

An Regentagen lohnt ein Besuch des westlich der Stadtpfarrkirche gelegenen **Stadtmuseums**: Es ist in einem alten Bürgerhaus untergebracht und gibt einen Einblick in die Geschichte, Kunst und Kultur des Villacher Raums.

Bevor Sie die Stadt verlassen, dürfen Sie noch einen Abstecher zum 1913 aufgestellten **Relief von Kärnten** im Schillerpark machen. Diese 182 m² große, überdachte Geoplastik zeigt das ganze Land Kärnten topografisch genau als dreidimensionales Modell im Maßstab 1:10 000.

Suchen Sie jetzt einen freien Stellplatz für die Nacht? Da haben wir ein feines Plätzchen für Sie gefunden, ruhig, in der Natur und an einem Badesee gelegen. Vom Parkplatz Drauboden geht's vorbei am Hauptbahnhof quer durch Villach in Richtung Autobahn. Immer weiter östlich, durch den Ortsteil St. Magdalen und weiter auf der St. Ulricher Straße. In St. Ulrich rechts zum **Silbersee** abbiegen. Die Seestraße führt dann zum ersten Badeparkplatz [**247:** N 46° 36′ 35″ E 13° 54′ 11″]. Von da weiter am See entlang zum schöner gelegenen Hauptparkplatz 100 m hinter der Schiffsanlegestelle. Wenn Sie sich mit dem Pächter der Ausflugsgaststätte gut stellen (dort einkehren!), dürfen Sie hier mal für eine Nacht stehen bleiben.

(248) WOMO-Badeplatz: Villach (OT St. Ulrich)/Silbersee
GPS: N 46° 36′ 22″ E 13° 54′ 28″; Silberseestraße. **max. WOMOs:** 2.
Ausstattung/Lage: WC und Außenduschen in 100 m (nur während Badesaison benutzbar), Abfallbehälter, max. 1 Nacht / Besucherparkplatz vor der Ausflugsgaststätte Silbersee Ranch, zwischen Drau und Silbersee gelegen, durch Baumreihen unterteilt, außerorts.
Zufahrt: Im Text beschrieben.

Der Silbersee ist rundherum zugänglich und von ausgedehnten Grünflächen umgeben. Er liegt direkt am Drauradweg. Wie wär's mit einer Radtour oder einer Fahrt mit dem **Drauschiff MS Landskron** nach VILLACH? Im Sommer fährt das Schiff viermal am Tag im Linienverkehr die Strecke ab. In etwa einer halben Stunde sind Sie am Congress Center, wo Sie aussteigen und über die Fußgängerbrücke in die Altstadt gehen, um Villachs mediterranen Charme zu genießen. Ohnehin herrscht hier das ganze Jahr über gute Stimmung. Zwischen Mitte November und Weihnachten toben die Krampusse, das sind Schreckgestalten als Begleiter des hl. Nikolaus, durch die Gassen. Narrisch geht's beim **Villacher Fasching** zu. Im Sommer begeistern Künstler und Artisten beim Straßenkunstfestival. Bei Summertime und dem Carinthischen Sommer erklingen Pop und Klassik auf schwimmender Bühne. Beim Kirchtag wird die erste August-Woche durchgefeiert – mit Trachtenumzug und tausenden Litern Kirchtagssuppe und Villacher Bier.

Krampusse toben durch die Villacher Gassen.

Zur nächsten Etappe dieser Tour geht es nordwärts Richtung Drautschen/Zauchen/Wernberg. In Drautschen unter der Süd Autobahn A 2 durch. Direkt danach rechts nach WERNBERG. Dort ist beim **Landgasthof Fruhmann** eine Rast angesagt. Wenn einem Gasthaus eine Fleischhauerei angeschlossen ist, kann man getrost einkehren. Und im hinteren Teil des Gästeparkplatzes befindet sich eine kleine Stellfläche für WOMOs. Der Gasthof bietet landestypische Gerichte wie z.B. Kärntner Brettljaus'n mit Hirschwürstl und Gludener Käse, „Holzknecht"-Rostbratensteak und weitere wohlschmeckende Fleischspeisen. Angenehme Bettschwere bekommt man beim Glasl Grüner Veltliner oder Roten Zweigelt. Wer es eilig hat, kann auch direkt im Fleischer-Imbiss gegenüber ein „g'schmackiges" Mittagsmenü um 5 € wählen. Lecker sehen auch die geräucherten Schinken aus.

(249) WOMO-Gaststätte: Wernberg/GH Fruhmann

GPS: N 46° 37′ 29″ E 13° 55′ 45″; Triester Straße 1. **max. WOMOs:** 5.
Ausstattung/Lage: keine / geschotterter Parkplatz hinterm Gasthof, Ortsrand.
Zufahrt: Im Text beschrieben bzw. A 10 Spittal–Villach, am Knoten Villach weiter auf der A 2 Richtung Klagenfurt bis zu Ausfahrt 341 Wernberg, der Gasthof liegt 1 km Richtung Ort auf der linken Seite.
Sonstiges: Einkehr obligatorisch

Weiter geht's auf der B 83 in den Ortsteil ZAUCHEN. Fans von zwei- und vierrädrigen Fortbewegungsmitteln sind hier goldrichtig. Im **Villacher Fahrzeugmuseum**, nahe dem Autobahnknoten Villach, sind über 160 Autos, Motorräder und Roller zumeist aus den 1950er-Jahren zu sehen.

Wenn Sie nun Villach in nordöstlicher Richtung verlassen, sehen Sie schon bald in spektakulärer Lage das nächste Ausflugsziel: Auf einem Berghügel hoch über dem Ossiacher See erhebt sich Burg Landskron.

Kärntens sonniger Süden

Burg Landskron

Einst war die Ruine Landskron die beherrschende „Krone des Landes", aber auch heute noch ist sie ein imposanter Aussichtspunkt. Die steile, mautpflichtige Autostraße führt bis in die Burg. Parkplätze [N 46° 38′ 35″ E 13° 53′ 37″; Schlossbergweg, Villach] sind aber auch weiter unten vorhanden.

Errichtet wurde diese stattliche Burg im 14. Jh. Sie wechselte im Lauf ihrer Geschichte häufig die Besitzer, im 17. Jh. verfiel sie, brannte im Jahr 1812 durch Blitzschlag aus, und erst nach 1952 wurden die Reste der Burg restauriert.

Interessant machen den Besuch besonders die Vorführungen der **Greifvogelwarte**. Sie erleben, wie sich der mächtige Steinadler frei im Aufwind weit in die Lüfte schwingt. In diesem Moment sichtet ein Geier die ausgelegte Fuchsattrappe und stößt mit 150 km/h aus der Luft zu. Genauso beeindruckend ist der völlig lautlose Flug, mit dem eine Schnee-Eule ihrer potenziellen Beute kaum eine Chance lässt.

„Affengeil" sind die über 130 Japan-Makaken, die am Affenberg unterhalb der Burg wie in freier Wildbahn leben und nur durch einen niedrigen Zaun von den Zuschauern getrennt sind.

Nun geht die Fahrt weiter in Richtung Norden. Nach dem Ort Treffen biegen Sie rechts ab, um in **Elli Riehls Puppenwelt** einzutreffen. Die 700 handgefertigten Kunststücke sind für Puppenliebhaber ein Pflichtprogramm: Sie stellen Szenen aus dem ländlichen Leben dar. So sind in dem kleinen Museum Kinder beim Rodeln, Ringelreihen und Raufen zu sehen (Buchholzer Str. 4, Einöde, www.elli-riehl-puppenwelt.at).

Wer sich mehr für Pilze als für Puppen interessiert, fährt gleich bis zur Abzweigung von der B 98, wo die nächste Ausflugsstation wartet: die **Pilz- und Wald-Erlebniswelt**. Sie lädt zu einem Spaziergang durch den Wald ein: Das Wachstum der Pilze im Jahresverlauf unter und über der Erde wird vorgestellt (Winklerner Str. 26, Einöde, www.pilzmuseum.at).

Jetzt warten noch – ein paar Kilometer weiter nördlich in Richtung Radenthein – zwei Seen auf Sie: Umrahmt von bewaldeten Berghängen, in ursprünglicher Natur mit weitgehend unverbauten Ufern, tauchen zwischen Afritz und Feld am See der **Afritzer See** und der **Brennsee** auf. Die zwei kleinen, länglichen Seen, sagen Geologen und so weiß es auch die Sage, waren einmal ein einziger, großer See, der in vorgeschichtlicher Zeit durch Erderschütterung und herabstürzende Gesteinsmassen geteilt wurde. Der Afritzer See misst gerade mal einen halben Quadratkilometer und liegt auf 752 Seehöhe – 27 Grad Badetemperatur sind trotzdem drin, etwa im Strandbad Lierzberg. Und davor gefällt uns der ruhige Parkplatz: [**250:** N 46° 44′ 11″ E 13° 46′ 22″; Seestraße], wo das Campieren zwar verboten ist, aber für eine Nacht passt das schon. 150 m weiter reihen sich gleich drei Campingplätze am See entlang: Camping Altseewirth, Camping Bodner und – hat uns am besten gefallen –

(251) WOMO-Campingplatz-Tipp: Afritz am See/ Fischerhof Glinzner

GPS: N 46° 44′ 14″ E 13° 46′ 13″; Seestraße 28.   **offen:** ganzjährig.
Ausstattung/Lage: Extra Plätze für WOMOs direkt am See, Wiesengelände, Restaurant, Ortsrand.
Kontakt: www.fischerhof-glinzner.at, Telefon 0043/4247/2133.
Richtpreis: ca. 30 € für WOMO + 2 Erw., V+E, Strom, Kurtaxe in HS.
Zufahrt: Auf der B 98 kurz nach dem Ort Afritz am Südufer des Afritzer Sees nach links Richtung „Lierzberg".

Campingplätze am Afritzer See

Nur ein kleines Wegstück sind es auf der B 98 nach FELD AM SEE. Hier können wir beim Alpengarten ein besonders schönes Übernachtungsplätzchen empfehlen. Dort ist auch die Steinskulptur des Riesen von Mirnock, das Wahrzeichen von Feld am See, aufgestellt.

(252) WOMO-Stellplatz: Feld am See/Alpengarten

GPS: N 46° 46' 29" E 13° 44' 51"; Rathausstraße. **max. WOMOs:** 1.

Ausstattung/Lage: keine / kleiner Parkplatz, direkt an einem Naturgarten gelegen, Splitt, Blumenkübel, Seeufer und Tourist-Info nicht weit entfernt, innerorts.
Zufahrt: Auf dem Weg zum Brennsee-Nordufer rechts bei dem Schild „Touristinformation" abbiegen.

Kurz hinterm Ortsende zweigen Sie links in den **Alpen Wildpark Feld am See** ab, wo ausgestopfte und frei laufende Tiere gezeigt werden. Gut 50 Löwen, Tiger, Giraffen und Grizzlys bewegen sich nicht, Waschbären, Fasane, Steinböcke und weitere einheimische Wildtiere sehr wohl. Und mittendrin der Streichelzoo: Zwergziegen vollziehen putzige Luftsprünge, Kaninchen lassen sich geduldig hätscheln und da ist auch schon die Muttersau mit ihren Ferkeln (Mai–Okt. tgl. 9-17/18 Uhr, [N 46° 46' 55" E 13° 44' 1"]).

Bei Radenthein gabelt sich der Weg schließlich Richtung Millstätter See (links) bzw. Bad Kleinkirchheim und Nockberge (rechts). Wir nehmen den rechten Weg, biegen in östlicher Richtung auf die B 88 ab und erreichen nach rund 8 km BAD KLEINKIRCHHEIM. Wohnmobilfreundlich ist der Ort beileibe nicht. Schon bei der Ortseinfahrt werden wir mit einem WOMO-Übernachtungsverbotsschild empfangen. Der lang gestreckte Kurort ist mit zahlreichen Hotels, Pensionen und Privatquartieren übersät. Im Winter kommen Skifahrer, im Sommer Wanderer und Kurgäste. Badefreuden verspricht das turbulente **Thermal-Römerbad** am Fuße der Kaiserburg (2055 m).

Bergpanorama bei Bad Kleinkirchheim

Berge ante portas. Das Thermal Römerbad in Bad Kleinkirchheim harmoniert mit der Landschaft der Nockberge.

Gut 6 km hinter Bad Kleinkirchheim biegen wir in Patergassen auf die B 95 nach Norden Richtung Ebene Reichenau/Turracher Höhe ab, und 700 m danach leitet uns ein Schild zum **Reptilienzoo Nockalm** [N 46° 49′ 21″ E 13° 51′ 43″; Vorwald 83, Patergassen], wo es unheimlich spannend wird. In naturgetreu eingerichteten Terrarien schlängeln sich Mambas, Kobras, Klapperschlangen und unzählige Vipernarten aus der ganzen Welt. Auch Vogelspinnen und Skorpione sind zu sehen (ganzjährig tgl. geöffnet).

Gleich ein Stück weiter macht uns das Schild **„Heidi-Alm am Falkertsee"** neugierig: Ein dunkelhaariges Mädchen im roten Kleid ermuntert uns, hinauf zur Falkertalm zu fahren. Bekanntlich sind Heidis Welt die Berge, das weiß jedes Kind. Eigentlich ja nicht die Kärntner Nockberge, sondern die Almen oberhalb des Rheintals in der Bündner Herrschaft der Schweiz. Denn dort spielt der anrührende Roman der Autorin Johanna Spyri, der mit dem Satz beginnt: „Vom freundlich gelegenen alten Städtchen Maienfeld aus führt ein Fußweg durch grüne, baumreiche Fluren bis direkt zu den Alpen hinauf." So ähnlich führt auch die Straße in 10 Autominuten hoch auf die Falkertalm in 1850 m Höhe. Dort haben Heidi, Geißenpeter, Alm-Öhi, der Hund Josef und andere Zeichentrickfiguren eine Wahlheimat gefunden: in einem Erlebnisgarten rund um einen Fischteich.

Kärntens sonniger Süden

(253) WOMO-Wanderparkplatz: Heidi-Alm am Falkertsee

GPS: N 46° 51′ 46″ E 13° 49′ 57″. **max. WOMOs:** 3–4.

Ausstattung/Lage: Mehrere große Asphaltparkplätze, sehr schräg, kein Schatten, außerorts.

Zufahrt: Auf der B 88 durch Bad Kleinkirchheim, bei Patergassen links abbiegen, Abzweig zum Falkertsee auf der linken Seite (Heidi Figur und Fahnen auf der linken Seite), den Berg aufi, der Beschilderung „Falkertsee" folgen.

Josef, Heidi, Peter und das Zicklein am Baumstamm

Auf der **Heidi-Alm** spazieren Sie nun, begleitet von Zwergziegen, von einer Episode zur nächsten. Dabei erleben Sie, nacherzählt auf Texttafeln, die Geschichten des Waisenmädchens, wie es den verbitterten Großvater wieder versöhnlich stimmt, den Geißenpeter zu einem braven Schüler macht und der gelähmten Freundin Klara aus Frankfurt im bergigen Gelände beim Gehen hilft (Ende Mai–Ende Okt. tgl. 10-17Uhr).

Campingplatz Brunner (254) am Millstätter See

Wieder zurück in Radenthein schwenken wir nach Südwesten zum **Millstätter See** ab. Der traumhaft zwischen dem Seerücken im Süden und den Nockbergen im Norden gelegene Millstätter See wird nicht umsonst „Sonnenregion Kärntens" genannt und gehört zu den beliebtesten Badeseen in Kärnten. Während sein Südufer dicht bewaldet, weitgehend unverbaut und den Radfahrern vorbehalten ist, reihen sich entlang dem sonnigen Nordufer Feriendörfer dicht an dicht. Hier finden sich etliche Campingplätze, die Stellplätze nur zum Übernachten zu einem günstigen Preis anbieten: z.B. Camping Brunner [**254:** N 46° 46′ 3″ E 13° 38′ 54″; Glanzerstr. 108, Döbriach]. Reisen Sie abends (19 Uhr) an und in der Früh (9 Uhr) wieder ab. Frische Luft und Nachtruhe gibt es gratis dazu.

(255) WOMO-Campingplatz-Tipp: Seeboden/ Strandcamping Winkler

GPS: N 46° 48′ 55″ E 13° 31′ 16″; Seepromenade 33.   **offen:** 1.5.-1.10.

Ausstattung/ Lage: Saubere Sanitäranlagen / einfacher Platz, durch Wege unterteiltes, leicht geneigtes Wiesengelände, teilweise von Hecken umsäumt, liegt hinter dem Strandbad und der Seepromenade, kein Seeblick, eigenes Strandbad, im Ort.
Kontakt: Edda Winkler, Telefon 0043/4762/81927.

Richtpreis: ca. 30 € für WOMO + 2 Erw., V+E, Strom, exkl. Kurtaxe in HS.
Zufahrt: Im Ort Seeboden bei der kleinen Kirche seewärts abzweigen, 50 m über Seepromenade, nach der Anmeldung beim Holzblockhaus rechts, beschildert.

MILLSTATT am Nordufer besitzt eine sehenswerte Stiftskirche. Von hier sind es nur noch wenige Kilometer bis Spittal an der Drau. Die Besichtigung dieser schönen Stadt stellen wir erstmal hintenan und möchten Sie einladen, mit uns den überaus lohnenswerten Abstecher nach Norden ins malerische Lieser- und Maltatal bis zum Kölnbrein Stausee zu machen (Spittal werden wir anschließend einen Besuch abstatten).

Von Seeboden am Westende des Millstätter Sees rollen wir nordwärts auf der Katschberg Straße (B 99) ins enge **Liesertal** hinein. Die Katschberg Straße verläuft fast parallel zur Tauern Autobahn A 10, die auf mächtigen Stelzen das Tal elegant überwindet. Mehr als 1500 Jahre lang hatte die Katschberg Straße durch das Tal als direkteste Nord-Süd-Verbindung von Salzburg in den Adriaraum gedient. Nach Eröffnung der Tauernautobahn hat sich das Antlitz des Tales verändert, seine Bewohner mussten sich umorientieren und ihnen kam die rettende Idee: „Europas baby- und familienfreundlichstes Tal" lautet seither ihr Markenzeichen. Im Tal biegen wir scharf links ab in Richtung Altersberg/Zelsach, überqueren den rauschenden Fluss über eine Brücke, dann die Autobahn und weiter geht's steil bergauf nach Altersberg. Dort folgen wir dem Wegweiser „Märchenwandermeile" und landen am Ortsende auf einem kleinen Parkplatz mit Blick auf ein Hirschgehege und hinunter ins Tal.

(256) WOMO-Wanderparkplatz:Altersberg/ Märchenwandermeile

GPS: N 46° 51′ 27″ E 13° 29′ 28″; Altersberg.

max. WOMO: 1.
Ausstattung/Lage: Trinkwasserbrunnen mit Gardena-Schlauchanschluss [N 46° 51′ 27″ E 13° 29′ 22″] in ca. 140 m bei der Kirche und Schule, Wertstoffcontainer / idyllisch, ruhig, sehr schräg, Rasen-Gitter-Steine, im Grünen gelegen, Ortsrand.
Zufahrt: Der Ausschilderung „Märchenwandermeile" folgen
Sonstiges: Ausgangspunkt für den 3 km langen Wanderweg Märchenwandermeile.

Am nächsten Morgen kurven wir von Altersberg für ca. 3 km auf einem schmalen Sträßchen steil bergab nach TREBESING, das nahe an der Autobahn gelegen ist. Der Clou ist das eingehauste Teilstück der Tauernautobahn. Wo früher die Autos auf der Brücke gleichsam durch das Dorf rasten, herrscht jetzt Ruhe. Das begrünte Dach ist Spielwiese, Schafweide und Langlaufstrecke. Und auch auf dem großen Parkplatz, Startpunkt der Taca-Tuca-Traktoren zur **Märchenwandermeile** steht's sich ruhig, wenn da nicht ein WOMO-Übernachtungsverbot gelten würde. Dazu meinte einer der Traktorfahrer: „Das Verbotsschild wurde doch nur wegen den italienischen Wohnmobilen aufgestellt, die im Juli und August die Parkplätze belegen".

(257) WOMO-Wanderparkplatz: Trebesing/ Märchenwandermeile

GPS: N 46° 52' 51" E 13° 30' 34". **max. WOMOs:** 1–2.

Ausstattung/Lage: keine / ebener Parkplatz, ruhig, Ortsrand.
Zufahrt: Im Text beschrieben.
Sonstiges: Startpunkt der Taca-Tuca-Traktoren (Shuttles von Trebesing nach Neuschitz oder Altersberg) zur Märchenwandermeile.

WOMO-Ausflugstipp: Die Märchenwandermeile im Babydorf Trebesing

Inmitten der Natur werden Spiel und Spaß für die ganze Familie geboten. Mit den Shuttles geht's zur Märchenwandermeile. Auf dem 3 km langen idyllischen Waldwanderweg erleben Sie eine der längsten Hängebrücken der Alpen mit 175 m Spannweite, die Drachen Schluchti und Meilino, wunderschöne Aussichtspunkte nach Gmünd und bis zum Millstättersee, den Hexenritt, die Hexe Kniesebein (in der HS), Märchen- und Spielstationen, Rotwildgehege, Einkehrmöglichkeiten und vieles mehr … (Muttertag–Mitte Sept. 10–16 Uhr, www.babydorf.at).

GMÜND ist die nächste Station auf dem Weg Richtung Norden und seit alters der Hauptort des Lieser- und Maltatals. Das mehr als 700 Jahre alte Städtchen mit einer weithin sichtbaren, mächtigen Burgruine und einer mittelalterlichen Stadtmauer ist unbedingt einen Stopp wert.

Gmünd

Vom Parkplatz [N 46° 54' 30" E 13° 32' 2"] unterhalb der Alten Burg aus spazieren wir direkt in die Altstadt und schlendern durch verwinkelte Gässchen und Durchgänge. Wir gehen weiter, gelangen an den Hauptplatz

Künstlerstadt Gmünd in Kärnten

mit bunten Häuserfassaden und finden das kühle Blau, die „Hausfarbe" der Grafen Lodron, der einstigen Herren aus Salzburg, das sich mit den warmen Farben des Südens vermischt. Doch Gmünd lebt nicht nur in der Vergangenheit, sondern ist zugleich eine moderne Künstlerstadt. Während des Stadtrundgangs stoßen wir immer wieder auf moderne Kunstwerke. Wir sehen in der Galerie Gmünd Ausstellungen junger Talente und im Stadtturm Ausstellungen renommierter Künstler der klassischen Moderne, können Ateliers aufsuchen oder Arbeiten in Hausgalerien begutachten.

Lust für Rast und Stärkung? Dafür bietet sich das Café Nußbaumer auf dem hübschen Hauptplatz an. Oder, reizvoller noch, das Restaurant oben in der **Alten Burg**. Vom Balkon hat man einen prächtigen Blick hinab auf die Dächer und in die verwinkelten Höfe. Überdies lohnt ein Besuch wegen der dort in der warmen Jahreszeit veranstalteten Kunstausstellungen und Theaterabende.

Im Porschemuseum Gmünd sind die allerersten Porsche-Coupés zu sehen.

Eine weitere, besonders bei Motorfreaks beliebte Attraktion des Städtchens ist das **Porsche Automuseum**, der „Renner" der Region. Dort sind das erste Auto mit dem Namen Porsche, der legendäre Porsche 356 mit der typischen Stromlinienkarosserie, der 1949 erstmals öffentlich präsentiert wurde und noch weitere Oldtimer ausgestellt.

Mitten in die bizarre Hochgebirgswelt des Tauernmassivs gelangen wir auf der 14,4 km langen **Malta-Hochalmstraße**, die im Sommer mautpflichtig ist (Mitte Mai–Ende Okt. tgl. 7–18 Uhr, gratis mit Kärnten Card). Ziel ist der Kölnbrein Stausee – mit der höchsten Staumauer Österreichs. Im Hauptort MALTA lohnt die gotische Pfarrkirche mit sehenswerten Fresken und schönem Barockaltar einen Besuch. Gut übernachten lässt es sich auf dem Terrassencampingplatz:

(258) WOMO-Campingplatz-Tipp: Malta/ Terrassencamping Maltatal

GPS: N 46° 56′ 59″ E 13° 30′ 34″; Haus Nr. 6.   **offen:** 01.04.–31.10.
Ausstattung/Lage: Komfortables Sanitärgebäude / überwiegend terrassiertes und teils auch leicht geneigtes Wiesengelände beiderseits eines Bachlaufes, durch unterschiedlich hohe Laub- und Obstbäume und Hecken gegliedert, Blick auf Berge, ruhig, idyllisch, öffentliches Freibad auf dem Gelände, Restaurant, Ortsrand.
Richtpreis: ca. 30 € für WOMO + 2 Erw. inkl. V+E, Strom und Ortstaxe in HS.
Kontakt: Fam. Pirker, Telefon 0043/4733/2340, www.maltacamp.at.
Zufahrt: Von der A 10-Ausfahrt Gmünd-Maltatal oder über die B 99 nach Gmünd, von hier aus Richtung Maltatal, noch ca. 7 km, nach der Ortstafel Malta noch 100 m und dann rechts.

Nach knapp 10 km erreichen wir die Mautstelle und gleich danach einen Wanderparkplatz, der direkt rechts vor einer Brücke gelegen ist. Dieser Parkplatz bietet sich insbesondere dann zum Übernachten an, wenn die Malta Hochalmstraße geschlossen ist (Wintersperre).

> **(259) WOMO-Wanderparkplatz: Malteiner Wasserspiele**
> **GPS:** N 47 0' 43" E 13° 25' 59"; Malta Hochalmstraße. **max. WOMOs:** 1–2.
> **Ausstattung/Lage:** keine / Parkplatz ca. 500 m nach der Mautstelle, nahe der Straße.
> **Zufahrt:** Im Text beschrieben.
> **Sonstiges:** Infotafel bei der Brücke, Ausgangspunkt für Wanderung zum Melnik-Wasserfall (ca. 10 Min.).

Jetzt – im „Tal der stürzenden Wasser", wie die Romantiker des 19. Jh. das **Maltatal** nannten – sind Superlative angesagt, denn bis zum Kölnbrein Stausee auf fast 2000 m Höhe tosen etwa 40 Wasserfälle, die den mittleren Teil des Maltatals tief einschneiden und den Fluss speisen. Das Naturschauspiel ist es wert, anzuhalten und sich ihm zu Fuß zu nähern. Durch unüberhörbares Rauschen kündigen sich – je nach Jahreszeit

Blick vom Berghotel Malta auf die Staumauer der Kölnbreinsperre

und Wetterlage – die gischtenden Wassermassen an. Wer aus nächster Nähe das unaufhaltsam in die Tiefe schießende Wasser fotografieren will, muss damit rechnen, ein wenig nass zu werden. An der Mautstelle ist ein Faltblatt erhältlich, das die Wasserfälle genau beschreibt. Den Maralmbachfall können wir sogar vom Auto aus während der Wartezeit an der Ampel vor dem Tunnel erleben (Anzeige beachten).

Je weiter wir die Hochalmstraße hinauffahren, desto frischer und kühler wird die Luft. An manchen Stellen liegt auch im Frühsommer noch Schnee. Nach und nach verschwinden die Laubbäume, Fichtenwälder und Tannen bestimmen die Szenerie. Oberhalb von 1600 m sind Lärchen und Zirbelkiefern heimisch, noch höher Zwergsträucher und alpine Wiesen. Der großartige obere Teil der Malta Hochalmstraße windet sich in vielen Kurven hinauf, ist jedoch gut gesichert und leicht befahrbar. Insgesamt überwinden Sie mit einer max. Steigung von fast 13% rund 1000 m Höhenunterschied. Die Erlebnistour geht durch sechs Felsentunnel, die nur einspurig zu durchfahren und deshalb mit Ampeln versehen sind, und über 9 Brücken. Endstation zum Parken, Durchatmen und Staunen ist der **Kölnbrein Stausee**, das Herz des Speicherkraftwerks Malta.

(260) WOMO-Wanderparkplatz: Kölnbrein Stausee/ Beim Berghotel Malta

GPS: N 47 4' 43" E 13° 20' 38".
max. WOMOs: 3–4.
Ausstattung/Lage: WC beim Souvenirladen / ebener, großflächiger Asphaltparkplatz direkt bei der Sperre.
Zufahrt: Malta Hochalmstraße.

Grandioser Ausblick: Skywalk auf Österreichs höchster Staumauer

Kölnbrein Stausee

Die Kölnbreinsperre ist eine der großen Talsperren Europas und ist mit 200 m Höhe und 626 m Länge Österreichs imposanteste Staumauer. 200 Mio. Kubikmeter Wasser fasst der Kölnbrein Stausee. Damit ließe sich für 1,4 Mrd. Menschen eine Badewanne füllen. 7 Jahre dauerte die Bauzeit für dieses gigantische technische Kunstwerk. 1977 war die Kölnbreinsperre endlich fertig, doch unerklärlicherweise verzeichnete der Bau hohe Wasserverluste. Erst 2 Jahre später, nachdem ein 50 m breites Betonstützgewölbe eingebracht worden war, funktionierte das Stromversorgungswerk reibungslos.

Technisch Interessierte bekommen während einer Führung Details anschaulich erklärt und gelangen sogar ins Innere der Sperre. Neu ist zudem eine Ausstellung mit einem 4D-Erlebniskino, die erklärt, wie der Strom in die Steckdose kommt. Im selben Gebäude können Sie sich im Bergrestaurant Hotel Malta bei heimischen Spezialitäten stärken und dabei auf der Sonnenterrasse die Aussicht genießen. Ein Erlebnis ist es aber auch, über die Staumauer zu spazieren. Wer schwindelfrei ist, geht hinaus auf die Aussichtsplattform Skywalk und wagt am Glasboden einen Blick rund 200 m in die Tiefe. Wahrscheinlich werden Sie aus dem Staunen gar nicht mehr herauskommen: über die ungeheuerlichen Dimensionen des Bauwerks, des Sees und der umliegenden Berge.

(261) WOMO-Wanderparkplatz: Kölnbrein Stausee/ Beim Kölnbreinstüberl

GPS: N 47 4' 58" E 13° 20' 46".
max. WOMOs: 1-2.
Ausstattung/Lage: keine / Sand-Splitt-Parkplatz.
Zufahrt: Vom WOMO-Wanderparkplatz 260 ca. 500 m auf der Schotterstraße weiter fahren in Richtung Gasthof Kölnbreinstüberl.
Sonstiges: leichte Wanderung zur bewirtschafteten Osnabrücker Hütte (2032 m, Aufstieg 2 Stunden).

In südlicher Richtung geht es nun über die Tauernautobahn A 10 nach SPITTAL AN DER DRAU. Das charmante Städtchen liegt dort wo die Lieser in die Drau mündet. Wir folgen dem Parkleitsystem und stellen unser WOMO vor dem Erlebnisbad ab.

(262) WOMO-Stellplatz: Spittal an der Drau/P 5 Drautalperle
GPS: N 46° 47' 35" E 13° 29' 8".
max. WOMOs: 2-3.
Ausstattung/Lage: keine / großer Asphaltparkplatz vor dem modernen Erlebnisbad Drautalperle, kein Schatten, 20 Fußminuten zum Stadtpark und zu Schloss Porcia.
Zufahrt: Innerorts der Ausschilderung „P 5 Drautalperle" folgen.

Nur ein paar Meter weiter liegt auf dem Weg zur Talstation der Goldeckbahn ein weiterer übernachtungsgeeigneter Parkplatz.

(263) WOMO-Stellplatz: Spittal an der Drau/ Eissportstadion und Goldeckbahn
GPS: N 46° 47' 31" E 13° 29' 9"; Wiesenweg.   **max. WOMOs:** 1-2.
Ausstattung/Lage: keine / Asphaltparkplatz beim Sportgelände, Ortsrand.
Zufahrt: Vom Stadtzentrum in Richtung Bahnhof bzw. Hallenbad, dann am Hallenbad vorbei, unter der Bahn durch und die 2. Straße nach der Eisenbahnunterführung rechts zum Parkplatz.

WOMO-Ausflugstipp: Aufs Goldeck!
Der Hausberg von Spittal ist als Wander-, Ski- und Aussichtsberg gleichermaßen attraktiv. Auf seinen 2142 m hohen Gipfel führt, in 2 Teilstrecken, eine Seilbahn in rund 15 Minuten. Vom Gipfel aus kann man sogar den Großglockner sehen, Österreichs höchsten Berg.

Bester Startpunkt für Wanderer ist die Mittelstation der Bahn – denn die ist schon 1640 m hoch und nicht mehr allzu weit von der bewirtschafteten Krendlmar-Alm entfernt. Wer gut zu Fuß ist, der wandert noch rund 7 km vorbei an der Goldeck-Hütte und erreicht nach der „Bezwingung" des Goldeck-Gipfels die Gondel-Bergstation zum bequemen Abfahren (Juni–Sept. sowie ca. Weihnachten–Ostern).

Spittal an der Drau
Den Rundgang beginnen wir am Neuen Platz. Hier steht der **Malbaum**, der in 36 bunten Bildern auf 4 Ringen die Geschichte der Stadt erzählt. Diese Historiendarstellung beginnt bei den Kelten, geht über die Römer und Grafen von Ortenburg bis hin zur Stadterhebung und zu Ereignissen der Gegenwart. In südlicher Richtung geht der Neue Platz in den Burgplatz über, an dem Sie das **Khevenhüller-Stadtschloss** finden – das heutige Rathaus. Hier begann der beeindruckende Aufstieg des Fürstenhauses der Khevenhüller. Christoph Khevenhüller und seine Frau Elisabeth Mannsdorf ließen 1537 diesen dreigeschossigen Renaissancebau mit Arkaden errichten.

Der Weg führt uns nun zum Hauptplatz, an dem das Schüttpacher Stadthaus (Nr. 153) steht, zu erkennen am Wappenschild mit dem weiß-roten

Der Stolz Spittals: das Renaissanceschloss Porcia

Adler. Es zählt zu den charakteristischen Bürgerhäusern Spittals und war das Domizil des Grafschafthauptmanns Christoph Schüttpacher. Weiter geht es durch den Torbogen über die Lieserbrücke zum **Spittl**, das der Stadt den Namen gab. 1191 als Raststation eingerichtet, wurde das Gebäude im 16. Jh. im Stil eines Renaissancepalasts mit Arkadenhof renoviert. Noch heute zählt es zu den bedeutendsten Bauten der Stadt. Im 16. und 17. Jh. fanden im Spital ausschließlich Bedürftige und Durchreisende unter kargen Bedingungen Unterkunft und Verpflegung, nun ist es Domizil der Fachhochschule.

Jetzt gehen wir wieder über die Brücke zurück und biegen links in die Bogengasse ein. Dort fällt uns das **Petzlbräu** auf. Bemerkenswert ist seine Fassade aus spätbarock-josephinischer Zeit um 1780. Dargestellt sind die Heiligen Drei Könige und eine Sonnenuhr. Der Bau diente dem Geschlecht der Porcia lange als Brauhaus, heute beherbergt er das Stadtarchiv. Nun sind es nur noch ein paar Schritte bis zur Stadtpfarrkirche Maria Verkündigung. Hier ist der eigentliche Ursprung der Stadt Spittal zu suchen. Mehrere Umbauten, ein Erdbeben und 2 Brände haben das Aussehen der einstigen Kapelle entscheidend verändert, auf der äußeren Nordwand sind allerdings noch Reste des Wappensteins der ersten Frau Gabriels von Salmanca, Elisabeth von Eberstein, zu erkennen.

Weiter folgen wir der Kirchgasse und stoßen direkt auf das Prunkstück der Stadt, das **Schloss Porcia**. Dieser Palazzo zählt wohl zu einem der schönsten Renaissancebauten des Alpenraums. Im Auftrag von Gabriel von Salamanca und seinen Nachkommen wurde hier von italienischen Meistern ein prächtiges Kunstwerk geschaffen, das lange Zeit auch den Fürsten von Porcia als Residenz (1662–1918) diente. Im dreigeschossigen Arkadenhof finden heutzutage kulturelle Veranstaltungen statt. In den oberen Etagen lädt das **Museum für Volkskultur** zu einem Streifzug durch die Geschichte Oberkärntens, sein Brauchtum, Handwerk, den Bergbau und bäuerlichen Alltag ein. Wir sehen zum Beispiel eine Rauchkuchl, in der die Bäuerin früher kochte, sowie Dreschgeräte, ein Wirtshaus und einen Krämerladen, Ölpressen und Kinderwiegen in der Bauernstube. Die alte Schule vermittelt einen Eindruck vom damaligen Schulalltag. Die Schüler saßen auf Holzbänken und mühten sich ab mit Rechenkugeln und erbaulichen Lesebüchern wie „Die fleißige Marie". Beliebte Attraktion im Schloss Porcia ist das Kärnten Panorama, eine begehbare, 200 Quadratmeter große Landkarte, die man mit Filzpantoffeln betritt und die das Gefühl vermittelt, über Kärnten zu schweben.

Nach dieser Stadterkundung heißt es zurück zum Parkplatz und auf ins Mölltal (Tour 11).

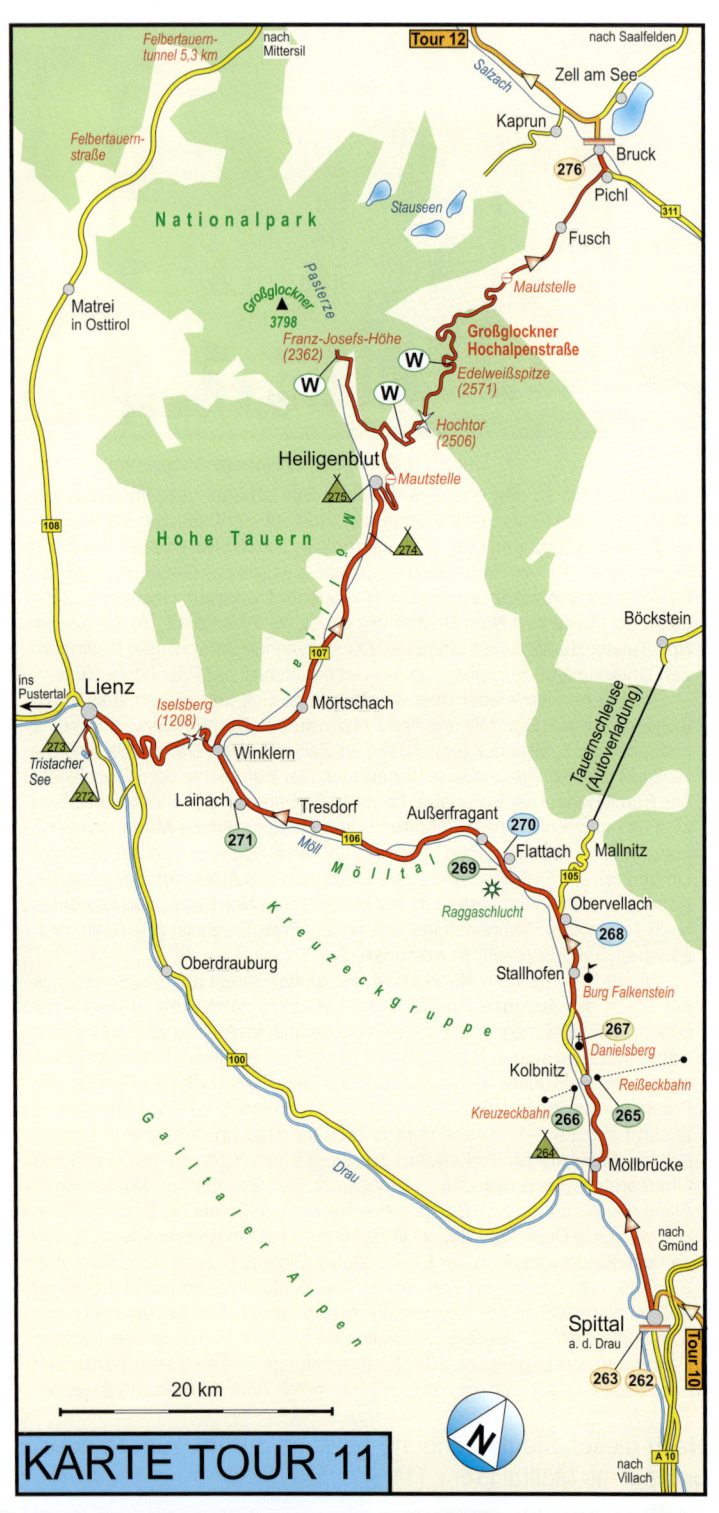

TOUR 11 (ca. 170 km / 2–3 Tage)

Spittal an der Drau – Lurnfeld – Reißeck – Obervellach – Flattach – Lienz – Winklern – Heiligenblut – Großglockner-Hochalpenstraße – Bruck

Stellplätze:	Bergbahnen Reißeck und Kreuzeck, Kolbnitz, Flattach, Lainach, Bruck a. d. Großglocknerstraße.
Campingplätze:	Lurnfeld-Möllbrücke, Lienz-Tristach, Heiligenblut.
Baden:	Freibad Möllbrücke, Tristacher See.
Besichtigen:	Sonnenstadt Lienz.
Ausflüge:	Reißeckbahn und Mühldorfer Seenplateau.
Wandern:	Reißeck, Kreuzeck, Raggaschlucht.

Auf ins Land des Wassers und der Berge! Sie erleben eine wildromantische Schluchtenwanderung und besuchen ein hübsches Bergdorf. Auf der Fahrt zum höchsten Berg Österreichs gelangen Sie durch mehrere Klima- und Vegetationszonen, sehen – mit etwas Glück – Murmeltiere und den größten Gletscher der Ostalpen mit einer majestätischen Gebirgskulisse.

Blick auf den Großglockner und die Pasterze, Österreichs größter Gletscher

Von SPITTAL AN DER DRAU geht es zunächst nordwestlich auf der B 100 in Richtung Obervellach/Lienz weiter. Bei Lurnfeld zweigt die B 106 direkt ins **Mölltal** ab. Kurz hinter der Abzweigung, wo die Möll in die Drau mündet, liegt der Ort MÖLLBRÜCKE. Hier können Sie auf dem gemeindeeigenen Campingplatz preiswert übernachten. Besonders bei Holländern ist der Platz beliebt. Im Juli und August sollten Sie vorher reservieren, da er dann meist voll belegt ist.

(264) WOMO-Campingplatz-Tipp: Lurnfeld-Möllbrücke/ Möllcamping

GPS: N 46° 50′ 19″ E 13° 22′ 2″; Lendstraße 9.   **offen:** Mai–Mitte Okt.
Ausstattung/Lage: Kleiner, einfacher Platz der Gemeinde, ebene und durch Hecken, Büsche und Laubbäume gegliederte Wiese, am Waldrand, zwischen Häusern und der Möll, ruhig, idyllisch, Ortsrand.
Richtpreis: ca. 20 € für WOMO + 2 Erw. inkl. V+E, Strom und Ortstaxe.
Kontakt: Maria Schorn, Telefon 0043/650/3105929.
Zufahrt: Von der B 106 am nordwestlichen Ortsrand links abzweigen, beschildert.
Sonstiges: Bei Vollbelegung wird der ca. 200 m entfernte Sportplatz als Ersatz angeboten (ermäßigter Preis, unzureichende Sanitärausstattung), der Eintritt ins Freibad (100 m entfernt) ist gratis

Weiter talaufwärts folgen wir der Möll, passieren bald einen Stausee, der von der Möll und weiter im Norden liegenden Seen gespeist wird. Am See steht das Kraftwerk Rottau. Auch im benachbarten Kolbnitz lenken Anlagen zur Stromerzeugung die Aufmerksamkeit auf sich. Sie sind Teil jenes gewaltigen Reißeck-Kreuzeck-Kraftwerks, das maßgeblich zu Kärntens Stromversorgung beiträgt.

In KOLBNITZ ist die Reißeckbahn die Attraktion. Denn diese Hochgebirgsbahn wartet mit einer ganzen Serie von Superlativen auf! Doch der Reihe nach: Mit dem WOMO geht es zur Talstation der Reißeckbahn im Ort REISSECK (Kolbnitz). Dort gibt's gleich drei Parkplätze.

(265) WOMO-Wanderparkplatz: Reißeck/Bergbahnen

GPS: N 46° 52' 43" E 13° 19' 5"; Zandlach. max. WOMOs: 2-3.
Ausstattung/Lage: WC bei Seilbahnstation / Pkw-Parkplätze P 1 (meist voll belegt) und P 2, ca. 450 m weiter der große Bus- und Pkw-Parkplatz P 3 [N 46° 52' 40" E 13° 19' 19"] an der Bahnstation Kolbnitz und den Schienen, Blick übers Tal, Asphalt und Schotter, nachts ruhig, Ortsrand.
Zufahrt: Von der Mölltal Bundesstraße B 106 rechts nach Reißeck abbiegen und den Schildern zu den Bahnen folgen.

Die Reißeck Bergbahnen bringen uns direkt zu einem der schönsten Aussichtsplätze der Hohen Tauern. In einer halben Stunde machen wir dabei einen Klimasprung von Mitteleuropa ins Subpolargebiet.

WOMO-Ausflugstipp: Reißeckbahn und Mühldorfer Seenplateau

Ungemein kühn führt die Schrägseilbahn in drei Teilstrecken mit einer max. Steigung von 82% hinauf zum sogenannten Schoberboden in 2237 m Höhe. Bis hierher werden unglaubliche 1517 Höhenmeter entlang einer Druckrohrleitung mit der Bahn überwunden. Übrigens über viele Jahrzehnte die größte Fallhöhe weltweit für die Stromerzeugung.

Am Schoberboden steigen wir dann in eine Schmalspurbahn, die mit gemütlichen 30 km/h an senkrechten Felswänden vorbei fährt. Dann taucht die Bergbahn in einen längeren Tunnel ein und endet am Bergrestaurant Reißeck.

Von der Bergstation aus, inmitten einer herben, beeindruckenden Hochgebirgslandschaft folgen wir einem Rundweg, der an den beiden aufgestauten Mühldorfer Seen und der gastlichen Reißeck Hütte vorbei führt (2 Stdn.).

Nur eines dürfen wir hier in der wilden Szenerie des Reißecks nicht vergessen: am späten Nachmittag die Abfahrt des letzten Zuges hinunter in die sommerliche Wärme des Mölltals.
(Mitte Mai–Mitte Okt., tgl. 8.30–18 Uhr, die Uhrzeit Ihrer Berg- bzw. Talfahrt wird beim Fahrkartenkauf festgelegt, 19 €, gratis mit Kärnten Card)

Reißeck-Bergbahn: Fahrt in die Welt der Hohen Tauern

Gleich gegenüber, an der südlichen Talseite erleichtert die nostalgische **Kreuzeckbahn** den Aufstieg zu einem wunderschönen Wandergebiet.

(266) WOMO-Wanderparkplatz: Kolbnitz-Tratten/ Panoramabahn Kreuzeck

GPS: N 46° 52' 14" E 13° 18' 34"; Tratten 33.   **max. WOMOs:** 2.
Ausstattung/Lage: WC bei Seilbahnstation, Picknicktisch / kleiner Parkplatz an der Talstation, Asphalt, durch Bäume aufgelockert.
Zufahrt: Von der Mölltal Bundesstraße B 106 links abbiegen, Zufahrt ist ausgeschildert.

Wenig weiter erhebt sich mitten im Mölltal auf der bewaldeten Kuppe des **Danielsbergs** ein dem hl. Georg geweihtes Kirchlein. Wenige Gehminuten unterhalb liegt der 100 Jahre alte stattliche Gasthof „Herkuleshof" an einem kleinen Moorsee. Nette Besitzer.

Kirchlein auf dem Danielsberg

(267) WOMO-freundliche Gaststätte: Kolbnitz/ Herkuleshof am Danielsberg

GPS: N 46° 53' 20" E 13° 16' 49".   **max. WOMOs:** 1.

Ausstattung/Lage: keine / kleiner Gästeparkplatz, traumhaft mitten im Wald gelegen, ca. 100 m vorher gibt's auch ein paar Parkplätze, idyllisch, einsam, außerorts.
Zufahrt: Auf die Mölltal-Bundesstrasse B 106 an der 1. Einfahrt Kolbnitz vorbeifahren, bis zur 2. Einfahrt Polan-Kolbnitz, dann den Schildern „Danielsberg/ Herkuleshof" folgen, vorbei an der Kapelle Maria am Sandbichl bis zur Ortstafel „Danielsberg 2 km", nach ca. 1 km bei einer Kreuzung (Schild „Herkuleshof") links abbiegen und dem Sträßchen durch den Wald bis zum Herkuleshof folgen.
Sonstiges: Einkehr wird erwartet; ca. 3 Min. Fußweg zur Wallfahrtskirche.

Burg Falkenstein an der Tauernbahnstrecke

Kurz vor Stallhofen taucht zur Rechten eine mächtige mittelalterliche Burgruine auf: Sie besteht aus der Ruine Oberfalkenstein und der **Burg Unterfalkenstein**. Sie ist eine der ältesten Burgen Kärntens und heute in Privatbesitz. Ein Blick ins Innere ist daher leider nicht möglich. Dafür entschädigt der Blick vom Tal in die Berge: Der gewaltige Bogen einer Eisenbahnbrücke, die sich im Hintergrund von einem Bergrücken zum anderen spannt, macht ihn besonders romantisch.

Der nächste Ort auf unserer Strecke ist OBERVELLACH, das sich zum touristischen Mittelpunkt des unteren Mölltals entwickelte. Gleich am Ortseingang liegt rechts das Erlebnisbad (Hallen- u. Freibad) mit einem Parkplatz **[268: N 46° 55′ 49″ E 13° 12′ 26″]**. Umwerfend schön ist er nicht, und die nahe Bundesstraße ist hörbar.

Auch wenn Sie in Obervellach nicht bleiben wollen, lohnt es sich kurz anzuhalten und einen Blick in die Stadtpfarrkirche zu werfen. Denn das Triptychon auf dem Seitenaltar, geschaffen von dem Niederländer Jan von Scorel, ist ein Prunkstück: In frischen Farben zeigt die „Heilige Sippe" die Verwandten Jesu Christi. Auf dem linken Flügel ist der heilige Christophorus abgebildet, rechts die heilige Apollonia. Diese Dame war zu ihrer Zeit wichtig als Helferin bei Zahnschmerzen. Deshalb malte sie Scorel auch mit einer Zahnspange in der Hand, die verglichen mit den heutigen Zahnarztinstrumenten eher wie ein Folterwerkzeug aussieht.

Wie wäre es jetzt mit einer kleinen Wanderung? Dazu laden in der Umgebung von Obervellach gleich drei Schluchten ein. Aufregend und spektakulär ist der Gang durch die **Raggaschlucht**. Sie erreicht man, weiter auf der B 106, bei Flattach, dort wo der Raggabach in die Möll mündet.

(269) WOMO-Wanderparkplatz: Flattach/Raggaschlucht

GPS: N 46° 55′ 50″ E 13° 8′ 10″; Schmelzhütten 1. **max. WOMOs:** 1–2.
Ausstattung/Lage: WC beim Kassahäuschen / Besucherparkplatz, schräg, außerorts.
Zufahrt: Von der Mölltal Bundesstraße B 106 nach links den Schildern zur Raggaschlucht folgen.
Sonstiges: Direkt an der B 106 befindet sich noch ein Parkplatz mit WC [N 46° 56′ 1″ E 13° 8′ 13″], und auf der Zufahrtsstraße kommen wir am kleinen CP „Alpencamping Raggaschlucht" vorbei. Mitten im Ort auf dem Freibad-Parkplatz [**270:** N 46° 56′ 8″ E 13° 7′ 13″] könnte man mal für eine Nacht frei stehen.

Raggaschlucht: Auf Stegen über tosende Wasserfälle

Vom Parkplatz geht es gemütlich in rund 10 Minuten zum Kassahäuschen, wo bereits das drohende Grollen des Wildbachs zu hören ist. Dem drohenden, dunklen Schlund eines riesigen Raubtieres ähnlich, abgestützt von einem „schwebenden" Hinkelstein, so präsentiert sich der ungemein beeindruckende Eingang des Canyons. Und spektakulär geht es weiter, denn wer zum ersten Mal die Raggaschlucht begeht, wird vor lauter Staunen vergessen, den Mund zu schließen! Der mächtige Raggabach bahnt sich mit wildem Getöse seinen Weg durch die Schlucht, dass eine Unterhaltung fast unmöglich wird. Die Schlucht ist so tief eingeschnitten und eng, dass der Himmel an vielen Stellen oft gar nicht mehr zu sehen ist. Und die Steganlage, die dieses Naturwunder erschließt, ist eine Sehenswürdigkeit für sich. Ein Wasserfall schließt das Spektakel ab, ehe wir etwas steiler über einen Felsenweg aus der Schlucht steigen und auf einem Waldweg bequem – mit herrlichem Ausblick auf das Mölltal, den Ort Flattach und die Berge der Hohen Tauern – zum Ausgangspunkt zurückwandern.

Die Rundwanderung, auf der Sie nur in einer Richtung gehen dürfen, hat keine Abzweigungen und dauert ungefähr eine Stunde. Da es auch an heißen Sommertagen in der Schlucht recht schnell kühl und feucht wird, sollten Sie nicht nur feste Schuhe tragen, sondern auch warme Kleidung im Gepäck haben (Mitte Mai–Mitte Juni sowie Mitte Sept.–Anfang Okt. 10–16, Mitte Juni–Mitte Sept. 9–17 Uhr, 6 €, mit Kärnten Card kostenlos).

Einer der vielen Wasserfälle, die in der Raggaschlucht ins Tal stürzen

Auf dem Weg nach Lienz entdecken wir noch einen ruhig gelegenen Übernachtungsplatz:

(271) WOMO-Wanderparkplatz: Lainach/Eisstockbahn

GPS: N 46° 51′ 5″ E 12° 55′ 27″; Lainach.   **max. WOMOs:** 1–2.

Ausstattung/Lage: keine / Parkplatz vor der überdachten Eisstockbahn, Schotter, leicht schräg, ruhig, außerorts.
Zufahrt: Im Ort links von der B 106 abbiegen, Wegweiser „Freizeitanlage" folgen, der Parkplatz liegt am westlichen Ortsrand.

Weiter führt die Straße an der Möll entlang nach WINKLERN. Im Ortszentrum steht der mächtige Mautturm. Südwärts schwenken wir in die B 107 ein und erreichen LIENZ, das lebhafte Zentrum Osttirols. Im Süden blitzen die Felsen der Lienzer Dolomiten, in weitem Halbkreis ziehen sich grüne Hänge himmelwärts, und im Tal vereinen sich Isel und Drau. In dem sonnenverwöhnten Städtchen geht es schon leicht mediterran zu.

In LIENZ keinen Parkplatz zu finden, fällt wirklich schwer. Kaum eine andere Stadt in vergleichbarer Größe hat so viele Parkplätze in Zentrumsnähe vorzuweisen:

P 1 Europaplatz [N 46° 49′ 42″ E 12° 46′ 8″],
P 3 Tirolerstraße [N 46° 49′ 41″ E 12° 46′ 2″],
P Bahnhofsplatz [N 46° 49′ 40″ E 12° 46′ 8″].

In der Hauptsaison bleiben die italienischen Wohnmobilisten hier auch mal über Nacht stehen und scheren sich nicht um das Tiroler Nächtigungsverbot.

Stadtspaziergang: Lienz

Kern der Lienzer Altstadt ist der Hauptplatz, der mit südlichem Flair überrascht. Am besten studieren Sie die prächtigen Bürgerhäuser sowie die Liebburg aus dem 16. Jh., heute Wahrzeichen und Rathaus, von einem der von Palmen gesäumten Straßencafés. Mit einem Tässchen Cappucino und Tiroler Nusskipferln gestärkt, können Sie sich dann auf den Weg durch die teilweise verwinkelten und engen Gangl (Gassen) machen.

Am östlichen Ende des Hauptplatzes steht die Friedhofskapelle mit einem vorgesetzten Rundturm. In der von Johannes- zum Egger-Lienz-Platz führenden Muchargasse erhebt sich die einschiffige Franziskanerkirche. Die Schweizergasse führt vom Egger-Lienz-Platz westlich weiter zum 1210 erbauten Dominikanerinnenkloster. Gegenüber in einem alten Holzhaus befindet sich die Rieplerschmiede, die Freilichtmuseum ist. Am gegenüberliegenden Ufer steht die hoch gelegene Pfarrkirche St. Andrä.

Blick auf Lienz

Im Schatten hoher Laubbäume spazieren wir am Flussufer entlang zum Schloss Bruck, das sich auf einer bewaldeten Anhöhe im Westen der Stadt erhebt. Die Trutzburg wurde im 13. Jh. mit einem mächtigen Bergfried erbaut, im 16. Jh. erweitert und beherbergt heute das Osttiroler Heimatmuseum. Für Lauffaule hätten wir in der Nähe des Schlosses gleich 3 Parkplätze anzubieten:
Parkplatz an der Hochsteinbahn [N 46° 49′ 52″ E 12° 45′ 12″],
Schlossparkplatz [N 46° 49′ 54″ E 12° 44′ 57″],
Parkplatz an der Felbertauern Straße (B 108) [N 46° 49′ 57″ E 12° 45′ 7″].

Von Lienz bietet sich ein Abstecher zum 5 km entfernten **Tristacher See** mit Strandbad und Campingplatz an. Der Tristacher See ist Osttirols einziger Badesee und überaus idyllisch am Fuße des Rauchkofels gelegen.

(272) WOMO-Campingplatz-Tipp: Lienz-Tristach/Seewiese

GPS: N 46° 48′ 23″ E 12° 48′ 9″; Tristachersee 2. **offen:** Anf. Mai–Ende Sept.
Ausstattung/Lage: Naturbelassene, geneigte Wiese mit einigen wenigen Bäumen, von Hochwald umgeben, für WOMOs geebnete und gekieste Stellflächen, Blick auf die Lienzer Dolomiten.
Kontakt: www.campingtirol.com, Telefon 0043/4852/69767.
Richtpreis: ca. 35 € für WOMO + 2 Erw., V+E, Strom in HS.
Zufahrt: In Lienz beim ÖAMTC von der B 100 südwärts Ri. Tristacher See abzweigen, dann beschildert, von Tristach 1,6 km bergwärts mit Steigung bis zu 9 %.
Sonstiges: Auf dem Weg zum Tristacher See passieren wir den stinknormalen Camping Falken [**273:** N 46° 49′ 21″ E 12° 46′ 15″; Falkenweg 7, Lienz].

Bei hoffentlich strahlendem Wetter ist heute das grandiose Finale dieser Tour angesagt: die **Panoramafahrt auf der Großglockner Hochalpenstraße** über die Hohe Tauern nach Norden – von Heiligenblut nach Bruck im Pinzgau. Etwas östlich von Lienz zweigt die B 107 nach Winklern ab. Bald nach der Ortschaft mutet die Region ziemlich einsam und verlassen an. Kaum zu glauben, dass hier im oberen Mölltal früher eine Menge los war: Diesen Landstrich zwischen italienischen Adriahäfen und den deutschen Handelsstädten durchzog bereits zu keltischer Zeit ein Handelspfad. Lasttiertreiber brachten Seide und Stoffe aus Indien, Opium, Gewürze, Südfrüchte, Honig, Glas und vor allem italienischen Wein ins Mölltal. Aus dem Norden kamen Pelze, Edelhölzer, Gold und Salz. Nur berggewohnten Burschen konnte man den Transport dieser wertvollen Waren anvertrauen, denn sie mussten sich auf den schmalen Saumpfaden zurechtfinden – daher wurden sie auch Säumer genannt. Auch das „Tauerngold" prägte in besonderem Maß die Geschichte des oberen Mölltals. In der Blütezeit des Bergbaus im 15. und 16. Jh. kamen Glücksritter aus allen Ländern. Die Gruben lagen häufig in einer Höhe von 2600 m. Bis zu 3000 Bergleute waren im Einsatz, um Freigold aus Goldadern und Goldnestern zu gewinnen, die relativ leicht erreichbar waren. Die Entdeckung Amerikas mit seinen Edelmetallschätzen und der zunehmende Gletscherwuchs setzten der Goldzeit schließlich ein Ende.

Wir nähern uns dem Bergdorf Heiligenblut. 2 km davor passieren wir den kleinen **Möllfluss-Camping: [274: N 47 1′ 18″ E 12° 51′ 45″; Pockhorn 30, Heiligenblut]** (15.Mai–1. Okt., 20.Dez.–20.April). Wer an diesem Tag nicht über die Großglockner Hochalpenstraße ins Salzburger Land weiterfährt, übernachtet hier inmitten einer großartigen Bergwelt. Am südlichen Ortsrand an der Möll liegt der

(275) WOMO-Campingplatz-Tipp: Heiligenblut/ Nationalpark-Camping Großglockner

GPS: N 47 2′ 14″ E 12° 50′ 21″; Hadergasse 11.
offen: 1.05.–31.10, 1.12.–25.04.
Ausstattung/Lage: Teils ebenes Wiesengelände, teils ebene Stellflächen auf Geländestufen, durch einige kleinere und mittelhohe Laubbäume aufgelockert, zwischen dem Fluss Möll und einem steil aufragenden Felsmassiv, Blick auf den Großglockner und die Kirche von Heiligenblut.
Kontakt: Fam. Fleißner, www.nationalpark-camping.at, Telefon 0043/4824/2048.
Richtpreis: ca. 24 € für WOMO + 2 Erw., V+E, Strom in HS.
Zufahrt: Im Ort beschildert.

Auf der Großglockner Hochalpenstraße

Die berühmteste Alpenstraße, die Großglockner Hochalpenstraße, führt mitten ins Herz des Nationalparks Hohe Tauern, zum höchsten Berg Österreichs, dem Großglockner (3798 m) und seiner Pasterze. Auf 48 km Panoramastraße mit 36 Kehren, bei einem Höhenanstieg bis auf 2504 m durchquert man eine einzigartige Gebirgswelt von blühenden Almwiesen, duftenden Bergwäldern, mächtigen Felsen und ewigem Eis bis zum Fuße des Großglockners.

Doch nicht nur die Gebirgswelt, auch Tradition, Kultur und Geschichte dieser Straße versetzen ins Staunen: Historische Funde bezeugen, dass hier bereits dreieinhalb Jahrtausende v. Chr. Menschen die Alpen überquerten. Seine Majestät Kaiser Franz Joseph wanderte 1856 zu jener Stelle, die seither Kaiser-Franz-Josefs-Höhe heißt.

Die Panoramastraße beginnt noch im Tal, im Bergsteigerdorf **Heiligenblut**. Dort eröffnet sich ein gigantischer Anblick: Steil am Hang klebt der Ort, ein spitzer, dünner Kirchturm sticht in den blauen Himmel, gewaltige Berghänge und Felswände ragen empor. Diese gehen über in Schneefelder und darüber thront der Großglockner. Heiligenblut (1301 m) ist ein anmutiges, kleines Gebirgsdorf, dessen Häuser eng beieinanderstehen. Obwohl viel besucht und mit Souvenirläden reich bestückt, ist es immer noch eines

Das Bergsteigerdorf Heiligenblut mit seinem schlanken Kirchturm

Großglockner

Bau der Straße

der schönsten Alpendörfer. Vor allem lohnt der Besuch der Wallfahrtskirche, die berühmt ist durch ihren wunderschönen Michael-Pacher-Altar; das bis in das Gewölbe hinaufragende Sakramentshäuschen birgt die Reliquie des heiligen Blutes Christi.

Den nächsten Stopp machen wir wenige Minuten nach der Mautstelle Roßbach auf dem Aussichtspunkt Kasereck (1913 m, Parkplatz) mit einer Infostelle und einer Schaukäserei. Von dort folgen wir der Straße über Guttal bis zum Abzweig zur Kaiser-Franz-Josefs Höhe. Gleich nahe dem Beginn dieser knapp 9 km langen Gletscherstraße, im Bereich des Schöneck, vielleicht ein kurzer Spaziergang über den botanischen Lehrpfad?

Die Straße erreicht dann als Höhepunkt der Reise die **Kaiser-Franz-Josefs Höhe**. Das Übernachten auf dem großem Parkplatz [N 47 4′ 23″ E 12° 45′ 32″] soll dort geduldet sein, aber ein campingähnliches Verhalten nicht. Dort oben in rund 2400 m blicken wir auf die Nordabstürze des Großglockners hinauf ins ewige Eis und auf den Pasterzengletscher – den noch immer größten der Ostalpen – hinunter. Schautafeln auf dem Aussichtsplateau erläutern die Gipfel ringsum. Mithilfe von Ferngläsern glaubt man auf der Wilhelm-Swarovski-Beobachtungswarte, dem beeindruckenden Naturschauspiel noch näher zu sein. In den Ausstellungsräumen

Von der Kaiser-Franz-Josefs-Höhe blickt man auf den Großglockner

Wilhelm-Swarovski-Beobachtungswarte

neben dem Parkhaus warten klug gemachte Themenschauen. Im zugehörigen Kino erleben wir den Großglockner hautnah – als beeindruckende Multivisions-Schau: beeindruckende Impressionen, unabhängig davon, ob Sie den Großglockner bei Ihrem Besuch sonnig und klar oder wolkenverhangen erleben! Und im Panoramaraum erleben wir das Gefühl, selbst am Gipfel zu stehen und das beeindruckende Rundum-Panorama in uns aufzunehmen. Unterstrichen durch Geräusche und Vogelstimmen aus dem Gipfelbereich. Nachdrücklich empfohlen: die Wanderung über den Gamsgrubenweg (30 Min.).

Zurück auf der Transitstrecke erreichen wir bald den 2504 m hohen Scheitelpunkt, das **Hochtor**. Hier birgt das Ausstellungsgebäude örtliche Funde aus der Keltenzeit und Interessantes zum Thema Tauerngold. Nachdem wir die Landesgrenze zu Salzburg mitten im 311 m langen **Mittertörltunnel** gequert haben und das Brennkogelkar mit seinen markanten Felsstürzen passiert haben, erreichen wir die **Fascher Lacke**, einen kleinen See. Am Ufer, im original erhaltenen Straßenwärterhaus, wird in einer Dokumentation die Geschichte der Errichtung der Straße und die damaligen Lebensumstände der Arbeiter gezeigt.

Bald danach kommen wir zur Informationsstelle Greifvögel. Anhand von Schautafeln werden die im Großglocknergebiet heimischen Greifvögel dargestellt und beschrieben. Mit etwas Glück können Sie die Greifvögel in freier Naturbahn selbst beobachten. Beim **Fuscher Törl** hat der Erbauer der Straße bewusst eine Bergspitze umfahren, um so den Besuchern einen perfekten Rundblick in dieser unvergleichlichen Hochgebirgslandschaft zu ermöglichen. Hier befindet sich auch die Gedenkstätte für die beim Bau der Straße verunglückten Arbeiter. Bald nach dem Fuscher Törl zweigt rechts die kurze Stichstraße zur **Edelweißspitze** ab, dem mit 2571 m höchsten Punkt der Route. Der Blick vom massigen Aussichtssturm reicht weit nach Norden bis zum Steinernen Meer und zum Hochkönig, einem Fast-Dreitausender. Davor, aber 2.000 Meter tiefer gelegen als die Edelweißspitze, zeichnen sich die Konturen des Zeller Sees ab. Der Rundum-Blick ist beeindruckend. Der Parkplatz ist oft überfüllt, aber der Fußmarsch vom Parkplatz am Fuscher Törl dauert nur etwa 20 Minuten.

Stark kurvig geht es auf der Hauptstrecke weiter. Eine Pflichtstation ist das in einem steingemauerten alten Baulager untergebrachte **Museum Alpine Naturschau**. Es vermittelt vielerlei über Fauna, Flora und ökologische Zusammenhänge. Angeschlossen sind eine Multimediaschau und, im Freien, ein botanischer Lehrpfad samt Mineral- und Flechtenausstellung.

Kurz nach Kehre Nr. 10 queren wir den Abschnitt Hexenküche – eine Zone der Felsstürze mit reichlich Steinen und Geröll. Bald ist auf dem

Blick vom Hochtor

Weg Richtung Fuscher Tal die 2000-Meter-Marke durchstoßen, und mit dem Parkplatz **Hochmais** auf 1850 m Höhe auch schon die Waldgrenze erreicht. Eine weitere naturkundliche Infostelle, diesmal zum Thema Geologie, sowie der grandiose Blick auf Talschluss und Gletscher des Ferleitentales lohnen den Halt. Nur 3 Fahrminuten weiter, beim **Piffkar**, in einem Straßenwärterhaus aus der Bauzeit, wird die Wanderausstellung „Der Steinadler in den Ostalpen" gezeigt.

Von hier sind es nur noch knapp 5 km zu den nördlichen Mautkassen in **Ferleiten**. Unmittelbar dahinter können Sie im **Wildpark** auf Tuchfühlung mit mehr als 200 Tieren, wie Braunbären, Wölfen oder Luchsen, gehen.

Praktische Infos zur Straße:
Öffnungszeiten: Anfang Mai–15.Juni 6–20, 16.Juni–15.Sept. 5–21.30, 16.Sept.–Anfang Nov. 6–19.30 Uhr, letzte Einfahrt jeweils 45 Min. vor Nachtsperre.
Öffnungszeiten Ausstellungen: tgl. 10–17, Haus Alpine Naturschau 9–17 Uhr.
Preise 2012: Tageskarte 32 € (bis 3,5 t) und 38 € (über 3,5 t).
Im Preis enthalten ist nicht nur die Fahrt sondern auch der Zutritt zu sämtlichen Informationseinrichtungen (10 Lehrwege und Infostellen sowie 6 Ausstellungen) der Großglockner Hochalpenstraße sowie die Benutzung aller Parkflächen.

Fusch ist der erste größere Ort, den wir im Salzburger Land erreichen. Begleitet von der Fuscher Ache sind es knapp 8 km bis nach BRUCK. Hier markiert der erste Kilometerstein den Anfang der Großglocknerstraße. Der direkt an der Salzach gelegene Parkplatz passt schon mal für eine Nacht.

(276) WOMO-Stellplatz: Bruck a. d. Großglocknerstraße/ Beim Eisschützenclub

GPS: N 47 17′ 8″ E 12° 49′ 39″; Raiffeisenstraße.   **max. WOMOs:** 1–2.
Ausstattung/Lage: Wertstoffcontainer / Parkplatz in der Nähe der Eisstockbahn und der Volksschule, direkt an der Salzach gelegen, Schotter, Fußgängerbrücke über den Fluss, im Ort.
Zufahrt: Von Fusch auf der B 107 kommend im Ort direkt vor der Salzachbrücke rechts in die Raiffeisenstraße abbiegen, dann noch 300 m.

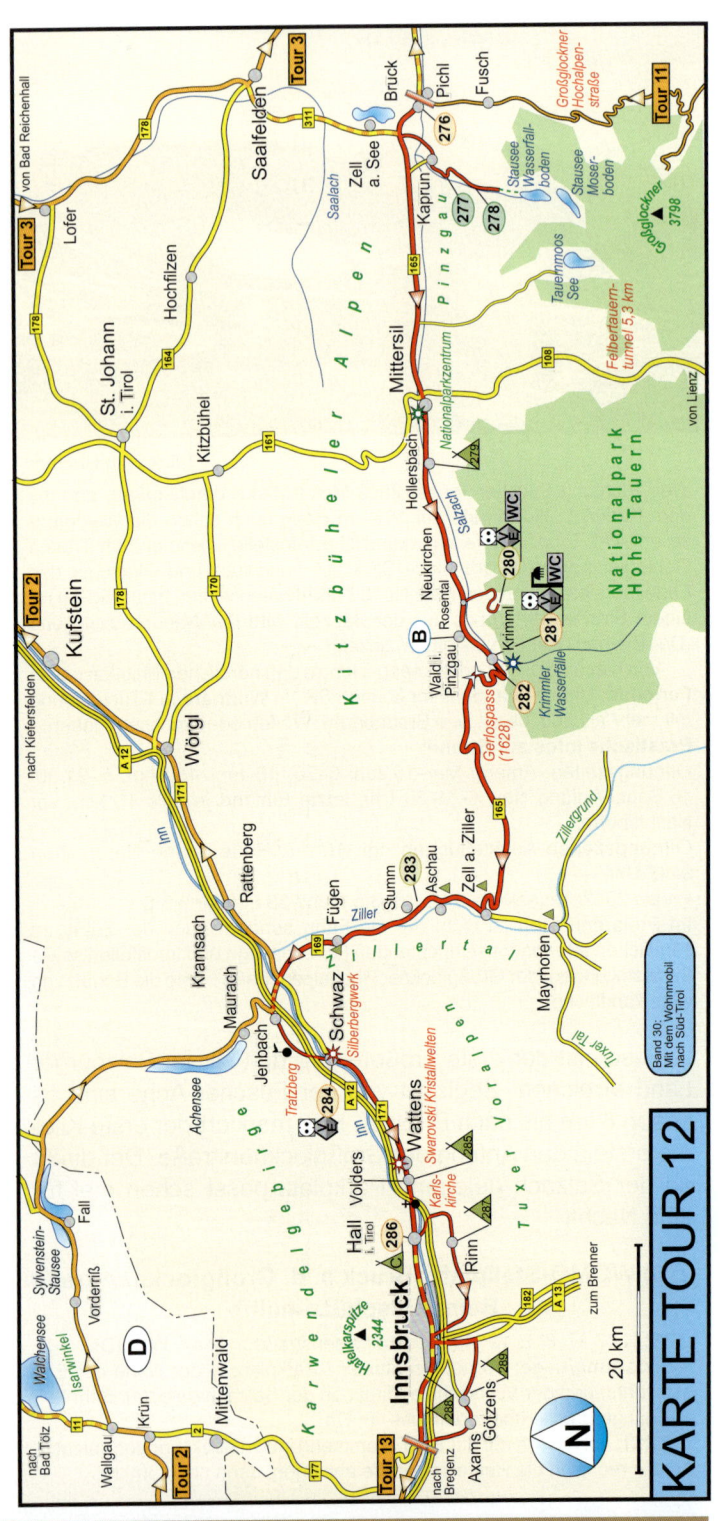

TOUR 12 (ca. 160 km / 2–3 Tage)

Zell am See – Kaprun – Mittersill am Großvenediger – Hollersbach – Neukirchen am Großvenediger – Krimml – Jenbach – Schwaz – Wattens – Volders – Hall in Tirol – Innsbruck

Stellplätze:	Neukirchen am Großvenediger, Krimml, Schwaz, Hall in Tirol.
Campingplätze:	Hollersbach, Volders, Rinn, Innsbruck, Natters.
Besichtigen:	Tauernkraftwerk Glockner-Kaprun, Krimmler Wasserfälle, Schloss Tratzberg, Swarovski Kristallwelten, Silberbergwerk, Olympiastadt Innsbruck.
Baden:	Tauern Spa Kaprun, Badesee Hollersbach, Erlebnistherme Fügen, Freibad Hall, Natterer See.

Diese Tour führt zunächst in den westlichen Teil des Salzburger Landes – in den reizvollen Pinzgau. Dort schauen wir uns die höchst eindrucksvollen Krimmler Wasserfälle an. Danach geht es in steilen Kehren über den Gerlospass ins Tiroler Zillertal. Die Fahrt führt weiter westlich durch das Inntal. In Wattens lassen wir uns von den fantasievollen Swarovski Kristallwelten verzaubern. Mit einem Bummel durch Innsbrucks lebendige Altstadt lassen wir diese Tour ausklingen.

Startpunkt dieser Tour ist ZELL AM SEE. Vom zentral gelegenen Parkplatz am Sportzentrum und Hallenbad [N 47° 19′ 34″ E 12° 47′ 45″] bummeln wir durch das Sommerfrische-Städtchen hinunter zum See. Bekanntheit erlangte der Ort 1885 durch Kaiserin Elisabeth, die die **Schmittenhöhe** erklomm und anschließend werbewirksam das Gipfelpanorama pries. Heute fahren die meisten Besucher allerdings mit der bequemen Gondelbahn hinauf auf den Aussichtsberg.

Im Sommer lässt es sich im Pinzgau herrlich wandern.

Tauern Spa, die neue Wasserwelt in Kaprun

Nächstes Etappenziel ist das **Kapruner Tal**. Hier bietet sich ein Besuch des Tauernkraftwerks an; dort wird vermittelt, wie sich die herrliche Bergwelt technisch nutzen lässt. Aber der Reihe nach: Bei Zell am See zweigen wir auf die B 168 in Richtung Mittersill ab. Nach ca. 4 km nehmen wir am Kreisverkehr die Ausfahrt Richtung Kaprun und nach ca. 500 m die 2. Ausfahrt im Kreisverkehr zum riesigen **Tauern Spa**. Dort können Sie sich in der supermodernen Wasser- und Saunawelt verwöhnen lassen: [N 47° 16′ 57″ E 12° 45′ 28″; Tauern Spa Platz 1].

In KAPRUN folgen wir südlich dem Hinweisschild „Stauseen 7 km". Am südlichen Ortsrand passieren wir das Krafthaus Kaprun-Hauptstufe (mit Schauräumen, tgl. 8–18 Uhr). Ein Stück weiter machen wir Halt auf dem leicht schrägen Parkplatz bei der Talstation der **Maiskogelbahn** [**277:** N 47° 15′ 27″ E 12° 44′ 27″]. Im Sommer eignet sich der Maiskogel perfekt zum Wandern – mit der Seilbahn kommen Sie bequem auf den Berg. Nächster Haltepunkt ist der Wiesenparkplatz an der Freizeitanlage Hintertal [**278:** N 47° 14′ 26″ E 12° 43′ 53″]. Schließlich erreichen wir die großen Parkplätze von Kaprun-Thörl mit der Talstation der Gondelbahnen zum **Kitzsteinhorn**. Die Straße im Tal verläuft weiter in Windungen und Kehren steil bergan zum Parkplatz Limbergstollen und schließlich zum Kesselfall-Alpenhaus, wo die Fahrt mit dem eigenen Fahrzeug endet. Auf

Faszinierende Aussichten an den Stauseen hoch über Kaprun

der Lärchwandstraße verkehren nur Linienbusse, die die Besucher des **Tauernkraftwerks Glockner-Kaprun** zur Talstation des Lärchwand-Schrägaufzugs bringen. Oben angelangt, heißt es erneut umsteigen: in die Busse zu den riesigen Stauseen Wasserfallboden (1680 m) und Mooserboden (2040 m). Das Besucherzentrum „Erlebniswelt Strom & Eis" liefert interessante Einblicke in die Stromerzeugung. Auch eine Führung durch das Innere der Staumauer wird angeboten (Auffahrt zu den Hochgebirgsstauseen je nach Witterung Juni–Mitte Okt.).

An MITTERSILL AM GROSSVENEDIGER kommt man nicht vorbei: Der Hauptort des Pinzgaus liegt am Schnittpunkt zweier wichtiger Überlandstraßen – der Ost-West-Verbindung durch das Salzachtal (durch das wir fahren) und jener viel befahrenen Alpenquerung nordwärts über den Pass Thun nach Kitzbühel ins Inntal und nach Süden durch den Felbertauerntunnel nach Osttirol und Kärnten.

In Mittersill sollten Sie den Besuch des modernen **Nationalparkzentrums Hohe Tauern** nicht versäumen. Es liegt am östlichen Mittersiller Ortsende direkt an der Gerlos Bundesstraße [N 47° 16′ 43″ E 12° 28′ 40″; Gerlosstraße 18]. Hier können Sie acht faszinierende Naturräume nacheinander durchwandern: Das Adlerflug-Panorama lässt den Betrachter im Flug über die eindrucksvollen Landschaften, Täler und Gipfel gleiten. Im 3D-Erlebniskino wird die Gebirgsbildung mit der Entstehung des Tauernfensters im Zeitraffer erlebbar. Die 270°-Projektion mit Surround-Sound versetzt den staunenden Naturliebhaber mitten in rauschende Lawinen und Wasserfälle. In der Gletscherwelt macht das Pasterzen-Zeitrad das Wachsen und Schmelzen der Gletscher im Zeitraffer nachvollziehbar. Die weiteren Stationen zu den Themen Murmeltier & Co, Bergwald, Almleben und Wilde Wasser zeichnen ein lebendiges und wirklichkeitsgetreues Bild des Nationalparks Hohe Tauern.

Rund 7 km westlich von Mittersill liegt HOLLERSBACH mit einem Badesee [N 47° 16′ 38″ E 12° 24′ 59″] und einem kleinen Campingplatz. Der ist ein idealer Ausgangspunkt für Touren in die Regionen des Nationalparks.

(279) WOMO-Campingplatz-Tipp: Hollersbach/Dorf Camping

GPS: N 47° 16′ 26″ E 12° 25′ 12″. **offen:** ganzjährig.
Ausstattung/Lage: einfache Sanitäreinrichtungen / kleiner, naturbelassener Wiesenplatz, familiär geführt, leicht uneben, Bäume, ringsherum Wiesen und Felder, ruhig, einige Dauercamper, in der Hauptsaison oft voll belegt, Naturbadesee ca. 5 Gehminuten, Ortsrand.
Kontakt: www.dorfcamping-hollersbach.at, Telefon 0043/6562/8474.
Richtpreis: ca. 18 € für WOMO + 2 Erw., V+E, Strom in HS.
Zufahrt: Von der B 165 nach Hollersbach abbiegen, durch Ortsmitte, dann rechts ab und der Ausschilderung folgen.

Weiter fahren wir an der Salzach entlang nach Westen und erreichen NEUKIRCHEN AM GROSSVENEDIGER. Im Ortsteil Rosental empfängt die Familie Unterrassner wohnmobile Gäste mit offenen Armen: Der tolle Stellplatz am Gasthof Friedburg bietet einen wunderbaren Panoramablick ins Salzachtal und auf die Hohen Tauern. Hier übernachten wir besonders gern.

(280) WOMO-freundliche Gaststätte: Neukirchen am Großvenediger (OT Rosental)/Panoramastellplatz Friedburg

GPS: N 47° 14′ 19″ E 12° 14′ 29″; Scheffau 96. **max. WOMOs:** >5.
Ausstattung/Lage: V+E, Strom / extra Stellplätze inmitten von Wiesen, eben, Kies und Gras, absolut ruhig und idyllisch, super Ausblick, Brötchen- und Frühstücksservice im Gasthof, außerorts.
Kontakt: www.panoramastellplatz.at, Telefon 0043/6565/64860.
Richtpreis: Bei einem Verzehr im Restaurant ist der Stellplatz gratis, ansonsten kostet er 7 € pro Tag, Strom extra.
Zufahrt: B 165 (Mittersill–Zell im Zillertal) bis Neukirchen-Rosental, dort links abbiegen, WOMO-Piktogramm und Ausschilderung zum Gasthof Friedburg folgen (Der Gasthof in Alleinlage thront weithin sichtbar über dem Tal).
Sonstiges: Im Restaurant kocht der Chef selbst!

Den landschaftlichen Höhepunkt der Route bietet am Ende des Tals das Dorf KRIMML mit den einzigartigen **Krimmler Wasserfällen**. Hier, am Fuße des Gerlos-Passes, donnert die Krimmler Ache aus 380 m Höhe in 3 Stufen zu Tale. 10 Minuten vom untersten Wasserfall entfernt bietet die WasserWunderWelt ein tolles Multimedia-Erlebnis mit Ausstellung und Aqua Park. Ein bequemer, stetig ansteigender Wanderweg führt am vom Wald gesäumten Wasser entlang. Die Aussichtskanzeln stehen so nahe am dramatischen Geschehen, dass wir

Krimmler Wasserfälle

von Gischt und Wassernebel umsprüht werden. Vom Parkplatz [N 47° 13′ 5″ E 12° 10′ 33″] wandern wir mit den vielen anderen Besuchern die eineinhalb Stunden zur obersten Fallstufe hinauf. Wer gut zu Fuß ist, wandert durch das Krimmler Achental weiter bis zum Krimmler Tauernhaus (1622 m, bewirtschaftet, weitere 100 Min., der Abstieg bis Krimml dauert 2 Std.).

Schräg vis-à-vis dem Parkplatz für Wasserfallbesucher bietet das Hotel Krimmlerfälle kostenpflichtige Stellplätze an:

(281) WOMO-Stellplatz: Oberkrimml/Hotel Krimmlerfälle

GPS: N 47° 13′ 5″ E 12° 10′ 28″; Oberkrimml 11.   **max. WOMOs:** >5.
Ausstattung/Lage: Gebühr 8 € inkl.V+E und WC, Strom u. Dusche u. Ortstaxe extra, Schwimmbadbenützung im Hotel / nahe der Straße, in 2 Ebenen angelegt, Splitt und Gras, einige Bäume, Ortsrand.
Zufahrt: Von Neukirchen kommend gegenüber dem P 1 für Wasserfallbesucher rechts von der Gerlos Bundesstraße B 165 abbiegen.

Wenige Meter weiter gibt es auf der rechten Straßenseite einen weiteren, allerdings sehr abschüssigen Platz zum Übernachten.

(282) WOMO-Stellplatz: Krimml/Wasserfälle P 3

GPS: N 47° 12′ 58″ E 12° 10′ 17″; Gerlos Bundesstraße. **max. WOMOs:** 5.
Ausstattung/Lage: keine, Gebühr 4 € / steiler Wiesenparkplatz P 3, sehr schräg, ruhig, Ortsrand.
Zufahrt: Rechts an der Gerlos Bundesstraße B 165, mit WOMO-Schild beschildert.

Wir nehmen wieder Fahrt auf und zuckeln den **Gerlospass** hinauf. Oben am Scheitelpunkt [N 47° 14′ 11″ E 12° 9′ 32″] angekommen finden wir auf der Gerlosplatte ein weitverzweigtes Ski- und Wandergebiet. An der Mautstelle bezahlen wir unseren Obolus und fahren auf Tiroler Seite bergab, vorbei am Speicher Durlaßboden, passieren Gerlos und fahren so bremsenschonend wie möglich hinunter ins weite Zillertal.

Stille haben wir im **Zillertal** keine gefunden, und schön gelegene Stellplätze können wir Ihnen auch nicht anbieten. Zwar bietet das Hotel Rissbacher Hof [**283:** N 47° 16′ 48″ E 11° 53′ 36″; Ahrnbachstraße 37, Stumm] vier Stellplätze, ohne jedweden Service, für 15 € an, aber das Gelbe vom Ei ist das nicht.

Schier endloses Freizeitvergnügen wartet im Winter wie im Sommer zwischen Mayrhofen, Zell am Ziller und Fügen auf die zahlreichen Gäste. Auch die Campingplätze haben sich mit ihrem Sport- und Unterhaltungsprogramm auf aktive Gäste – insbesondere Familien – eingestellt. Nichts für Ruhe liebende Wohnmobilisten wie uns. Da in Tirol bekanntermaßen ein generelles WOMO-Übernachtungsverbot gilt, darf ich Ihnen als Autor keine freien Stellplätze, sondern nur Campingplätze empfehlen. Von Süden nach Norden wären das folgende Komfort-Plätze – allesamt vom ADAC mit Bestnote bewertet:

Camping Mayrhofen [N 47° 10′ 32″ E 11° 52′ 8″; Laubichl 125, Mayrhofen].
Campingdorf Hofer [N 47° 13′ 43″ E 11° 53′ 8″; Gerlosstr. 33, Zell am Ziller].
Erlebnis-Camping Aufenfeld [N 47° 15′ 47″ E 11° 53′ 58″; Aufenfeldweg 10, Aschau].
Camping Hell [N 47° 21′ 33″ E 11° 51′ 5″; Gageringerstr. 1, Fügen].

Blick in die Seitentäler des Zillertals

Wo spielt die Musik? Am Gauderfest in Zell am Ziller, mit viel Tracht u. Tradition!

Weiter fahren wir auf der verkehrsreichen Zillertalstraße (B 169) an einigen nicht zu übersehenden Gewerbegebieten vorbei. Wir kommen nach FÜGEN. Dort gibt's eine Erlebnistherme. Gen Norden verlassen wir das Zillertal. Mit einer Illusion weniger. Bis zum Achensee sind es jetzt noch 10 km (siehe Tour 2). Wir durchqueren den Brettfall-Tunnel, nehmen am großen Straßenkreuz die Auffahrt B 171 links nach Schwaz/Jenbach. Nach gut 3 km rechts ab und über den Inn nach Jenbach.

In JENBACH folgen wir den Schildern zum **Schloss Tratzberg**. Schon von weither sticht das Bauwerk uns ins Auge. Mächtig thront es auf einem Felsstück über Jenbach. Der Wohnsitz der Grafen Enzenberg ist zum Vorbeifahren viel zu schade. Vom Parkplatz [N 47° 22′ 56″ E 11° 44′ 21″] sind es zu Fuß ca. 20 Minuten hangaufwärts bis zum Schloss. Wir aber machen es uns bequem und nehmen den Bummelzug, der uns in 8 Min. hinauf in den blumengeschmückten Vorhof bringt.

Schloss Tratzberg

Auf Schloss Tratzberg kommen wir in den Genuss einer überraschend unterhaltsamen und interessanten Erlebnisführung. Durch die ganz besondere Art der Präsentation erwartet uns eine Zeitreise ins späte Mittelalter. Die aristokratischen Vorbesitzer vermitteln uns mit einem lebhaften, musikalisch untermalten Hörspiel Einblicke in das Leben eines spätgotischen Schlosses. Waffengeklirr, Hufgetrappel, surrende Spinnräder und Fanfaren sorgen dafür, dass hier Geschichte lebendig wird, denn kaum ein Adelssitz des 16. Jh.s zeigt Luxus- und Prunkliebe seiner reichen Erbauer und der nachfolgenden Besitzerfamilien so, wie Schloss Tratzberg. Ein Zeugnis dafür sind seine bis heute vollständig erhalten gebliebenen Räume.

Das Schloss ist kein zusammengetragenes Museum, mit einzelnen Exponaten, sondern ein lebendig gewachsenes Ganzes. Eindrucksvolle Stationen der Führung sind die gotische Fuggerstube, das reich ausgestattete Königinzimmer, der Jagdsaal mit kunstvollen Schnitzereien und die Rüstkammer mit ihrer umfangreichen Sammlung. Herzstück des Schlosses ist der Habsburgersaal mit seinem einzigartigen Wandgemälde des Stammbaumes der Habsburger.

Verabschiedet werden wir in der Rüstkammer, wo zum allgemeinen Gaudium plötzlich Ritter Georg von Ilsung mit seinem Schwert auf den Boden stampft und uns mit den Worten: „Das Gesinde möge euch hinaus geleiten" wieder in die Gegenwart entlässt (Führungen Ende März–Anf. Nov. tgl. 10–16/17 Uhr, 13 €, für Kinder gibt es eine spannende Führung per Audioguide).

Innenhof von Schloss Tratzberg

Weitere 6 km innaufwärts folgt SCHWAZ. Die Bergbaumetropole am Inn hat ein Herz für uns WOMO-Fahrer, denn dort gibt es einen offiziellen Stellplatz.

(284) WOMO-Stellplatz: Schwaz/Königfeldplatz

GPS: N 47° 20′ 46″ E 11° 42′ 14″; Königfeldweg.   **max. WOMOs:** >5.
Ausstattung/Lage: V+E über Holiday Clean-Anlage, Abfallbehälter / abgeteilte Plätze im hinteren Teil eines Großparkplatzes, Asphalt, relativ ruhig, im Ort.
Gebühr: 4 € pro Nacht und WOMO.
Zufahrt: Zuerst in Richtung Stadtzentrum, entlang des Inns fahren (Andreas Hofer Straße, B 171), ab hier führen grüne Schilder zum Stellplatz, über die zweite Innbrücke rechts (Swarovskistraße), zweite Straße wieder rechts zum Parkplatz.

Als wir durch SCHWAZ spazieren, können wir kaum glauben, dass das Städtchen bis Ende des 16. Jh.s gut 200 Jahre lang zu den reichsten Orten Europas zählte und rund 85 % des seinerzeit weltweit produzierten Silbers ausspuckte. Privatunternehmer wie die Fugger verdienten sich eine goldene Nase. Vom einstigen Glanz der Silberstadt ist in der heutigen Industriestadt nicht mehr viel zu bemerken. Etwa 1 km östlich der Stadtmitte wurden Teile der früheren Stollen als **Schau-Silberbergwerk** eingerichtet: Mit der Grubenbahn fährt man 800 m tief in den Berg ein. Lebensgroße Puppen stellen die gefährliche Arbeit der mittelalterlichen Bergknappen nach (Führungen Mai–Sept. tgl. 9–17, Okt.–April tgl. 10–16 Uhr, Dauer ca. 90 Min., www.silberbergwerk.at, Parkplätze P 1 [N 47° 21′ 18″ E 11° 43′ 36″] und P 2 [N 47° 21′ 24″ E 11° 43′ 35″]). Vom Stollen ins Universum – kein Problem: Direkt neben dem Schaubergwerk bringt das Zeiss-Planetarium Besuchern kosmische Ereignisse näher.

Dann geht es auf der B 171 am südlichen Innufer entlang nach WATTENS. Dort sorgt der Konzern Swarovski mit seinen Kunstprodukten aus geschliffenem Kristall weltweit für Furore. Der Familienbetrieb beauftragte zu seinem 100. Geburtstag im Jahr 1995 André Heller mit der Konzeption einer Kristall-Erlebniswelt. Entstanden ist ein opulenter Rausch aus Farben und Tönen, Glitzern und Gleißen, manchmal genial, manchmal kitschig, aber unbedingt empfehlenswert!

Swarovski Kristallwelten

Durch den Schlund eines Wasser speienden Riesen betreten wir das Innere der Kristallwelten. Dort umfängt uns ein magisches Blau. Werke berühmter Künstler wie Salvador Dalí, Niki de Saint Phalle und Andy Warhol umgeben das Herzstück, den Centenar, mit über 310.000 Karat der größte geschliffene Kristall der Welt. Eine 11° m hohe und 42 m lange Kristallwand, die mit 12 Tonnen geschliffenem Kristall gefüllt ist, führt uns direkt hinein in die Tiefen der Fantasiewelt. Wie in einem Kindertraum fühlen wir uns beim Rundgang durch die funkelnde Welt aus Glas – hier liegt sie, die Schatzhöhle voller Edelsteine aus dem Märchenland! Unglaublich, welche Kreationen man aus geschliffenem Glas und Licht erschaffen kann. Wir staunen über die Werke weltberühmter Künstler, die in den sagenhaften 14 Wunderkammern Kristall auf ihre ganz individuelle Weise interpretiert haben.

Natürlich können Sie hier nicht nur staunen, sondern auch einkaufen – und einen Teil des Schatzes mit nach Hause tragen.

Darüber hinaus erstreckt sich im weitläufigen Areal rund um den charakteristischen Kopf des Riesen eine bunte Parklandschaft mit zahlreichen Installationen zeitgenössischer Künstler. Der Park des Riesen ist der ideale Ort für Spaziergänge.

(Öffnungszeiten: ganzjährig tgl. 9–18.30, letzter Einlass 17.30 Uhr, 11 €, www.kristallwelten.swarovski.com, Parkplatz [N 47° 17′ 43″ E 11° 36′ 8″; Kristallweltenstraße 1, Wattens]).

Swarovskis märchenhafte Welt der Kristalle

Schlosscamping Aschach (285)

Nach der Besichtigung fahren wir 4 km weiter in den Nachbarort VOLDERS. Dort liegt inmitten einer herrlichen Bergkulisse der Schloss Camping Aschach mit altem Baumbestand.

(285) WOMO-Campingplatz-Tipp: Volders/ Schlosscamping Aschach

GPS: N 47° 17′ 13″ E 11° 34′ 20″ ; Hochschwarzweg 2.
offen: Anfang Mai–Mitte Sept.
Ausstattung/Lage: Unterhalb des mittelalterlichen Schlosses gelegen, durch einen Weg zweigeteilt, teils ebenes und teils geneigtes Rasengelände, Schatten spendende Bäume, Blick auf das Karwendelgebirge, Freibad, ruhig, Ortsrand.
Kontakt: www.schlosscamping.com, Telefon 0043/5224/52333.
Richtpreis: ca. 28 € für WOMO + 2 Erw., V+E, Strom in HS.
Zufahrt: A 12, Ausfahrt Wattens oder Hall, in Volders von der B 171 abzweigen, beschildert.
Sonstiges: Am östlichen Ortsrand können Sie neben der Autobahn die Karlskirche (17. Jh.) bestaunen, von Kritikern mit einem „bemalten Osterei" verglichen.

Von Volders geht der Weg dann weiter östlich und führt über den Inn nach HALL IN TIROL.

Hall in Tirol

Salz und Silbermünzen machten Hall im Mittelalter zu einem wichtigen Handelszentrum, lange bevor Innsbruck an Bedeutung gewann. Nehmen Sie sich Zeit für einen Spaziergang durch den Ort. Kreuz und quer ziehen sich die kleinen Gassen, zeigen Treppen- und Zickzackgiebel, Erker, Söller und prächtige Portale. Kleine Einzelhandels- und Handwerksläden charakterisieren die Altstadt, die eine der besterhaltenen Altstädte Österreichs ist. Besonders der Obere Stadtplatz vermittelt mit dem gotischen Rathaus, der Nikolaikirche und dem Rosenhaus immer noch die Atmosphäre einer mittelalterlichen Handelsstadt. Das Bergbaumuseum an der Südseite des Platzes enthält eine detailgetreue Nachbildung der Salzstollen im Halltal, wo seit dem 13. Jh. das weiße Gold abgebaut wurde. Nicht aus Gold, aber aus dem Silber des nahen Bergwerks in Schwaz wurde in Hall 1486 der

186 Stufen führen auf den begehbaren Münzerturm – dem Haller Wahrzeichen.

erste Taler geprägt, der sich schließlich in ganz Europa als Zahlungsmittel durchsetzte. Im Münzmuseum kann man heute noch selber Münzen schlagen. Es ist in der 700 Jahre alten Burg Hasegg untergebracht. Ihr Münzturm ist das nicht zu übersehende Wahrzeichen der Stadt und Heimat des größten Silbertalers der Welt.

In der Nähe der historischen Altstadt erwartet Sie ein Campingplatz der gemütlichen Art – und mit Erlebnisschwimmbad nebenan. Seit über 50 Jahren sorgt Campingwart Herbert Niedrist nicht nur für Sauberkeit und Ruhe auf dem Platz, sondern er sorgt sich vor allem um seine Gäste. Für WOMOs stehen Stellplätze vor dem eigentlichen Campingplatz ganzjährig zur Verfügung.

Die verschneite Haller Altstadt verzaubert ganz besonders in der Adventszeit.

(286) WOMO-Stellplatz: Hall in Tirol/ Schwimmbad-Camping

GPS: N 47° 17′ 3″ E 11° 29′ 47″; Scheidensteinstraße 24.**max. WOMOs:** >5.

Ausstattung/Lage: Mai–Sep 15 € inkl. WC, Duschen, Strom, V+E sowie Eintritt ins Freibad, Okt–Apr 7,50 € inkl. Strom und V+E / separate Plätze an der Zufahrtsstraße zum CP und Schwimmbad, Asphalt, zur Altstadt ca. 400 m.
Kontakt: Herbert Niedrist, Tel. 0043/699/15855268, www.camping-hall.at.
Zufahrt: A 12 Innsbruck–Kufstein bis zur Abfahrt 70/Hall-West oder 68/Hall-Mitte, dann Richtung Zentrum und den Wegweisern zum CP am Schwimmbad folgen.

Sonstiges: Die Sanitäranlagen (Duschen und WC) sind im Winter nicht zugänglich, da der CP dann geschlossen ist.

Nur etwa 15 Autominuten von Hall sowie von Innsbruck entfernt liegt auf einer Mittelgebirgsterrasse das Dörfchen RINN. Hier können wir den kleinen kommunalen Campingplatz empfehlen.

(287) WOMO-Campingplatz-Tipp: Rinn/Camping Judenstein

GPS: N 47° 15′ 36″ E 11° 30′ 18″; Judenstein 40.   **offen:** 1.5–30.9.

Ausstattung/Lage: Leicht geneigtes Wiesengelände mit zahlreichen Birken, zwischen der Kirche und einem Fichtenwald, ruhig.
Kontakt: www.kbrinn.at, Telefon 0043/5223/78098.
Richtpreis: ca. 17 € für WOMO + 2 Erw., V+E, Strom in HS.
Zufahrt: Von Hall über Tulfes oder als Innsbruck ausgehend vom Olympia-Eisstadion über Aldrans nach Rinn, dort den Schildern zum CP folgen.

Pinzgau, Zillertal und Innsbrucker Land

Die Bergiselschanze ist das futuristische Wahrzeichen von Innsbruck.

Nun aber nach INNSBRUCK, das uns mit seiner entzückenden Altstadt, dem Goldenen Dachl, seinen barocken Kirchen und Palästen anlockt.

Parken in Innsbruck

Parken in Innsbruck ohne Stress und Strafzettel? Das Park & Ride der Innsbrucker Verkehrsbetriebe macht es möglich! Stellen Sie Ihr WOMO beim Olympiagelände oder beim VAZ Hafen ab und fahren Sie bequem mit dem Bus in die Stadt. Dieses Angebot richtet sich an all jene, die einen Tag in der Stadt verbringen.

Parken und Busfahren mit nur einem Ticket: Für 8 € parken Sie Ihr WOMO und bis zu 5 Personen können auf allen Linien der IVB in Innsbruck (Kernzone) unterwegs sein. Das Angebot gilt von Mo–Fr 6–21, sowie an Sa, So, Fei 6–19 Uhr.

P&R Olympiaworld [N 47° 15′ 27″ E 11° 24′ 28″; Olympiastraße]: West- und ostseitig der Eishalle befindet sich Innsbrucks größtes P&R-Areal.

P&R Veranstaltungszentrum VAZ Hafen [N 47° 15′ 18″ E 11° 22′ 34″; Innrain 149]: P&R für all jene, die von Westen nach Innsbruck einfahren.

Bus-Parkplatz am Hofgarten [N 47° 16′ 13″ E 11° 23′ 57″; Kaiserjägerstraße]: Auf dem altstadtnahen Busterminal dürfen auch WOMOs parken, allerdings zu derselben Gebühr wie Busse und das sind stolze 30 € pro Tag!

Innenstadt: Gebührenpflichtige Kurzzeitparkplätze (180 Min., 3 €) sind vorhanden, aber tagsüber ist es schwierig einen freien Platz fürs WOMO zu finden, am ehesten noch in den Straßen (z.B. Karl-Kapferer-Straße, Siebererstraße, Falkstraße) zwischen Hofgarten und Messegelände. Bei unserem Innsbruck-Besuch haben wir in der Falkstraße [N 47° 16′ 19″ E 11° 24′ 8″] ein Plätzchen für unser WOMO-Dünnschiff gefunden. Übrigens ist an Samstagen, Sonn- und Feiertagen das Parken in ganz Innsbruck kostenlos!

Zum Übernachten bieten sich zwei in der näheren Umgebung Innsbrucks gelegene Campingplätze an (teuer!). Da ist zum einen der Camping Kranebitterhof westlich von Innsbruck. Der neu angelegte, großzügige Platz wirkt noch etwas kahl. Es fällt uns auf, dass hier nur WOMOs stehen. Für einen Kurzaufenthalt ist er gut geeignet.

(288) WOMO-Campingplatz-Tipp: Innsbruck/Kranebitterhof

GPS: N 47° 15' 49" E 11° 19' 35"; Kranebitterallee 216. **offen:** ganzjährig.
Ausstattung/Lage: Modernes Sanitärgebäude / in mehreren Terrassen angelegtes Wiesengelände mit ebenen, geschotterten Standplätzen, junge Bepflanzung, in der Nähe von Autobahn und Flughafen (Nachtflugverbot), ca. 6 km westlich der Innsbrucker Altstadt.
Kontakt: www.campingplatz-innsbruck.at, Telefon 0043/5122/79558.
Richtpreis: ca. 30 € für WOMO + 2 Erw., V+E, Strom in HS.
Zufahrt: A12-Ausfahrt Innsbruck-Kranebitten, weiter Ri. Kranebitten, beschildert.
Sonstiges: Bushaltestelle in der Nähe, Pizzeria am Platz.

Zum anderen ist das der 5-Sterne-Campingplatz Natterer See. Er liegt an einem malerischen kleinen Badesee. Durch die Nähe zur Brennerautobahn wird der Platz gerne als Transitplatz genutzt. Es gibt keinen extra Bereich für diese Kurzzeitgäste, sodass es auf dem Platz etwas unruhig ist – und man kann bis 23 Uhr anreisen. Meist ist der Platz abends brechend voll und mittags halb leer.

(289) WOMO-Campingplatz-Tipp: Natters/ Ferienparadies Natterer See

GPS: N 47° 14' 17" E 11° 20' 20". **offen:** ganzjährig.
Ausstattung/Lage: Teils ebenes, teils terrassiertes Gelände mit Laub- und Nadelbäumen sowie Baumgruppen, an einem durch einen Damm zweigeteilten, moorhaltigen See, von Wald und Bergen umgeben, eindrucksvolles Gebirgspanorama, ca. 10 km südwestlich der Innsbrucker Altstadt.
Kontakt: www.natterersee.com, Telefon 0043/5125/46732.
Richtpreis: ca. 39 € für WOMO + 2 Erw., V+E, Strom in HS.
Zufahrt: A13-Ausfahrt Innsbruck-Süd, weiter Ri. Natters, beschildert.
Sonstiges: Öffentlicher Bus im Stundentakt direkt vom CP nach Innsbruck. Knapp 4 km weiter haben wir auf dem großen Talstation-Parkplatz der Götzner Bahn [N 47° 13' 55" E 11° 18' 54"] Ende Mai ganz allein und absolut ruhig die Nacht verbracht – und das Tiroler Nächtigungsverbot einfach ignoriert.

Innsbruck – „Weltstadt im Gebirge"

Kaiser Maximilian I. zeigte Geschmack, als er im 15. Jh. Innsbruck zu seiner Lieblingsresidenz erhob. Von hier aus legte er den Grundstein zum Habsburgerreich und baute Innsbruck vorübergehend zum Zentrum des Kaiserreich aus. Das Städtchen lag besonders günstig an der Route zwischen dem Norden seines Reiches und Italien. Der Habsburger liebte das „Land im Gebirge" schon seit seiner Jugend. Im Norden der Stadt baut sich die Nordkette, Teil des Karwendelgebirges, bis auf über 2500 m auf. Im Süden erheben sich die ersten Gipfel der Stubaier Alpen und der Tuxer Voralpen als Vorboten der Dreitausender in den nahen Gletschergebieten.

Innsbruck ist heute eine pulsierende Universitäts- und Kulturstadt. Rund zwei Millionen Besucher zieht Innsbruck jährlich an. Die Olympischen Winterspiele von 1962 und 1974 machten die Alpenstadt weltweit bekannt. Die Sportstätten benutzt man heute noch, die eindrucksvollste ist die Sprungschanze am Berg Isel: Sie strahlt nachts in verschiedenen Farben.

Ausgangspunkt unseres Spaziergangs durch die Altstadtgassen ist die Maria-Theresia-Straße. Die breite Prachtstraße ist eine lebendige Fußgängerzone mit Straßencafés und Geschäften. Sie führt von der Triumphpforte, die Kaiserin Maria Theresia zur Hochzeit ihres Sohnes errichten ließ, vom Süden in die Altstadt hinein. Die Maria-Theresia-Straße geht über in die Herzog-Friedrich-Straße. Hier flanieren wir durch die schönste der kopfsteingepflasterten Straßen, die durch Passagen miteinander in Verbindung stehen. Reliefs, Malereien und Figuren an den farbenfrohen Bürgerhäuser machen die Altstadt zum steinernen Geschichtsbuch. Die Herzog-Friedrich-Straße führt uns direkt zum Wahrzeichen Innsbrucks, dem berühmten **Goldenen Dachl**. Den mit 2657 feuervergoldeten Kupferschindeln gedeckten Prunkerker ließ Kaiser Maximilian zum Andenken an seine Hochzeit mit Bianca Maria Sforza um 1500 errichten. Später soll er von hier aus die Turniere auf dem Marktplatz beobachtet haben. Schräg gegenüber prunkt das mit einer üppigen Rokoko-Fassade verzierte Helblinghaus, auf der anderen Seite der Straße ragt der 57 m hohe Stadtturm auf.

Weiter bummeln wir zur **Hofkirche**. Auch wer sich nicht für das Innere von Kirchen interessiert, sollte ausnahmsweise einen Blick in die „Schwarzmander-Kirche" werfen, denn sie enthält das spektakulärste Kaiserdenkmal Europas. Ihren Beinamen verdankt die Hofkirche den 28 überlebensgroßen Bronzefiguren, den „Schwarzen Mandern" (Männern), die rund um das mit feinsten Marmorreliefs geschmückte Grabmal Kaiser Maximilians stehen. Allerdings ist das Hochgrab leer – denn des Kaisers sterbliche Überreste liegen in Wiener Neustadt. Eine Berühmtheit, die wirklich in der Hofkirche begraben liegt, ist der Tiroler Freiheitskämpfer Andreas Hofer.

Innsbrucks historisches Wahrzeichen: das Goldene Dachl

Stolz sind die Innsbrucker auch auf ihre anderen Sehenswürdigkeiten wie Dom und Hofburg sowie Schloss Ambras.

Von Weitem sichtbar ist die neueste Errungenschaft Innsbrucks: Auf dem **Bergisel** im Süden thront die moderne Skisprungschanze wie eine überdimensionierte Skulptur. Sie wurde im Jahr 2002 nach Plänen der Star-Architektin Zaha Hadid anstelle der alten Olympiaschanze errichtet. Zum 50 m hohen Schanzenturm kommen Sie mit dem Schrägaufzug. Vom Restaurant ganz oben lässt sich das Gefühl der Skispringer nachempfinden, bevor sie sich mit Blick auf das atemberaubende Bergpanorama in die Tiefe stürzen. Längst ist der Bau zum modernen Wahrzeichen Innsbrucks geworden

Im Park am Fuß des Bergisels steht das große **Andreas-Hofer-Denkmal**. Es erinnert an den Freiheitskämpfer, der sich hier mit seinen Schützen gegen die Truppen Napoleons stellte. Daneben wurde im Jahr 2011 als touristisches Highlight das **Museum Tirol Panorama** neu eröffnet. Beeindruckend zeigt das Riesenrundgemälde auf 1000 Quadratmeter in 360° Sicht den Tiroler Freiheitskampf (Tram Linie 1, auch gebührenpflichtiger Parkplatz mit Einfahrtsschranke [N 47° 15′ 0″ E 11° 24′ 4″]).

In 8 Minuten gelangen Sie vom Rand der Altstadt mit der Standseilbahn zum 300 m höher gelegenen Stadtteil **Hungerburg**. Schon die Fahrt bietet einen schönen Ausblick aus den verglasten Kabinen zurück ins Tal. Die 4 spektakulären Stationen, die wie grüne Ufos aussehen, ließ die Architektin Zaha Hadid aus Beton und Glas formen. Wer von der Aussicht von der Hungerburg noch nicht genug fasziniert ist, fährt mit der Gondelbahn erst weiter zur Seegrube (1905 m) und dann aufs **Hafelekar** (2256 m, letzte Talfahrt 17 Uhr). In einer halben Stunde von 560 auf 2256 m Höhe, das macht den Innsbruckern keiner nach. Dramatisch ist der Blick auf die unten liegende Stadt. Das Auge schweift weiter zum Sonnenplateau und zum kahlen Patscherkofel im Süden. Im Hintergrund verheißt die Europabrücke einen Abstecher ins Land, wo die Zitronen blühen. Nicht minder spektakulär ist das „Gegenpanorama" auf die Felswildnis der Nordkette und die Schlingen des Inn, die sich in der Ferne verlieren (Talstation am Rennweg, neben dem Congress Innsbruck, zum Hungerburg 7,10 € und zum Hafelekar 28,50 € hin und zurück).

WOMO-Tipp: Die **Innsbruck-Card** beinhaltet die Fahrt mit öffentlichen Verkehrsmitteln, Sightseer Bus und Kristallwelten-Shuttle, Eintritt in alle Museen und Sehenswürdigkeiten sowie eine Berg- und Talfahrt mit jeder der 7 Bergbahnen, Preise: 24 h/31 €, 48 h/39 €, 72 h/45 €.

Von Innsbruck geht die Fahrt westlich weiter durch das Oberinntal in Richtung Vorarlberg.

Die Schwarzen Mander bewachen das leere Maximiliansgrab in der Hofkirche.

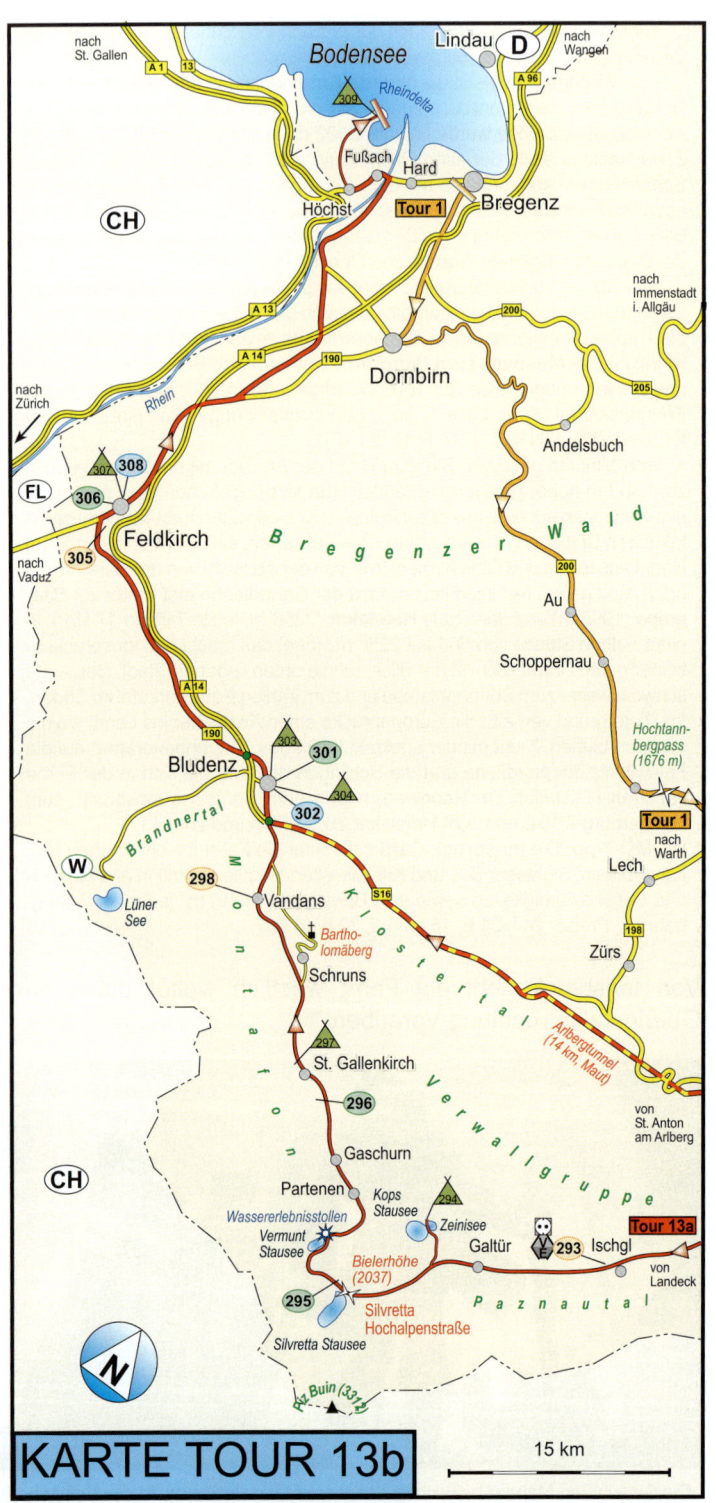

KARTE TOUR 13b

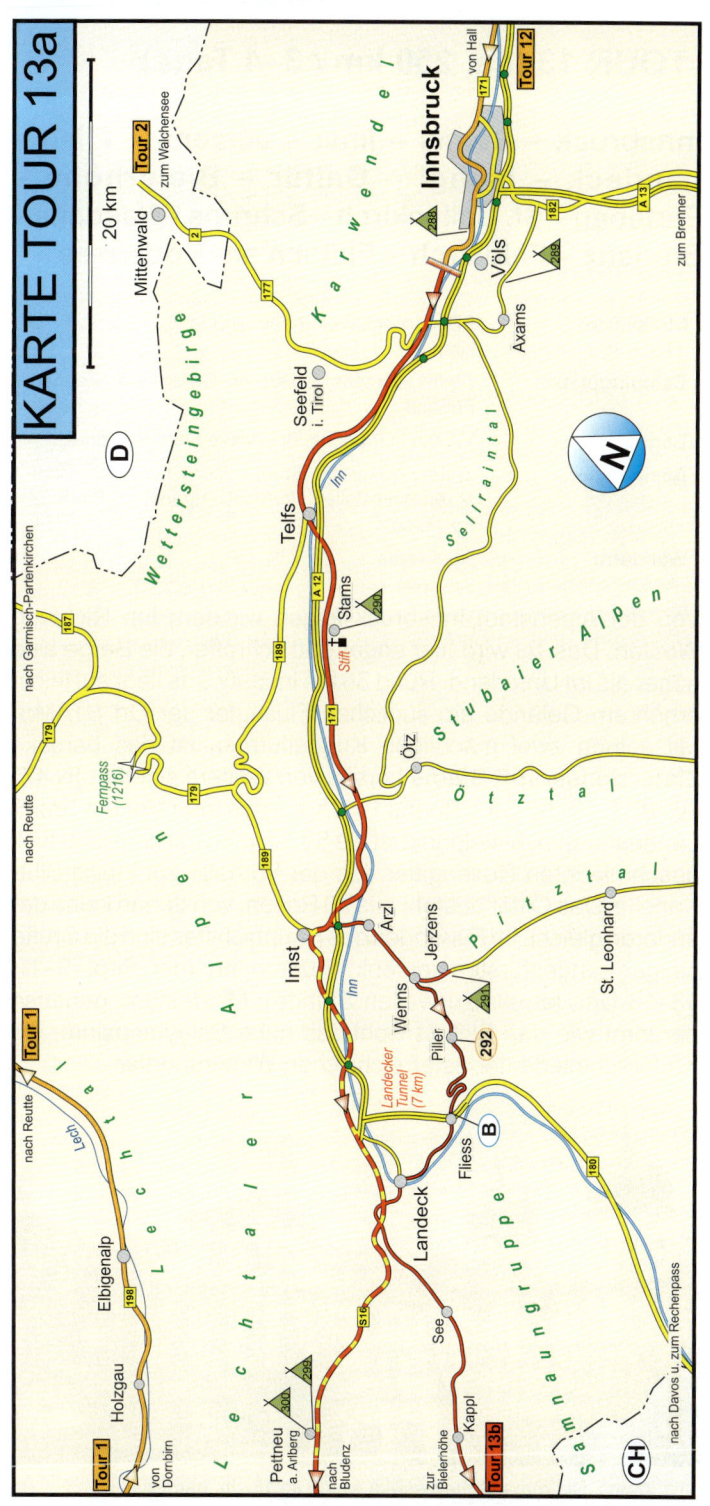

Vom Inntal auf der Silvrettastraße ins Rheindelta 261

TOUR 13 (ca. 250 km / 3–4 Tage)

Innsbruck – Stams – Imst – Jerzens – Fließ – Landeck – Ischgl – Galtür – Bielerhöhe – Partenen – St. Gallenkirch – Schruns – Vandans – Bludenz – Feldkirch – Fußach am Bodensee

Stellplätze:	Piller, Ischgl, Bielerhöhe, Vandans, Bludenz, Feldkirch.
Campingplätze:	Stams, Jerzens, Galtür, St. Gallenkirch, Pettneu, Fußach.
Baden:	Val Blu in Bludenz, Bodensee beim Rohrspitz.
Besichtigen:	Zisterzienserstift Stams, Burg Landeck, Wassererlebnisstollen Vermunt, Alpenstadt Bludenz, Feldkirch.
Wandern:	Rheindelta.

Von der Alpenstadt Innsbruck folgen wir dem Inn Richtung Westen. Das Tal wird hier enger und schroffer, die Berge sind höher als im Unterland. Rund 36 km innaufwärts liegt auf leicht erhöhtem Gelände am südlichen Flussufer der Ort STAMS. Mit seinen zwei mächtigen Kuppeltürmen ist das barocke **Zisterzienserstift Stams** bereits von Weitem sichtbar [N 47° 16′ 46″ E 10° 58′ 58″]. Bis ins 16. Jh. begrub man hier die Tiroler Landesfürsten. Mittelpunkt ist die Stiftskirche mit dem kunstvoll geschmiedeten Rosengitter von der Vorhalle zur Heilig-Blut-Kapelle. Das Gitter besteht aus 80 Rosen, von denen keine der anderen gleicht. Im Fußboden des Hauptschiffes sind die Grüfte einiger Landesfürsten versenkt (Führungen Juni–Sept. 9–11, 13–16 Uhr, jeweils zur vollen Stunde). Mindestens genauso berühmt wie das Stift ist wohl das nahe Skigymnasium, die Kaderschmiede der österreichischen Wintersportler.

Stift Stams: Die romanische Basilika wurde im 18. Jh. barockisiert.

Direkt oberhalb des Stiftes liegt der Camping Eichenwald in schöner Aussichtslage.

(290) WOMO-Campingplatz-Tipp: Stams/Eichenwald

GPS: N 47° 16′ 31″ E 10°° 59′ 10″; Schießstandweg 10. **offen:** ganzjährig.
Ausstattung/Lage: Teils in einem Eichenwald auf geebneten Terrassen, teils durch jüngere Bäume und Büsche aufgelockerte Wiesenflächen, Standplätze teils geschottert, zwischen Ortsrand und bewaldetem Hang, Blick auf Berge, Ortsrand.
Kontakt: www.tirol-camping.at, Telefon 0043/5263/6159.
Richtpreis: ca. 27 € für WOMO + 2 Erw., V+E, Strom in HS, während der Nebensaison gibt es preiswertere Plätze (20 €) unterhalb des Platzes.
Zufahrt: A12-Ausfahrt Mötz oder Telfs-West, weiter auf der B 171, zum Stift abzweigen, noch ca. 1 km, beschildert.

IMST, die nächste Station, war einst wichtiger Haltepunkt an der Straße von Augsburg nach Oberitalien und ist heute Ausgangspunkt für Touren ins Ötztal und Pitztal. In den verwinkelten Gassen fallen uns die vielen Brunnen auf, die vor allem wegen ihrer geschnitzten Figuren zu Sehenswürdigkeiten geworden sind.

3 km südlich von Imst führt die Straße den Inn überquerend ins **Pitztal** hinein. Wir passieren die Orte Arzl und Wenns. Hier ist die Ursprünglichkeit des Tales bis heute erhalten geblieben. Weiter hinten, in Jerzens und St. Leonhard, haben hingegen Massentourismus und Bettenburgen Einzug gehalten. Aber den zwischen Wenns und Jerzens gelegenen naturbelassenen Campingplatz Mountain Camp können wir wärmstens empfehlen.

Wandergebiet Pitztaler Gletscher

(291) WOMO-Campingplatz-Tipp: Jerzens/ Mountain Camp Pitztal

GPS: N 47° 8' 34" E 10° 44' 45"; Niederhof 206.　**offen:** ganzjährig.

Ausstattung/Lage: Leicht unebenes Wiesengelände, Sträucher und niedrige Bäume, am Platzrand ein Fischteich, an einem Fluss und der wenig befahrenen Straße, von bewaldeten Höhen umgeben, nette Betreiber.
Kontakt: www.mountain-camp.at, Telefon 0043/5414/87571.
Richtpreis: ca. 29 € für WOMO + 2 Erw., V+E, Strom im Sommer.

Zufahrt: An der Straße zwischen Wenns (dort beschildert) und Jerzens, beim Sägewerk rechts abzweigen, kurzer Abschnitt mit 12 % Gefälle. Im Navi den Ort Wenns angeben. Die Anfahrt über Leins und Wald ist nicht zu empfehlen.

Zurück im hübschen Ort Wenns biegen wir links ab nach Piller. Mitten im Dorf liegt direkt an der Durchgangsstraße das Gasthaus Sonne, welches auf seinem Gästeparkplatz fünf Stellplätze [**292:** N 47° 8' 10" E 10° 41' 40"; Piller 41, Wenns] zum Übernachten anbietet: 5 € pro WOMO und Nacht, bei Einkehr gratis. Hier wollen wir freilich nicht übernachten.

Nach weiteren 4 km bergauf erreichen wir die Pillerhöhe (1558 m) mit einer tollen Aussicht. Das nahe gelegene Naturparkhaus am Gachenblick [N 47° 6' 59" E 10° 40' 5"] bringt Ihnen die Tier- und Pflanzenwelt des Naturparks Kaunergrat näher. Steil hinab kurven wir ins **Oberinntal** und erreichen FLIESS, das sich malerisch an einen Sonnenhang schmiegt. Überragt wird der Ort von der alten Pfarrkirche mit spitzem Turm und der neuen Pfarrkirche mit Doppelturmfassade. Im Ort ist auch schon das etwas außerhalb gelegene schöne Freibad ausgeschildert, das wir über ein enges Sträßchen erreichen. Daneben ein Tennisplatz und ein Parkplatz [N 47° 7' 19" E 10° 36' 47"]: Der bietet sich durchaus zum geruhsamen Verweilen an.

Hinter Fließ folgt die Straße dem Inn nach LANDECK. Südlich der Stadt steht **Burg Landeck** (um 1200) auf dem hochragenden Felsen über dem Fluss. Die Burg beherbergt eines der besten Heimatmuseen des Landes [N 47° 8' 7" E 10° 34' 8"].

Hinter Landeck müssen Sie sich für eine von zwei Routen entscheiden: Entweder Sie fahren durch das Paznautal, an dessen hinterem Ende sich die Silvretta-Hochalpenstraße anschließt, die sich in kühnen Kehren nach oben windet bis zum Silvretta-Stausee und zur Bieler Höhe. Weiter folgt man nun rund 40 km lang der Straße durch das Montafon bis nach Bludenz. Oder Sie nehmen von Landeck aus die Arlberg-Schnellstraße, die Sie in Ost-West-Richtung direkt nach Bludenz bringt. Rund 50 Autominuten dauert die Fahrt. Auf beiden Strecken fallen Mautgebühren an.

Vom Frühsommer bis in den Herbst hinein bietet sich die **Fahrt über die Silvretta-Hochalpenstraße** an. Witterungsbedingt ist die Hochalpenstraße nur von ca. Juni bis Oktober geöffnet. Haben Sie sich für diese Variante entschieden, nehmen Sie hinter Landeck die Abzweigung ins **Paznautal**. Am Anfang des Paznautals passieren wir die Orte See und Kappl, die trotz zahlreicher Gästehäuser noch typische Tiroler Bergdörfer sind. In ISCHGL hingegen zeigen überdimensionale Hotelbauten, Bars und unzählige Sportgeschäfte, was hier angesagt ist: Skifahren und Après-Ski bis zum Umfallen im Winter und ein großes Angebot an Funsportarten im Sommer.

(293) WOMO-Stellplatz: Ischgl/Heindalis Camping

GPS: N 46 59′ 21″ E 10° 14′ 47″; Mathoner Straße 5. **offen:** ganzjährig.
Ausstattung/Lage: Plätze an einem Ferien-Appartementhaus, Schotterasen.
Kontakt: www.heindalis.at, Telefon 0043/5444/20116.
Richtpreis: ca. 10–15 € für WOMO + 2 Erw., V+E, Strom. Kurtaxe extra.
Zufahrt: Von Landeck kommend fahren Sie an Ischgl vorbei auf der Silvretta Straße bis nach Mathon, 300 m nach dem Ortsschild von Mathon auf der rechten Seite kommen Sie zum Heindalishof.
Sonstiges: Günstige Lage zum Skibus nach Ischgl und Galtür.

In einer sanften Talmulde liegt, überragt von der Gorfenspitze, das beschaulichere GALTÜR. Etwa 7 km hinter Galtür finden wir direkt am **Zeinissee** einen kleinen, aber feinen und gut ausgestatteten Campingplatz – eingebettet in die zauberhafte Landschaft der Silvretta- und Ferwallgruppe:

(294) WOMO-Campingplatz-Tipp: Galtür/Haus Zeinissee Camping

GPS: N 46 58′ 41″ E 10° 7′ 38″; Zeinisjoch. **offen:** Juni–Okt.
Ausstattung/Lage: Ebenes Gelände am Ufer des Zeinissees, Kiesplätze mit Wiese, beheizte Dusch- und WC-Anlagen mit Waschmaschine und Trockner, Restaurant direkt nebenan, Brötchenservice.
Kontakt: www.camping-galtuer.at, Telefon 0043/5443/8562.
Richtpreis: ca. 23 € inkl. Duschen mit Warmwasser, Toiletten, Frischwasser, Müllentsorgung, Bio-WC-Entsorgung (ohne chemische Zusätze), Stellplatz und die Silvrettacard (u.a. mit mautfreier Benützung der Silvretta-Hochalpenstraße!). Strom und Kurtaxe extra.
Zufahrt: Mautfrei über Silvretta Straße/B 188 aus Landeck, Ischgl, Galtür, Zeinisjoch.

Silvretta-Hochalpenstraße

Nun schlängelt sich die **Silvretta-Hochalpenstraße** die steilen Hänge hinauf. Nicht nur Motorradfahrer schätzen die 22 km lange Gebirgsstraße mit ihren 32 Serpentinen, sondern auch Wohnmobilisten genießen gerne das Alpenpanorama hinter trockenen, windstillen Autoscheiben. Auf 2032 m sind die Bielerhöhe und der Silvettra-Stausee mit seiner 80 m hohen Staumauer erreicht. Der Pass ist nicht nur eine Wasserscheide zwischen Rhein und Donau, er trennt auch Vorarlberg von Tirol und das Montafon vom Paznautal. Um den Busladungen voller Touristen ein wenig zu entgehen, machen wir uns auf zu einer rund 2-stündigen Seeumrundung. Oder Sie steigen kurzerhand in das kleine Motorschiff, um rasch auf die andere Seeseite zu gelangen und spazieren um den halben Silvrettasee zurück zum Parkplatz. Dabei begleiten die Ausblicke auf schnee- und eisbedeckte Berggipfel rundherum – darunter mit dem **Piz Buin** der höchste Gipfel Vorarlbergs mit 3312 m. Leider ist die Sonnencreme, die nach ihm benannt ist, in manchen Ländern fast

Unter dem Bieler Kopf (2389 m) liegt der Silvretta-Stausee.

Bielerhöhe

berühmter als der Berg selbst. Die Fotos von seinen imposant aufragenden Spitzen bekleiden nicht umsonst Wohnzimmerwände von Berlin bis Tokio.

(295) WOMO-Wanderparkplatz: Bielerhöhe

GPS: N 46° 55′ 8″ E 10° 5′ 22″; Bielerhöhe   **max. WOMOs:** >5.
Ausstattung/Lage: Abfallbehälter, Toiletten am Bus-Parkplatz / großer Schotter-Parkplatz, Ausgangspunkt für Wanderungen und Bergtouren.
Zufahrt: Im Text beschrieben.

Am nächsten Morgen verlassen wir die Bielerhöhe, vorbei geht's am Vermunt-Stausee und nach einigen Kehren sehen wir den Eingang zum **Wassererlebnisstollen**. Etwa 100 m vorher ist ein Parkstreifen auf der linken Straßenseite. Der ehemalige Transportstollen führt 1,5 km durch das Berginnere zur Staumauer des Vermuntsees. Zu Beginn können Sie mittels einem Simulator eine Stollensprengung nachahmen und unterwegs erwartet Sie „Gustav", die sprechende Lokomotive.

Vom Inntal auf der Silvrettastraße ins Rheindelta

In PARTENEN, das im Talschluss der Ill liegt, endet die Silvretta-Hochalpenstraße. Auffällig sind die großen Druckleitungen, die zu den Kraftwerken am Ort führen. Jetzt fahren wir durchs **Montafon**, das das steilste und wildeste der Täler um Bludenz ist. Barocke Kirchen zieren Gaschurn und Gortipohl.

(296) WOMO-Wanderparkplatz: Sankt Gallenkirch/ Gafreschabahn

GPS: N 47° 0′ 52″ E 9 59′ 19″; St. Gallenkirch   **max. WOMOs:** 3-4.
Ausstattung/Lage: WC während Öffnungszeiten des Lifts, Ortsrand.
Zufahrt: Nach dem Ort Gortipohl kommt eine Tankstelle, nach links ist die Gafreschabahn beschildert.

In ST. GALLENKIRCH lässt es sich auf dem Waldcamping Batmund ruhig kampieren. An der Ill, an die der Campingplatz grenzt, können Sie sich gemütlich erholen und dem Rauschen des Baches zuhören.

(297) WOMO-Campingplatz-Tipp: St. Gallenkirch/ Waldcamping Batmund

GPS: N 47° 1′ 47″ E 9 57′ 25″; Silvrettastrasse 65 c.
offen: Anf. Mai–Anf. Nov., Anf. Dez.–Mitte Apr.
Ausstattung/Lage: kleiner Naturcampingplatz, Büsche und alte Bäume, Restaurant 400 m, Freibad Aquarena 900 m, 800 m zum Skigebiet.
Kontakt: www.waldcamping-batmund.com, Telefon 0043/5557/21893.
Richtpreis: ca. 24 € für WOMO + 2 Erw., V+E, Strom in Sommer HS.
Zufahrt: 1,5 km hinter dem Ortszentrum von St.Gallenkirch an der Hauptstraße (ausgeschildert).

Göttliche Aussicht: Holzkapelle am Bartholomäberg bei Schruns

Mehr über das Leben im Montafon zeigt das Heimatmuseum von SCHRUNS. Hier saß im Winter 1926 im Hotel Traube Ernest Hemingway und pokerte mit den Einheimischen. Am Talende liegt VANDANS mit den typischen Walserhäusern mit ihrem Untergeschoss aus Stein und einem Holzaufbau.

(298) WOMO-Stellplatz: Vandans/Golmbahn-Parkplatz P 8

GPS: N 47° 5′ 23″ E 9 52′ 8″; Seilbahnstraße.   **max. WOMOs:** >5.
Ausstattung/Lage: Parkplatz der Seilbahn, in unmittelbarer Nähe zum Stausee, eben, Schotter, 500 m zum Ortszentrum.
Zufahrt: Auf der B 188 nach Vandans, im Ort zur Seilbahn beschildert.

Bis Bludenz ist es jetzt nicht mehr weit. Aber zunächst erklären wir Ihnen den direkten Weg von Tirol nach Vorarlberg: Haben Sie sich also für den direkten Weg von Landeck nach Bludenz (ca. 60 km) entschieden, nehmen Sie die Auffahrt Landeck-West der **Arlberg-Schnellstraße S 16**. Herzstück der Schnellstraße ist der 14 km lange, sondermautpflichtige Arlbergtunnel, in dessen Mitte sich die Landesgrenze zwischen Tirol und Vorarlberg befindet. Suchen Sie einen Campingplatz für die Nacht, dann verlassen Sie die S 16 bei der Ausfahrt Pettneu. Gleich 200 m dahinter kommt links die Zufahrt zum Campingplatz Arlberg mit extra preiswerten Wohnmobilstellplätzen.

(299) WOMO-Stellplatz-Tipp: Pettneu/Camping Arlberg

GPS: N 47° 8′ 41″ E 10° 20′ 15″; Strohsack 235C.　　**max. WOMOs:** >5.
offen: Dez–Ende April, Anfang Mai–Ende Sept.
Ausstattung/Lage: Speziell für Wintercamping konzipierter Platz, ebenes Gelände mit grasbewachsenen, geschotterten Stellflächen, unterhalb der Arlberg-Schnellstraße, auf der anderen Seite die nachts wenig befahrene Bahnlinie, angrenzend Wellnesspark mit Hallenbad, separate WOMO-Stellplätze, Blick auf Berge.
Kontakt: www.camping-arlberg.at, Telefon 0043/5448/22266-0.
Richtpreis: Sommer 15 €, Winter 19 € zzgl. Strom, Taxe und Umweltbeitrag, jedoch ohne jegliche Benützungsmöglichkeit von Dusche oder WC.
Zufahrt: Etwa 200 m von der Ausfahrt Pettneu der S 16 entfernt, der CP ist ausgeschildert (Hallenbad-Camping Arlberg).
Sonstiges: Im Winter gibt's die „Dusche" für WOMOs in einer großzügig bemessenen Waschhalle.
Alternativ kann auch der teurere Campingplatzteil benutzt werden: Privatbadehaus direkt am Platz mit Du, WC, Wasch-, Spülbecken und Heizung.

Wenn Sie weiter über die Bahnschienen und hangaufwärts nach Pettneu fahren, finden Sie am Ortsende einen weiteren Campingplatz:

(300) WOMO-Campingplatz-Tipp: Pettneu/ Arlberg Panorama-Camping

GPS: N 47° 8′ 53″ E 10° 20′ 47″; Sportranch 45A.　　**offen:** ganzjährig.
Ausstattung/Lage: kleiner Campingplatz, parzelliert, auf der Sonnenseite des Stanzertals an einem Berghang gelegen, Splitt und Gras, Ortsrand.
Kontakt: www.arlberg-panoramacamping.at, Telefon 0043/5448/8352.
Richtpreis: ca. 30 € für WOMO + 2 Erw., V+E, Strom in der Sommer HS.
Zufahrt: Von Landeck kommend bei Flirsch (nach dem Strengener Tunnel) von der S 16 abfahren und dann der Panoramastraße Arlberg bis Pettneu folgen, bei der Feuerwehrhalle in Pettneu (gut sichtbar an der Panoramastrasse gelegen) abbiegen, dem leicht abfallenden Zufahrtsweg ca. 100 m folgen, ausgeschildert.

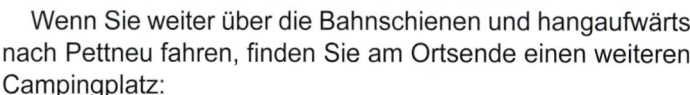

Vom Inntal auf der Silvrettastraße ins Rheindelta

Gässchen in Bludenz

Kurz vor BLUDENZ treffen die beiden Routen „Arlberg Schnellstraße" und „Paznautal/Silvretta-Hochalpenstraße/Montafon" wieder aufeinander.

Einen ersten Eindruck von der Alpenregion um Bludenz ermöglicht die Gondelbahn auf den **Muttersberg**. Von oben schaut man auf die Stadt und in die fünf Täler hinein: Walgau, Brandnertal, Großes Walsertal, Montafon und Klostertal.

(301) WOMO-Wanderparkplatz: Bludenz-Nüziders/ Talstation Muttersbergbahn

GPS: N 47° 9′ 59″ E 9 49′ 14″; Hinterplärsch 5.   **max. WOMOs:** 2–3.
Ausstattung/Lage: am Waldrand, abschüssig, Ortsrand.
Zufahrt: Die Talstation ist nördlich von Bludenz gelegen, innerorts ausgeschildert.

Bludenz: Altstadtbummel

Den Rundgang beginnt man am besten am Westrand der Altstadt, am Josef-Wolf-Platz, unweit des neuen Rathauses, wo sich auch die Touristinformation befindet [N 47° 9′ 24″ E 9 49′ 4″; Werdenbergerstraße 42]. Um das Rathaus gibt es ausreichend Parkmöglichkeiten. Durch die enge Werdenbergerstraße spazieren wir nach Bludenz hinein. Schöne Bürgerhäuser aus dem 18. und 19. Jh. säumen den Weg, obwohl doch manche Reklame und mancher Umbau aus den 1970er-Jahren nicht immer gut getan haben. In der Innenstadt gibt es viele Thementafeln, die über Bau- und Kulturgeschichte von Bludenz Auskunft geben. Wie einzigartig die Lage der Alpenstadt ist, macht der Weg 138 Stufen empor zum Turm der St.-Laurentiskirche klar: Von hier aus schweift der Blick über drei Gebirgsgruppen und fünf Täler. Natürlich gehört diese Turmbesteigung zu jeder Altstadtführung von Bludenz (Mitte Mai–Ende Okt. Fr 10 Uhr am Rathaus, ca. 1,5 Std.). Weitere Stationen dieses Rundgangs sind das gleich neben der Kirche gelegene Schloss Gayenhofen aus der Mitte des 18. Jh.s und die Laubengänge, die heute zumeist Cafés und Geschäfte beherbergen. Einkaufen lässt es sich auch auf dem Gemüse- und Blumenmarkt, der mittwochs und samstags in der Fußgängerzone stattfindet. Natürlich können Sie den Stadtrundgang jederzeit selbst mithilfe des Flyers „Historische Altstadt" (erhältlich bei der Touristinformation) unternehmen.

Regen? Kein Grund für Trübsal: Das **Alpen-Resort Val Blu** mit Frei- und Hallenbad, Saunaland, Fitness-Club und Wellness-Center ist die ideale Lösung.

(302) WOMO-Badeplatz: Bludenz/Val Blu

GPS: N 47° 9′ 25″ E 9 49′ 51″; Stadionstraße.   **max. WOMOs:** 1–2.

Ausstattung/Lage: keine / Besucherparkplatz am Freibad und an der Sportarena, Asphalt, 12 Gehminuten in die Altstadt.
Zufahrt: Innerorts ausgeschildert.
Sonstiges: Komfort liebende Wohnmobilisten sind auf den Campingplätzen „Terrassencamping Sonnenberg [**303:** N 47° 10′ 11″ E 9 48′ 27″; Hinteroferst 12, Nüziders]" und „Camping Seeberger [**304:** N 47° 9′ 42″ E 9 48′ 59″; Obdorfweg 9, Bludenz" richtig.

20 km weiter westlich liegt am Ufer des Flüsschens Ill der reizende Ort FELDKIRCH.

Feldkirch – Stadt mit Schattenburg und Wildpark

Kopfsteinpflaster, enge Gassen, malerische Laubengänge und noble Bürgerhäuser – der Rundgang führt uns direkt in ein mittelalterliches Schmuckstück. Reste von Türmen und Stadtbefestigung zeigen, dass der Ort von jeher wehrhaft und von Bedeutung für Handel und Verkehr in der Region gewesen ist. Der um 1500 erbaute Katzenturm am Hirschgraben, der Pulverturm, das Zeughaus und die mächtigen Stadttore sind Teile der trutzigen Stadtbefestigung.

Zentrum der Altstadt ist der Marktplatz. An seiner östlichen Seite steht die Johanneskirche, ehemals Klosterkirche des Johanniterordens. Vom Marktplatz schlendern wir über die Kreuzgasse am Palais Liechtenstein, wo sich auch die Touristinformation befindet, vorbei zum spätgotischen **Dom St. Nikolaus**. Der Dom besitzt drei wertvolle Seitenaltäre mittelalterlicher Meister und im Kontrast dazu leuchtende Buntglasfenster eines zeitgenössischen Künstlers.

Über den Dächern der Stadt Feldkirch thront die Schattenburg.

Über der Stadt erhebt sich die **Schattenburg**, im 13. Jh. von den Grafen Montfort errichtet und die einzige nicht zerstörte mittelalterliche Burg im Vorarlberger Rheintal. Der Bergfried ist für Besucher geöffnet und ermöglicht einen atemberaubenden Blick über die Stadt. In der Schlosswirtschaft muss man die Schattenburgschnitzel mit den königlichen Ausmaßen einfach einmal probiert haben. Auf dem gebührenpflichtigen Parkplatz [**305:** N 47° 14′ 12″ E 9 36′ 3″; Göfiser Straße] können Sie fallweise auch über Nacht stehen bleiben, ein Verbotsschild haben wir noch nicht entdeckt.

Außerhalb der städtischen Bebauung wurde auf dem Ardetzenberg der Erholungswald angelegt, der sich geradezu für schöne Ausflugsstunden anbietet. Auf dem Waldlehrpfad erklären 70 Tafeln, wie es im Wald zugeht und wie er auf das Klima und die Böden wirkt. Die größte Anziehungskraft im Gelände dürften aber – v.a. auf die kleineren Besucher – die Tiere im **Wildpark** ausüben. 160 Tiere insgesamt aus 18 verschiedenen Arten leben im Park. Das Beste freilich ist der große Wanderparkplatz am Waldrand: viel Grün rundherum, Schatten spendende Bäume – Ruhe und Idylle wie man es gerne hat.

(306) WOMO-Wanderparkplatz: Feldkirch/Wildpark

GPS: N 47° 14′ 34″ E 9 35′ 41″; Weinberggasse.   **max. WOMOs:** 2-3.

Ausstattung/Lage: In Terrassen angelegter geräumiger Parkplatz, über der Stadt gelegen, Sand und Splitt, hohe Bäume, im Grünen, leicht schräg und uneben, ruhig, idyllisch; über die Himmels- und Weinbergstiege geht's zu Fuß in wenigen Minuten steil in die Altstadt hinunter.

Zufahrt: Von Bludenz ins Zentrum fahren, noch vor dem Ardetzenbergtunnel links den grünen Schildern zum Wildpark folgen; die Zufahrt ist teilweise eng und steil.

Als Alternative und für große WOMOs leichter anzufahren, bietet sich der Campingplatz am Waldbad an.

(307) WOMO-Campingplatz-Tipp: Feldkirch-Gisingen/ Waldcamping

GPS: N 47° 15′ 29″ E 9 35′ 0″; Stadionstraße 9.
offen: Ende März–Ende Okt.
Ausstattung/Lage: Platz der Gemeinde, ebenes Wiesengelände mit hochstämmigem Baumbestand sowie ein schattenloser Bereich, Freibad angrenzend, viele Dauercamper, Ortsrand.
Kontakt: www.campingplatz-innsbruck.at, Telefon 0043/5122/79558.
Richtpreis: ca. 28 € für WOMO + 2 Erw., V+E, Strom, Freibadeintritt in HS.
Zufahrt: Vom Zentrum Feldkirch durch den Tunnel und gleich danach bei der Tankstelle rechts in die Hammerlestraße, dann im Kreisverkehr 2. Ausfahrt abbiegen, dann noch ca. 200 m; das Stadion, das Waldbad und der CP sind ausgeschildert; ca. 150 m vor dem CP liegt direkt vor dem Waldbadstadion ein länglicher Parkplatz, der sich gegebenfalls zum Nächtigen eignet [**308:** N 47° 15′ 24″ E 9 35′ 2″].

Die Fahrt führt weiter zum letzten Ziel unserer Rundfahrt: nach Norden, vorbei an Dornbirn ins **Rheindelta**. Die Welt aus Land und Wasser an der Mündung des Rheins in den Bodensee ist eine Oase, in der die Natur das Sagen hat. Feuchtwiesen, weite Schilfflächen, schöne Badewiesen und Wasserläufe formen ein Rückzugsgebiet für mehr als 300 Vogelarten. Der Zutritt ist für Menschen erlaubt, sie müssen sich aber an strenge Regeln halten. Parken dürfen Sie nur auf den ausgewiesenen Flächen; Streuwiesen sowie Schilfröhricht dürfen nicht betreten werden. Ein guter Parkplatz ist der beim Jachthafen Salzmann, von wo aus ein schöner Weg nach vorne zum Rohrspitz führt. Gleich dabei der Campingplatz, der zum großen Teil von Dauercampern belegt ist. Aber es gibt eine separate Wiese mit Touristenplätzen. Hier verbringen wir unsere letzte Nacht, bevor wir uns auf den Heimweg begeben.

(309) WOMO-Campingplatz-Tipp: Fußach am Bodensee/ Camping Salzmann Rohrspitz

GPS: N 47° 29′ 50″ E 9 37′ 53″; Rohr 1. **offen:** 1.4.-15.1.
Ausstattung/Lage: Für WOMOs kleines Wiesengelände neben dem Parkplatz, eben, ruhig, idyllisch, außerorts.
Kontakt: www.salzmann.at, Telefon 0043/55787/75708.
Richtpreis: ca. 21–25 € für WOMO + 2 Erw., V+E, Strom, Kurtaxe in HS.
Zufahrt: Auf der E 43/L 202 über Hard und Fußach nach Höchst, beim Kreisverkehr in Höchst und bei der Ampel gerade aus, nach ca. 1 km dem Straßenschild „Rohrspitz" nach rechts folgen und der Beschilderung nach bis an den See fahren, beim blauen Parkschild rechts bis zum Parkplatz Salzmann vorfahren.
Sonstiges: hauseigener Badestrand, Ausflugslokal, Wanderwege,

Unsere Rundfahrt durch Österreichs Westen endet hier am sicherlich einsamsten Ufer des Bodensees, und wir sagen zum Abschied leise Servus.

Die Welt aus Land und Wasser an der Mündung des Rheins ist ein Naturjuwel.

Tipps und Infos

Einreisebestimmungen

Für Urlauber aus Deutschland oder der Schweiz genügt für einen Aufenthalt bis zu 3 Monaten der gültige oder seit maximal einem Jahr abgelaufene Reisepass oder der gültige Personalausweis. Kinder unter 16 Jahren müssen Kinderausweis, Kinderreisepass oder Personalausweis mit sich führen.

Führerschein und Fahrzeugschein nicht vergessen. Die Internationale Grüne Versicherungskarte wird empfohlen, da sie als Versicherungsausweis dient und bei einem Unfall die Abwicklung erleichtert.

Freie Übernachtung/Stellplätze

Wir praktizieren das einmalige Übernachten in Österreich auf Parkplätzen seit Jahren problemlos. Wenn Sie sich an die üblichen Spielregeln halten, werden Sie kaum Unannehmlichkeiten haben. Darunter verstehen wir Rücksichtnahme auf Privatbesitz, Sauberkeit, Vermeidung von Lärm sowie Beachtung von Verboten jeglicher Art. Oft genügt schon ein freundliches Wort mit den Einheimischen und Sie sind ein willkommener Gast. Fragen Sie lieber ein Mal zuviel als zu wenig. Sie sollten nicht vor einem Hotel, einer Pension oder vor einem Campingplatz übernachten, außer es ist explizit erlaubt.

Wer an freies Camping denkt, also an eine Übernachtung außerhalb der offiziellen Stell-und Campingplätze, hat oft zwiespältige Gefühle. Einerseits möchte man das ungeregelte Leben genießen und an Stellen bleiben, die einem gerade gefallen oder die einem von diesem WOMO-Reiseführer vorgeschlagen werden. Andererseits hat man Angst, etwas Verbotenes zu tun. Und genauso ist manchem bange, wenn er allein auf einem idyllischen Stellplatz in dunkler Nacht parkt. Uns stört es aber nicht, unser WOMO auf einem einsamen Waldparkplatz oder einem still verschwiegenen Badeplatz an einem See abzustellen und dort zu übernachten.

Die in diesem Buch verwendeten Begriffe „WOMO-Stellplatz, WOMO-Picknickplatz, WOMO-Badeplatz sowie WOMO-Wanderparkplatz" sind also so zu verstehen, dass eben nicht nur „offizielle" Stellplätze beschrieben werden, sondern vor allem auch schöne Parkplätze ohne weitere wohnmobilspezifische Ausstattung, die aber ein Freizeitangebot wie Besichtigung, Wandern und Baden bieten. Auf diesen einfachen Plätzen z.B. im Wald, an einem See, neben einem Schwimmbad oder einem Museum ist zumeist eine einmalige Übernachtung erlaubt oder geduldet.

In Tirol (sowie in Wien) ist freies Nächtigen im WOMO auf Parkplätzen generell verboten. Hier sollten Sie einen Campingplatz ansteuern. Andere Bundesländer sind nicht so strikt. Ebenso sollten Sie in Orten, wo schon am Ortseingang Verbotsschilder aufgestellt sind, den Zündschlüssel wieder umdrehen – und sich ein anderes Revier suchen. Aber auch in Landschaftsschutzgebieten – also vor allem in der Nähe von Seen – existieren zahlreiche Einschränkungen.

Wildes Campieren ist in Österreich nicht erlaubt - aber auch nicht nötig, denn das Land bietet eine enorme Zahl von gut ausgestatteten Campingplätzen, die sich zumeist in landschaftlich besonders hübschen Lagen befinden.

Offizielle Stellplätze sind in Österreich nur spärlich vorhanden.

Campingplätze

Österreich besitzt ein dichtes Netz von ca. 500 Campingplätzen, von denen einige ganzjährig betrieben werden. Wir haben für dieses Buch eine Reihe von Campingplätzen ausgesucht, auf denen WOMOs ausdrücklich willkommen sind. Manchmal verfügen sie über eigene Areale außerhalb des Campingbetriebes und in der Regel aktzeptieren sie Gäste für nur eine Nacht.

Zunehmend werden komfortable Plätze mit Ver- und Entsorgung an jeder einzelnen Parzelle angeboten.

Österreich zählt zu den günstigen Camper-Ländern Europas, die Campingplatzgebühren sind etwas höher als in Deutschland. Im Durchschnitt zahlen Sie ca. 31 € für je eine Übernachtung von 2 Erwachsenen und 1 Kind inklusive Nebengebühren und Kurtaxe. Wir haben natürlich nicht alle Campingplätze aufgenommen, sondern sehen sie als Alternative zu nicht vorhandenen Stellplätzen.

Autobahngebühren, Vignette, GO-Mautsystem

In Österreich sind sämtliche Autobahnen und Schnellstraßen gebührenpflichtig. Die Preise sind im internationalen Vergleich moderat. Die Nichteinhaltung der Vignettenpflicht hat empfindliche Bußgelder zur Folge. Besorgen Sie sich rechtzeitig eine **Vignette** (gilt für WOMOs bis 3,5 t) – oder Pickerl, wie sie umgangssprachlich heißt –, die für die gesamte Zeit Ihres Aufenthalts gültig ist. Vignetten gibt es mit Gültigkeit für 1 Jahr, für 2 Monate und für 10 Tage. Lassen Sie die Vignette für den Tag entwerten, an dem Sie zum ersten Mal die Autobahn benutzen. Die Vignette muss unbedingt am Rand der Windschutzscheibe oder im Bereich des Rückspiegels angebracht sein.

Für Kfz über 3,5 t (also auch schwere WOMOs) wird die Maut auf sämtlichen Autobahnen und Schnellstraßen mit der sogenannten **GO-Box** elektronisch berechnet. Die Höhe der Maut richtet sich nach gefahrenen Kilometern, Anzahl der Achsen und Schadstoffemision. Auskünfte zur GO-Box gibt es beim ASFINAG Service Center unter Tel. 0800 400 12 400 (gebührenfrei) bzw. unter www.go-maut.at oder www.asfinag.at.

GPS/Navigation

Inzwischen gehört die Navigation per GPS-Gerät zum Alltag und wird nahezu in jedem WOMO genutzt.

Wir haben in diesem Reiseführer alle Orte von Bedeutung (und natürlich alle Übernachtungsplätze) mit Geokoordinaten (Grad° Minuten' Sekunden"), also z.B. N 47° 24' 20" E 9° 43' 27" versehen. Diese müssen Sie nur noch manuell in Ihr Navigationsgerät eintippen. Alle modernen GPS-Geräte akzeptieren dieses Format, gegebenfalls muss das Eingabeformat in den Einstellungen des Gerätes aber erst eingestellt werden. Leider akzeptieren manche Geräte nur Eingaben von Adressen – und Park- und Stellplätze haben nun einmal nicht immer eine Adresse. Um Fehler bei der Eingabe zu vermeiden, verwenden Sie die vom WOMO-Verlag angebotene **„GPS-CD zum Buch"** – und die Koordinaten aller Plätze werden via PC auf das Navigationsgerät überspielt. Eine sehr gute Hilfe zu diesem Thema bietet auch das Buch "Multimedia im Wohnmobil" unseres Autoren-Kollegen Andreas Kalmbach aus dem WOMO-Verlag.

Auf unseren Recherchetouren hat uns ein Navigationsgerät von TomTom sicher zu unseren Zielen geführt. Empfehlenswert sind auch die Garmin-Geräte.

Klima und Reisezeit

Österreich hat ein kühl gemäßigtes Klima alpiner Prägung, entsprechend seiner Lage am Südostrand Mitteleuropas und der gebirgigen Natur des Landes. Nach Osten nimmt das Klima zunehmend kontinentale Züge an.

Grundsätzlich hat Österreich immer Saison! Die beste Reisezeit für die Voralpen ist von Mitte Mai bis Anfang Juli, für das Hochgebirge neben Juli und August auch der September, der meist beständigeres Wetter und klare Sicht bringt. Für Städtetrips eignet sich der milde Frühsommer. Für Wanderungen im Mittelgebirge sind Mai, Juni und September geeignet. Im Hochsommer zieht es Wasserratten an die Seen Kärntens und des Salzkammerguts. In den höheren und mittleren Lagen liegt meist monatelang Schnee, sodass Wintersportfans auf ihre Kosten kommen. In einigen Gebieten ist auch Sommerskilauf möglich.

All-Inclusive-Ermäßigungskarten

Dieser WOMO-Führer führt Sie zu vielen Sehenswürdigkeiten, die sich lohnen besichtigt zu werden, die aber auch ins Geld gehen. Damit die österreichische Kulturlandschaft bei der intensiven Besichtigungstour trotzdem besucht werden kann, bieten die meisten Ferienregionen sowie großen Städte mehrtägige All-Inclusive Cards an. Diese berechtigen zum kostenlosen oder verbilligten Eintritt zu vielen Sehenswürdigkeiten, Nutzung der öffentlichen Busse, Fahrten mit Bergbahnen etc. Verkaufsstellen sind unter den angegebenen www-Adressen zu finden.

Kärnten Card – www.kaerntencard.at
Die Kärnten Card (gibt's für 1, 2 oder 5 Wochen) öffnet z.B. die Türen zu über 100 Ausflugszielen in Kärnten, die man beliebig oft besuchen kann. Außerdem gibt´s bei über 60 Bonuspartner Ermäßigungen.

Salzburg Card – www.salzburg.info
Man genießt freien Eintritt in alle Sehenswürdigkeiten der Stadt, freie Fahrt mit den öffentlichen Verkehrsmitteln inkl. Festungsbahn und Salzach-Schiff sowie attraktive Ermäßigungen beim Besuch kultureller Veranstaltungen und Vergünstigungen bei vielen Ausflugszielen.

SalzburgerLand Card – www.salzburgerland.com
Die SalzburgerLand Card passt sich als 6- oder 12-Tageskarte Ihrer Urlaubsdauer an. 24-Stunden Salzburg-Card inklusive.

Innsbruck Card – www.innsbruck.info
Die Innsbruck Card öffnet Ihnen kostenlos die Tür zu allen Museen und Sehenswürdigkeiten der Region. Auch der Münzerturm in Hall sowie die Swarovski Kristallwelten in Wattens sind mit enthalten.

Die schönsten Bergstraßen

Zwischen Salzburger Land und Kärnten bzw. Osttirol gibt es im Sommer keine Alternative zu einer der spektakulärsten Routen des Landes: der **Großglockner Hochalpenstraße** (S. 238).

Die kurvenreiche Straße über den **Gerlospass** in Tirol führt vom Zillertal in die Hohen Tauern, vorbei an den beeindruckenden Krimmler Wasserfällen (S. 248).

Die **Silvretta Hochalpenstraße** zwischen Vorarlberg und Tirol ermöglicht wunderbare Aussichten auf Bergriesen und Gletscher wie den Piz Buin (S. 266).

Entlang der 16 km langen **Villacher Alpenstraße** öffnen sich immer wieder grandiose Ausblicke auf Villach, die Karawanken, die Julischen Alpen und das größte Bergsturzgebiet der Ostalpen an der Südflanke des Dobratsch (S. 210).

Landkarten

Unsere den Touren vorangestellten Karten ersetzen keine Straßen- oder Wanderkarten und sollen Ihnen lediglich bei der Orientierung helfen.
 Wir haben gute Erfahrungen mit der Österreich-Karte von Michelin gemacht (1:400.000, gibt's beim WOMO-Verlag).
 Empfehlenswert ist außerdem das preiswerte Kartenset von Marco Polo mit landschaftlich schönen Strecken und Sehenswürdigkeiten: „Österreich & Südtirol (6 Detailkarten auf 3 Doppelblättern, 1:200.000).
 Für Wanderfreunde sind die Karten aus dem Kompass-Verlag erste Wahl.

Literatur

Ein wichtiges Buch über Österreich haben Sie schon – den WOMO-Führer, gute Karten haben wir Ihnen auch bereits empfohlen. Natürlich kennen wir Ihre speziellen Urlaubsinteressen nicht. Wir können Ihnen aber zu Büchern raten, ohne die wir in Österreichs Westen nicht auskommen:

Als Grundausstattung empfehlen wir Ihnen die beiden Baedeker-Führer „Österreich" und „Salzburger Land" . Ebenso empfehlenswert sind die handlichen Polyglott on Tour Büchlein „Österreich", „Salzburg – Stadt und Land" und „Steiermark". Besonders ans Herz legen wir Ihnen den Band „Salzburg & Salzkammergut" aus dem Michael Müller Verlag. Er behandelt eingehend alle Bereiche der Reise.

In den Tourist-Informationen gibt es zusätzlich eine Fülle von Broschüren und Prospekten. Lassen Sie sich doch von den freundlichen Mitarbeitern Vorschläge für die Freizeitgestaltung machen und vergessen Sie nicht, sich einen (kostenlosen) Stadtplan geben zu lassen.

Essen

In Jahrhunderten von Völkerwanderung und Vielvölkermonarchie haben die unterschiedlichen Kulturen ihre kulinarischen Spuren hinterlassen.

In Vorarlberg ist eine deftige, bäuerliche Küche zu Hause, wie man sie auch in Schwaben oder im Allgäu kennt: Käsknöpfle oder Käspatzen werden aus Nudelteig gemacht, der nach dem Kochen mit Käse vermengt wird.

Auch die traditionellen Gerichte in Tirol waren ursprünglich nahrhafte und preiswerte Mahlzeiten für schwer arbeitende Bergbauern, wie Tiroler Gröschtl, ein Pfannengericht aus Kartoffeln, Zwiebeln, Rindfleisch und Speck.

Auch in Kärnten wird deftig gekocht: Frigga besteht aus Speck, Käse und Polenta und dokumentiert den Einfluss des Friaul.

Im Salzburger Land sollte man Schöpsernes, einen Auflauf mit Hammelfleisch, Kraut, Kartoffeln und Zwiebeln, probieren.

Süßspeisen nennt man in Österreich Mehlspeis'. Berühmt sind die Salzburger Nockerl, ein leichtes Gebäck aus Eischneemasse. Der Kaiserschmarrn ist deshalb kaiserlich, weil der gezupfte Pfannkuchenteig für Kaiser Franz Joseph auch mit Rosinen verfeinert wurde.

Gas

Österreichische Tauschflaschen entsprechen den deutschen, Tauschen ist daher kein Problem. Schlecht dran sind Besitzer von Tankflaschen wegen des dünnen Versorgungsnetzes. In ganz Österreich finden sich nur 10 Autogas-Abfüllstationen an Tankstellen an den Autobahnen.

Ver- und Entsorgung

Campingplätze bieten natürlich alle Ver- und Entsorgungsmöglichkeiten, häufig (gegen Gebühr) auch für durchreisende Wohnmobilisten. Reine Stellplätze mit entsprechender Ausstattung sind in Österreich eher selten anzutreffen.

Telefonieren

Von Deutschland/Schweiz nach Österreich: 0043 + Ortskennziffer ohne die „0" + Teilnehmernummer.
Von Österreich nach Deutschland: 0049 + Ortskennziffer ohne die „0" + Teilnehmernummer.

Tanken

Diesel ist in Österreich etwa 10 ct billiger als in Deutschland.

Stichwortverzeichnis

A

Abersee 129
Achenkirch 39
Achenpass 38
Achensee 38
Achenseebahn 41
Admont 162
Afritzer See 215
Aigen 160
Almsee 123
Almtal 122
Alpen Wildpark Feld am See 216
Altausseer See 149
Altenmarkt im Pongau 169
Altersberg 220
Altmünster 120
Ammersattel 25
Ampflwang 116
Andelsbuch 16
Aqualux-Therme 178
Arnsdorfer Wallfahrtskirche 99
Aschauerweiher 81
Attersee 112, 114
Au 17
Ausseerland 137
Aussichtsberg Wank 31
Aussichtsturm Göblberg 116

B

Bad Aussee 148
Bad Goisern 138
Bad Ischl 134
Bad Kleinkirchheim 216
Bad Mitterndorf 153
Bad Reichenhall 82
Bad Tölz 36
Benediktinerabtei St. Lambrecht 177
Benediktinerinnenstift St. Georgen 192
Benediktinerkloster Michaelbeuern 99
Benediktinerstift Admont 162, 163
Berchtesgaden 78
Berchtesgadener Land 77
Bergbaumuseum Fohnsdorf 178
Bergbaumuseum Knappenberg 184
Bezau 16
Bielerhöhe 266
Bischofshofen 63, 67
Bischofswiesen 81
Blaa-Alm 151
Bludenz 270
Bödele 14
Bodensee 9
Bregenz 9
Bregenzerwald 14
Bregenzwald-Museumsbahn 17
Brennsee 215
Bruck 241
Bruck a. d. Großglocknerstraße 241
Buchau 40
Burg Ehrenberg 23
Burg Hochosterwitz 192
Burg Hohenwerfen 70
Burg Landeck 264
Burg Landskron 214
Burg Mauterndorf 171
Burg Rothenfels 177
Burgruine Finkenstein 207
Burgruine Wolkenstein 160
Burg Strechau 165
Burg Unterfalkenstein 233

C

Chiemgau-Arena 53
Cumberland Wildpark Grünau 123

D

Dachsteinhöhlen 146
Dachsteinstraße 168
Deutsche Alpenstraße 52
Dienten 61
Dobratsch 210
Dorfbeuern 99
Dornbirn 13
Dürrnberg 76

E

Eben im Pongau 169
Ebensee 125, 126
Egelsee 72
Eisriesenwelt bei Werfen 68
Elbigenalp 18
Elli Riehls Puppenwelt 214
Erlebnispark Fantasiana 105

F

Faaker See 206
Fall 37, 38
Familien-Erlebnispark Urzeitwald 140
Feld am See 215
Feldkirch 271
Ferlach 199
Filialkirche Gebertsham 102
Filzmoos 169
Finkenstein 207
Flachgau 98
Fließ 264
Fohnsdorf 178
Forchach 20
Förchensee 53
Freilassing 90
Freilichtmuseum Glenleiten 36
Freizeitpark Ruhpolding 54
Friesach 186
Fuchspalast 191
Fügen 249
Fußach am Bodensee 273

G

Gaischtpass 21
Gaishorn 164
Galtür 265
Garmisch-Partenkirchen 31
Gebertsham 103
Geierwally 18
Gerlospass 248
Gletschergarten 55
Gmünd 221
Gmunden 120
Goldeck 226
Goldegg 66
Golling 72
Gollinger Wasserfall 73
Gosau 139
Gosauseen 141
Gosautal 139
Gosauzwang 139
Grabensee 100
Grimmingtherme 153
Gröbming 166
Großeck-Speichereck 171
Großglockner Hochalpenstraße 238
Großgmain 86
Grünau 122, 124
Grundlsee 151
Gurk 188
Gurktal 187
Gustav-Klimt-Zentrum 115
Gustav-Mahler-Komponierhäuschen 118, 201
Gut Aiderbichl 104

H

Haldensee 21
Hallein 73
Hall in Tirol 253
Hallstatt 142
Hallstätter See 137
Häselgehr 20
Heidi-Alm am Falkertsee 217
Heiligenblut 237

Heinrich-Harrer-Museum 183
Heiterwang 23
Heiterwanger See 23
Henndorf 104
Herzogstuhl 195
Hittisau 15
Hochkönig 60
Hochtannbergpass 17
Hödenauer See 47
Hollersbach 245
Holzknechtmuseum 53
Hörbranz-Lochau 9
Hüttenberg 182

I

Innsbruck 256
Inzell 55
Irdning 159
Irrsee 108
Isar-Hochtal 37
Ischgl 265

J

Jenbach 41, 249
Jerzens 263
Judenburg 179

K

Kaiserau 164
Kaisertalweg 47
Kaprun 244
Kapruner Tal 244
Kärnten Therme 208
Kärntner Freilichtmuseum 196
Karwendel 34
Käsehaus in Andelsbuch 15
Käsestraße Bregenzerwald 15
Keltendorf 76
Kiefersfelden 47
Kinderland Schindlbach 124
Klagenfurt am Wörther See 196

Klais 32
Klosterdorf Benediktbeuern 36
Kloster Ettal 30
Knappenberg 184
Kohlebrecher Buchleiten 117
Kolbnitz 230
Kölnbrein Stausee 224
Königssee 79, 80
Koppenbrüllerhöhle 147
Koppenpass 148
Köstendorf 103
Kraiger Schlösser 189
Kramsach 42
Kreuzeckbahn 232
Krimml 247
Krimmler Wasserfälle 247
Krippenstein 146
Krummsee 42
Krün 35
Kuchl 73
Kufstein 45
Kulm 155

L

Landeck 264
Langbathsee 125
Längsee 192
Laubau 53
Lech 17
Lechtal 18
Liechtensteinklamm 65
Lienz 235
Liesertal 219
Liezen 161
Lochau 10
Lödensee 53
Lofer 57
Lokpark 116
Lokwelt Freilassing 90
Loser-Panoramastraße 151
Lungau 171

M

Magdalensberg 193

Maiskogelbahn 244
Malta 222
Malta-Hochalmstraße 222
Maltatal 223
Märchenwandermeile 220
Maria Alm 60
Maria Pfarr 173
Maria Saal 195
Maria Wörth 203
Marzoll 83
Mattsee 101
Maurach 40
Mauterndorf 171
Millstatt 219
Millstätter See 219
Mittenwald 32
Mittersee 53
Mittersill am Großvenediger 245
Mitterweißenbach 126
Möllbrücke 230
Mölltal 230
Mondsee 109, 110
Montafon 268
Mühlbach 61
Murau 175
Museumsfriedhof 43
Museumsfriedhof Kramsach 44

N

Nationalparkzentrum Hohe Tauern 245
Natterer See 257
NaturLesePark Neumarkt 182
Naturpark Grebenzen 181
Neukirchen am Großvenediger 246
Neumarkt 181
Nußdorf 113

O

Oberammergau 29
Oberau 78
Oberndorf 99
Obersalzberg 79
Obertauern 171
Obertraun 145
Obertrumer See 101
Obervellach 233
Oberwölz 177
Oberzeiring 178
Ödensee 152

P

Partenen 268
Partnachklamm 32
Pass Lueg 71
Paznautal 265
Pertisau 40
Perwang 100
Pettneu 269
Pfänder 9
Pfändertunnel 13
Pinzgau 243
Pitztal 263
Piz Buin 266
Plansee 24
Plomberg 111
Pongau 64
Pongauer Dom 64
Pongauer Heimatmuseum 66
Porsche Automuseum Gmünd 222
Prebersee 174
Puppenmuseum 184
Pürgg 155
Pyramidenkogel 203

R

Radstadt 171
Radweg Bregenzerwald 15
Raggaschlucht 234
Ramsau 168
Rattenberg 44
Rattenberg am Inn 44
Reifnitz 202
Reintaler See 42
Reißeckbahn 231
Reit im Winkl 51

Reptilienzoo Nockalm 217
Reutte 22
Rheindelta 273
Rindbach 126
Rinn 255
Ritzensee 59
Rofanseilbahn 40
Rosegg 205
Roßfeldpanoramastraße 77
Rottenmann 165
Ruhpolding 53
Rupertus Therme 82

S

Saalfelden am Steinernen Meer 58
Salzachöfen 71
Salzbergwerk Berchtesgaden 78
Salzburg 87
Salzburger Freilichtmuseum 86
Salzwelten Hallein 76
Salzwelten Hallstatt 144
Sankt Veit an der Glan 190
Scharnstein 122
Schattensee 174
Schauhöhle Lambrechtsofen 58
Schau-Silberbergwerk Schwaz 251
Schladming 166
Schleedorf 103
Schloss Frauenstein 190
Schloss Goldeck 66
Schloss Kammer 115
Schloss Linderhof 28
Schloss Moosham 172
Schloss Ritzen 59
Schloss Rosegg 205
Schloss Tanzenberg 194
Schloss Tratzberg 249, 250
Schloss Trautenfel 157
Schmittenhöhe 243
Schneizlreuth 57
Schoppernau 17
Schörfling 114
Schröcken 17
Schruns 268
Schwarzenberg 14
Schwarzensee 133
Schwaz 251
Seegatterl 52
Seeham 101
Seekirchen 104
Seewalchen 114
Seisenbachklamm 58
Sensenmuseum Geyerhammer 122
Silbersee 212
Silvettra-Stausee 266
Silvretta-Hochalpenstraße 266
Ski-Weltcupzentrum Götschenalm 81
Spittal an der Drau 226
Stadl an der Mur 175
Stams 262
St. Andrä 173
Stanzach 20
Steinbach 118, 119
St. Gallenkirch 268
St. Gilgen am Wolfgangsee 127
Stift Mattsee 102
Stille-Nacht-Gedächniskapelle 99
Stille-Nacht-Museum 99
St. Johann 64
St. Lambrecht 177
Stoderzinken 166
Straßburg 187
Straßwalchen 105, 108
Struber Denkmal 71
St. Wolfgang 129
Swarovski Kristallwelten 252
Sylvenstein-Stausee 37

T

Taferlklaussee 119

Tamsweg 173
Tannheimer Tal 21
Tauernkraftwerk Glockner-Kaprun 245
Tauern Spa 244
Tauplitzalm 153
Tennsee 34
Therme Amadé 169
Thiersee 47
Thumsee 56
Traunkirchen 125
Traunsee 120
Trebesing 220
Treibach-Althofen 185
Trieben 164
Tristacher See 236
Tscheppaschlucht 199

U

Unterach 112

V

Vandans 268
Velden 205
Villach 211
Villacher Alpenstraße 210
Villacher Fahrzeugmuseum 213
Vita Alpina 54
Vöcklabruck 115
Volders 253
Vorarlberg 13
Vorderkaserklamm 58
Vorderriß 37

W

Walchensee 36
Walchsee 48
Wälderbähnle 16
Wallersee 104
Wallfahrtskirche Frauenberg 162
Wallfahrtskirche Maria Brunneck 71
Wallfahrtskirche Maria Hilf 185
Wallfahrtskirche Maria Kirchental 57
Wallfahrtskirche Maria Plain 97
Wallfahrtskirche Maria Saal 195
Wallfahrtskirche St. Leonhard 174
Wallfahrtsort Gurk 188
Wallgau 35
Warmbad Villach 208
Warth 17
Wassererlebnisstollen Vermunt-Stausee 267
Wattens 251
Watzmann 80
Weißbachschlucht 55
Weißenbach am Attersee 126
Weißenbach am Lech 21
Weißenbach bei Liezen 161
Weitsee 52
Wenns 264
Werfen 67
Werfenweng 67
Wernberg 213
Weyregg 117
Wildflusslandschaft bei Forchach 20
Winklern 235
Wörschach 160

Z

Zauchensee 169
Zeinissee 265
Zell am See 243
Zillertal 248
Zisterzienserstift Stams 262
Zugspitze 31
Zürs 17
Zwölferhorn 128

Bildnachweis

Othmar Heidegger: 10; Bregenzer Festspiele/Karl Forster: 11; Friedrich Böhringer 12, 16, 46, 266, 271, 273; Mathis: 14; Naturparkregion Lechtal-Reutte: 18, 19, 21, 22; Patrick Huebgen: 23; Konrad Kurzacz: 28; wikivoyage/Bbb: 29; Richard Bartz: 32; Markt Garmisch-Partenkirchen: 33 o.; Davide Cerri: 34; Tony Castle: 38; TVB Achensee: 39, 41; Herbert Ortner: 41; Tourismusregion Alpbachtal: 44, 45; Bernhard Bergmann: 48, 67; Ruhpolding Tourismus GmbH/Andreas Plenk: 52, 55 o.; Camping Lindlbauer: 55 u.; Berchtesgadener Land Tourismus/Krause & Johansen: 56; Stegerbauer: 60 u.; Harald Nowak: 63, 144 u., 172, 194 o., 224 u., 225 u., 267, 269; Joachim Köhler: 64; Bernhard Bergmann TVB: 67; Eisriesenwelt: 69; SalzburgerLand Tourismus: 70, 91 u., 92, 93, 94, 95, 96, 97, 99; Keltenmuseum Hallein: 74; Salzwelten Hallein: 76; Südsalz: 78; Daniel FR: 80; Bad Reichenhall: 82; Salzburger Freilichtmuseum: 86, 87; Salzburger Seenland Tourismus: 85, 102; Gut Aiderbichl: 104; Fantasiana Erlebnispark Straßwalchen: 105; TV Mondsee: 107; STMG/Ch.Parzer: 108; TV Mondseeland: 109 o., 110; Ferienregion Attersee: 114; WWG/J-L Debionne: 115; Ferienregion Traunsee: 119, 120, 121; Karl Redtenbacher: 123 Mitte; TV Grünau im Almtal: 123 o.; Salzkammergut: 124; TV Traunsee: 125; WTG/Weinhäupl: 128; Salzkammergutbahn/Moser Albert: 130; Salzkammergutbahn: 131; TVB Bad Ischl/W.Stadler: 134; OÖ. Tourismus/Röbl: 135; STMG/CH. Parzer: 137; Dachstein West: 138; Greymouser: 144 o.; Dachstein im Salzkammergut/Leo Himsl 146; Dachstein Welterbe: 147, 148; Rastl: 150; GEPA/Franz Pammer: 154 u. li.; Tobias Jäkel: 154, 155 o.; Ot: 162 u.; Jorge Royan: 163 u.; Benediktinerstift Admont: 163 Mitte, o.; Dachstein/simon van hal: 167; Planai-Bergbahnen: 168 Mitte, u.; Altenmarkt-Zauchensee Tourismus: 170; Harry Schiffer/Symbol: 178; Kärnten Webung: 186; Johann Jaritz: 187 o., 188, 193, 201, 205, 214, 233; Stift St. Georgen am Längsee: 192; Martin Steinthaler: 196; Klagenfurt Tourismus: 197; Klagenfurt Tourismus/Jost & Bayer: 198; Checkerboy1996: 202 u.; DI Heimo Kramer: 203 o.; Daniel Zupanc: 206, 207; Kärnten Werbung: 208; Villacher Alpenstraße: 209 u.; STO Gmbh/Schellander: 209 o.; Kärnten Werbung/Franz Gerdl: 211, 215, 218; Emma Bauer: 213; TVB Bad Kleinkirchheim/Gruber Michael: 216 u., 217; Verbund: 224 o., 225 o., 231; Großglockner Hochalpenstraßen AG: 229, 238, 239, 240, 241; Rupert Steiner: 244; Zmnf: 244; Unterrassner: 246; Krimmler Wasserfälle: 247; Zillertal Tourismus/Daniel Geiger: 248, 249; Familienstiftung Schloss Tratzberg: 250; Swarovski AG: 252; Region Hall-Wattens: 254; Christof Lackner: 256, 258; Innsbruck Tourismus: 257, 259; tvbpitztal: 263 u.; TVB Innsbruck/Gerda Eichholzer: 263 o.; Zeinissee Camping/Andreas Künk: 265; Achim Mende: 266; Anton-kurt: 268; Alpenregion Bludenz Tourismus: 270, 271;

Der WOMO®-Knackerschreck

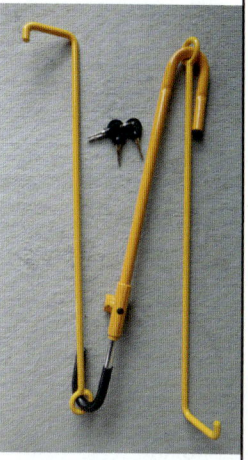

* ist die universelle und **sofort sichtbare Einbruchssperre**.
* Wird einfach in die beiden Türarmlehnen eingehängt, zusammengeschoben und abgeschlossen.
* Passend für Ducato, Peugeot, Renault Master, MB Sprinter und VW (alle Typen).
* Krallen aus 10 mm massivem, einbrennlackiertem Stahl, d. h. nahezu unverwüstlich.

Nur 54,90 € – und nur bei WOMO!

Der WOMO®-Aufkleber

* passt mit 14 cm Breite auch auf Ihr Wohnmobil.
* ist das weit sichtbare Symbol für alle WOMO-Freunde.

0,00 € – und nur bei WOMO!

Der WOMO®-Leserservice

Passend zu unseren Reiseführern bieten wir in unserem Online-Buchshop unter **www.womo.de** an:

* Die besten **Autokarten** von Michelin, Freytag & Berndt, Reise-know-how, die garantiert die komplette Reiseroute abdecken.
* Die Kauderwelsch-**Wörterbücher** für jede Sprache unserer Reiseländer.
* Von jedem Reiseland mindestens einen Rother-**Wanderführer** über die schönsten Wanderregionen.
* Eine **GPS-CD** für jeden Reiseführer mit allen Koordinaten zur schnellen Übertragung auf Ihr Navi (Garmin, TomTom, Falk).

285

Info-Blatt aus dem WOMO-Buch: Österreich (W) '13
(komplett ausgefüllt erhalte ich 10% Info-Honorar auf Bestellungen direkt beim Verlag)

Lokalität: _____ **Seite:** _____ **Datum:** _____
(Stellplatz, Campingplatz, Wandertour, Gaststätte, usw.)
○ unverändert ○ gesperrt/geschlossen ○ folgende Änderungen:

Lokalität: _____ **Seite:** _____ **Datum:** _____
(Stellplatz, Campingplatz, Wandertour, Gaststätte, usw.)
○ unverändert ○ gesperrt/geschlossen ○ folgende Änderungen:

Lokalität: _____ **Seite:** _____ **Datum:** _____
(Stellplatz, Campingplatz, Wandertour, Gaststätte, usw.)
○ unverändert ○ gesperrt/geschlossen ○ folgende Änderungen:

Lokalität: _____ **Seite:** _____ **Datum:** _____
(Stellplatz, Campingplatz, Wandertour, Gaststätte, usw.)
○ unverändert ○ gesperrt/geschlossen ○ folgende Änderungen:

Lokalität: _____ **Seite:** _____ **Datum:** _____
(Stellplatz, Campingplatz, Wandertour, Gaststätte, usw.)
○ unverändert ○ gesperrt/geschlossen ○ folgende Änderungen:

Lokalität: _____ **Seite:** _____ **Datum:** _____
(Stellplatz, Campingplatz, Wandertour, Gaststätte, usw.)
○ unverändert ○ gesperrt/geschlossen ○ folgende Änderungen:

Meine Adresse und Tel.-Nummer:
(nur komplett ausgefüllte, zeitnah eingesandte Infoblätter können berücksichtigt werden)